广州铁路职业技术学院资助出版
城市轨道交通机电技术系列规划教材

城市轨道交通通用机械设备维护

主 编 刘庆才 陈淑荣

西南交通大学出版社
·成都·

图书在版编目（CIP）数据

城市轨道交通通用机械设备维护 / 刘庆才，陈淑荣
主编. —成都：西南交通大学出版社，2018.7（2022.1 重印）
城市轨道交通机电技术系列规划教材
ISBN 978-7-5643-6273-7

Ⅰ. ①城… Ⅱ. ①刘… ②陈… Ⅲ. ①城市铁路 – 机械设备 – 维修 – 职业教育 – 教材 Ⅳ. ①U239.5

中国版本图书馆 CIP 数据核字（2018）第 149238 号

城市轨道交通机电技术系列规划教材

城市轨道交通通用机械设备维护

主　编／刘庆才　陈淑荣	责任编辑／李　伟
	助理编辑／何明飞
	封面设计／何东琳设计工作室

西南交通大学出版社出版发行
（四川省成都市二环路北一段 111 号西南交通大学创新大厦 21 楼　610031）
发行部电话：028-87600564　　028-87600533
网址：http://www.xnjdcbs.com
印刷：四川森林印务有限责任公司

成品尺寸　185 mm×260 mm
印张　14.5　　字数　362 千
版次　2018 年 7 月第 1 版　　印次　2022 年 1 月第 2 次

书号　ISBN 978-7-5643-6273-7
定价　39.00 元

课件咨询电话：028-87600533
图书如有印装质量问题　本社负责退换
版权所有　盗版必究　举报电话：028-87600562

前　言

通用机械设备种类众多，不同行业使用的种类差异较大。城市轨道交通行业的车辆段和车辆修造厂以及车站也不同程度使用各种通用机械设备。为了便于城市轨道交通职业院校通用机械设备教学，编者在以往校内教学及与有关轨道交通修造企业开展现代学徒制培养的基础上，筹划编写了本教材。全书由刘庆才、陈淑荣担任主编。广东环境保护工程职业学院的徐娟参加编写了螺杆式压缩机的相关内容。此外，深圳地铁的崔红军，广州地铁的周瑞凯，广州中车的张文强，广日集团的陆国清，珠江钢管集团的敬思康，广州铁路职业技术学院的陈选民、李助军、张杨、邹伟全、姜正武、亓晓彬等领导和同事对本书的编写提出了许多宝贵意见和建议，在此一并表示感谢。

本书以城市轨道交通行业常用的通用机械设备为基础，介绍了天车、泵、通风机、空气压缩机、叉车等设备的结构原理、使用、保养维护等内容，适合职业院校轨道交通相关专业通用机械设备原理和检修教学，也可用于轨道交通行业企业员工培训和现场工程技术人员学习使用。

本书的出版得到了广州铁路职业技术学院机电设备维修与管理专业广东省品牌专业建设项目和广东省现代学徒制试点项目的资助。

限于时间和作者水平，书中难免存在疏漏和不妥之处，希望广大读者不吝赐教，以便再版修正。

编　者
2018 年 5 月于广州

目 录

第一章 天 车 ··· 1

第一节 天车的种类及型号 ··· 1
第二节 天车的主要技术参数 ··· 11
第三节 天车的基本结构 ·· 15
第四节 天车的安全防护装置 ··· 32
第五节 天车的制动装置 ·· 46
第六节 天车的电气控制 ·· 51
第七节 天车的常见故障排除与保养 ······································ 62

第二章 泵 ··· 80

第一节 离心泵原理与泵系统 ··· 80
第二节 离心泵的性能参数及选型 ··· 82
第三节 离心泵的基本方程及特性曲线 ··································· 87
第四节 离心泵的结构及轴向力 ·· 92
第五节 离心泵的运行调节 ··· 101
第六节 轴流泵、深井泵和潜水泵 ··· 104
第七节 离心泵的常见故障及排除 ··· 108

第三章 通风机 ··· 112

第一节 离心通风机工作原理 ··· 112
第二节 离心通风机结构 ·· 115
第三节 离心通风机的运行和调节 ··· 120
第四节 离心通风机的分类、型号编制和选择 ························· 125
第五节 离心通风机典型故障及排除 ······································ 131

第四章 空气压缩机 …………………………………………………………………… 134

第一节 活塞式空压机型号参数 ………………………………………………… 134
第二节 活塞式空压机原理 ……………………………………………………… 137
第三节 活塞式空压机结构 ……………………………………………………… 140
第三节 活塞式空压机运行调节 ………………………………………………… 151
第四节 活塞式空压机典型故障及排除 ………………………………………… 154
第五节 螺杆式空压机简介 ……………………………………………………… 157

第五章 叉 车 ………………………………………………………………………… 163

第一节 叉车的基本结构及适用范围 …………………………………………… 163
第二节 叉车动力系统 …………………………………………………………… 166
第三节 叉车传动系统 …………………………………………………………… 178
第四节 叉车转向系统 …………………………………………………………… 184
第五节 叉车制动系统 …………………………………………………………… 192
第六节 叉车液压系统 …………………………………………………………… 197
第七节 叉车的工作装置 ………………………………………………………… 205
第八节 叉车车身系统与车轮 …………………………………………………… 220
第九节 叉车典型故障排除与保养 ……………………………………………… 224

参考文献 …………………………………………………………………………………… 226

第一章 天 车

第一节 天车的种类及型号

起重机械用于物料起重、运输、装卸和安装等作业,以减轻工人的体力劳动,提高劳动生产率。

桥架型起重机是横架在车间、仓库及露天料场固定跨间上方,并可沿轨道移动,取物装置悬挂在可沿桥架运行的起重小车上,使取物装置上的重物实现垂直升降和水平移动,以及完成某些特殊工艺操作的起重机,习惯上叫作"天车"或"行车"。其特点是构造简单、操作方便、易于维修、起重量大和不占地面作业面积。

一、天车的种类

桥架型起重机分为桥式起重机和门式起重机两大类。桥式起重机一般又可分为通用桥式起重机和冶金桥式起重机两类。通用桥式起重机主要用于一般车间的物件装卸、吊运;冶金桥式起重机主要用于冶金生产中某些特殊的工艺操作。门式起重机主要用于露天堆场等处的装卸运输工作。各类天车由于取物装置、专用功能和构造特点等的不同又分成各种形式。

1. 通用桥式起重机的分类

通用桥式起重机一般是电动双梁起重机。按照取物装置和构造可分为:

(1) 吊钩桥式起重机。

吊钩桥式起重机是以吊钩作为取物装置的桥式起重机,是通用桥式起重机的最基本类型,如图1-1所示。它由起重小车、桥架运行机构、桥架金属结构和电气控制设备等几部分组成。天车工一般在司机室(电气控制设备包括在内)内操纵。

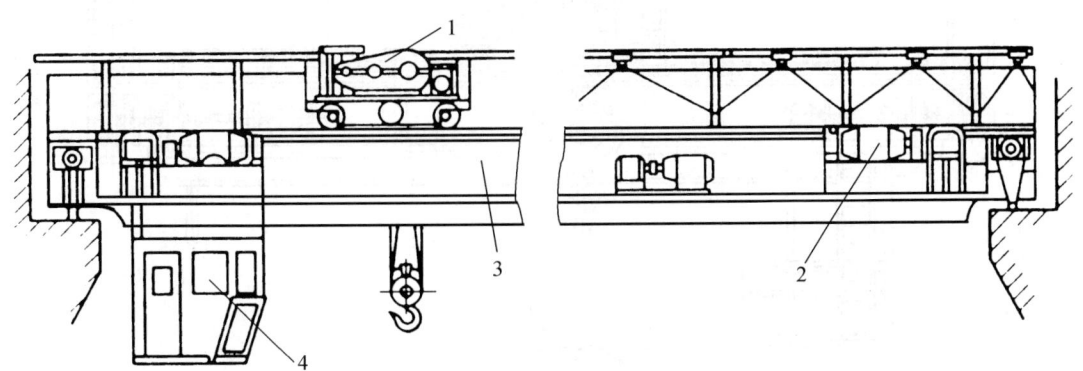

图 1-1 吊钩桥式起重机

1—起重小车;2—桥架运行机构;3—桥架金属结构;4—电气控制设备

起重量在 10 t 以下的桥式起重机，采用一个吊钩；起重量在 15 t 以上的桥式起重机，采用两个吊钩。其中，起重量较大的称为主钩，较小的称为副钩，副钩的起重量为主钩的 1/5～1/3。

副钩的起升速度较快，吊运效率高。主副钩的起重量用分数表示，分子表示主钩的起重量，分母表示副钩的起重量，例如 20/5，表示主钩的起重量为 20 t，副钩的起重量为 5 t。

（2）抓斗桥式起重机。

抓斗桥式起重机以抓斗作为取物装置，用于抓取散碎物料，它是一种专用桥式起重机。其他部分与吊钩桥式起重机完全相同，如图 1-2 所示。

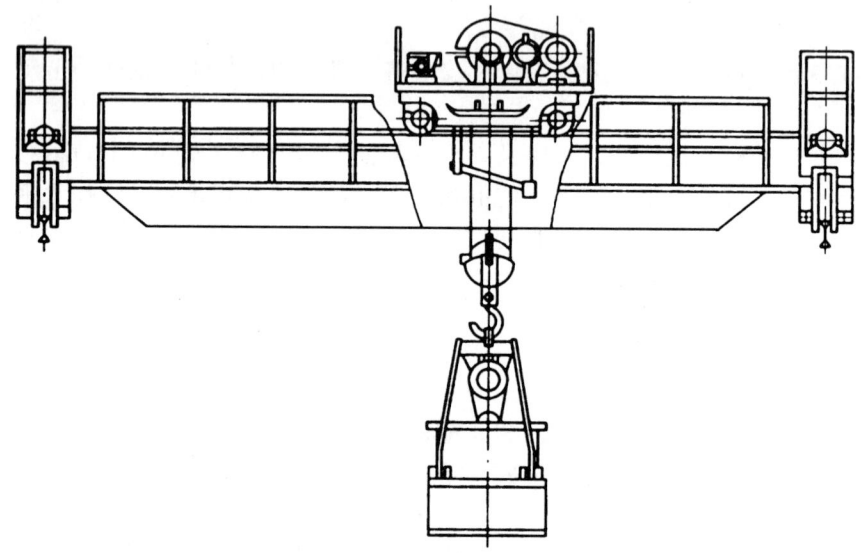

图 1-2　抓斗桥式起重机

（3）电磁桥式起重机。

电磁桥式起重机是用电磁盘（又称起重电磁铁）作为取物装置的桥式起重机，吊运有导磁性的金属材料，如型钢、钢板和废钢铁等，如图 1-3 所示。电磁盘使用直流电由单独的一套电气设备控制。

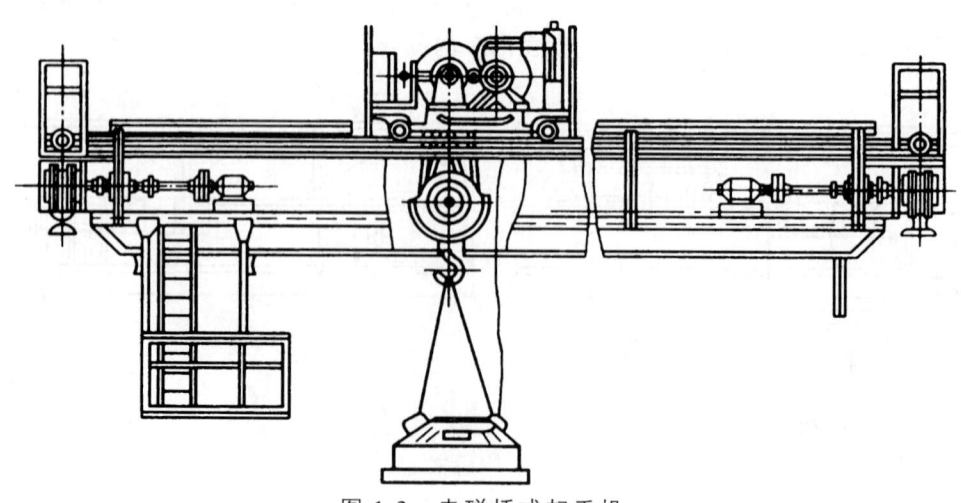

图 1-3　电磁桥式起重机

（4）两用桥式起重机。

两用桥式起重机是装有两种取物装置的起重机，分为吊钩抓斗和电磁抓斗两种类型，如图 1-4 所示。两种取物装置均在一台小车上，同时装有两套各自独立的起升机构。吊钩抓斗型的一套起升机构用于吊钩，另一套起升机构用于抓斗；电磁抓斗型的一套起升机构用于抓斗，另一套起升机构用于电磁盘。两套起升机构不能同时使用，但用其中一种吊具取物时，不必把另外一种吊具卸下来，可以根据工作需要随意选用一种吊具，生产效率较高。

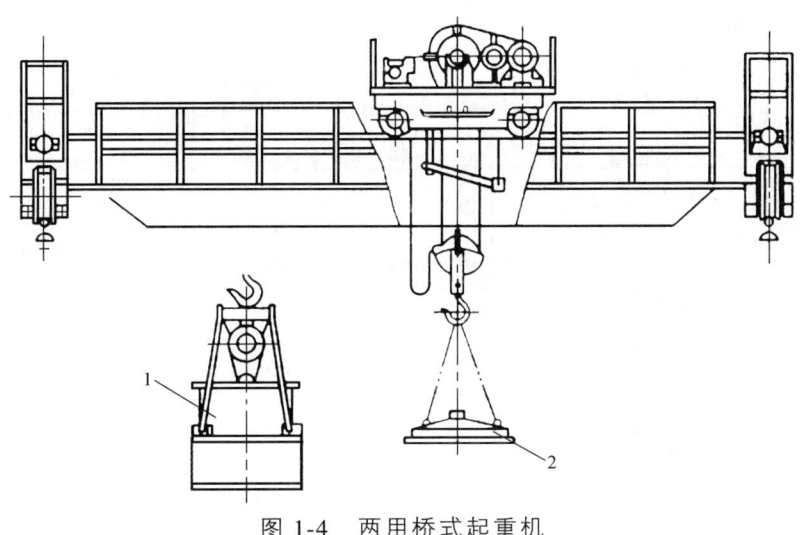

图 1-4　两用桥式起重机

1—抓斗；2—电磁吸盘

（5）三用桥式起重机。

三用桥式起重机装有吊钩、电磁盘和电动抓斗三种取物装置，如图 1-5 所示。根据不同的需要，可以变换使用其中任意一种吊具。

电动抓斗使用交流电，而电磁盘使用直流电，使用时要通过转换开关来变更电源。这种桥式起重机适用于所取物料种类经常改变的情况。

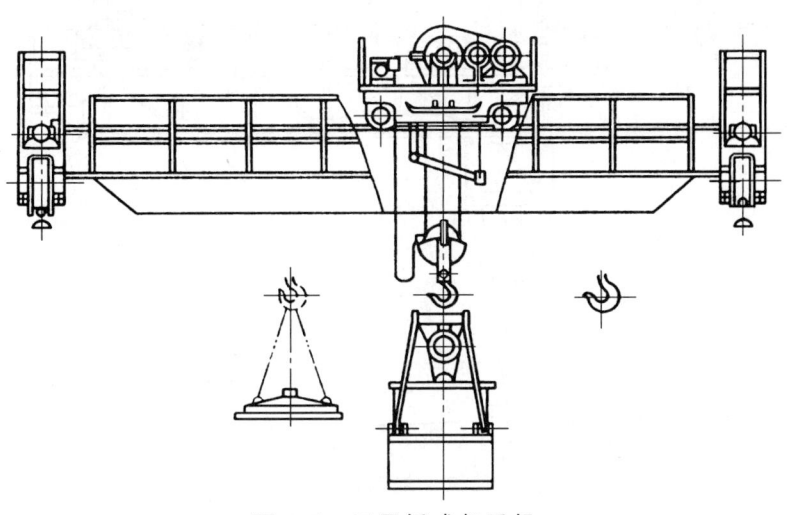

图 1-5　三用桥式起重机

（6）双小车桥式起重机。

双小车桥式起重机具有两台起重小车，如图1-6所示。两台小车的起重量相同，可以单独作业，也可以联合作业。在某些（如 $2\times 50\,t$，$2\times 75\,t$）双小车桥式起重机的两个小车上，装有可变速的起升机构，轻载时可以高速运行，重载时可以低速运行；在吊运较重物件时，两台小车可并车吊运。这种起重机的有效工作范围广，适用于吊运横放在跨度方向上的长形工件。

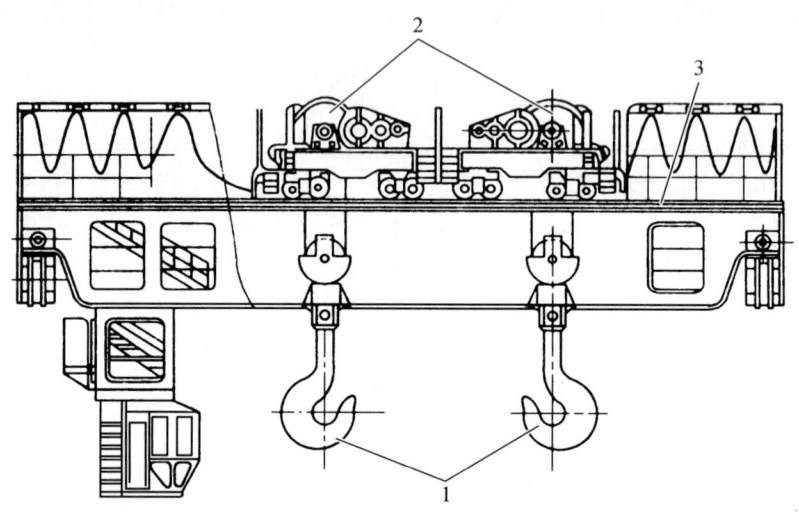

图1-6 双小车桥式起重机

1—吊钩；2—小车；3—桥架

2. 冶金桥式起重机的分类

冶金桥式起重机通常有主、副两台小车，每台小车在各自的轨道上行走，按照用途不同，常用的冶金桥式起重机分为以下几种：

（1）加料起重机。

加料起重机用于炼钢车间平炉加料，如图1-7所示。在主小车上装有加料机构，把料杆

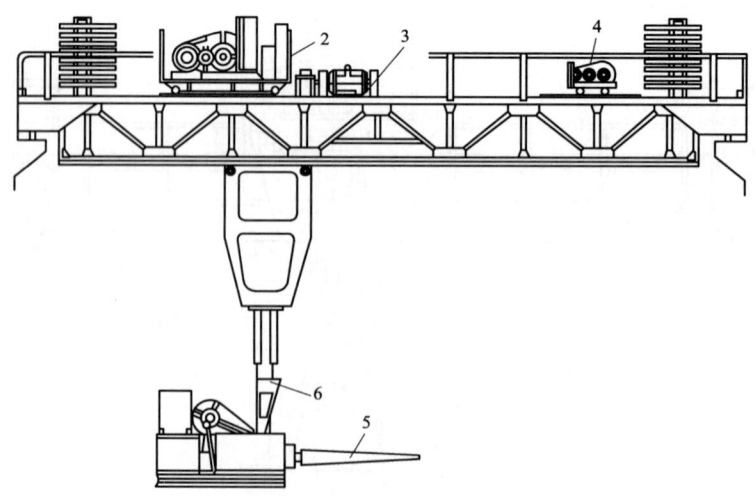

图1-7 加料起重机

1—桥架；2—主小车；3—运行机构；4—副小车；5—装料杆；6—操纵室

插入料斗，通过主小车的运行、起升，回转机构及加料机构的上、下摆动和翻转，将炉料伸入并倾翻到炉内。副小车用于炉料的搬运及其他辅助性工作。主、副小车不能同时进行工作。

（2）铸造起重机。

铸造起重机是冶炼车间运送钢液和浇注钢锭用的起重机，如图1-8所示。主小车的起升机构用于吊运盛钢桶，副小车的起升机构用于翻倾盛钢桶和做一些辅助性工作。主小车在两根主梁的轨道上运行，副小车在两根副梁的轨道上运行，副小车轨道低于主小车轨道。主、副小车可以同时使用。有的副小车是双钩，但副小车的主、副钩不能同时使用。

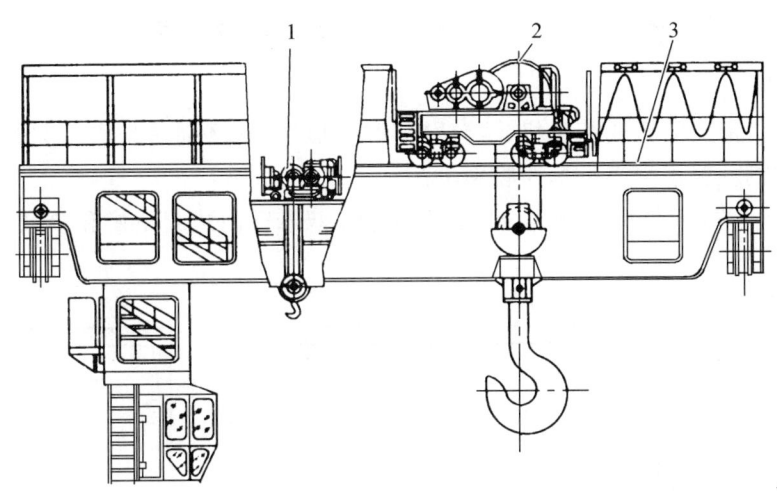

图1-8 铸造起重机

1—副小车；2—主小车；3—桥架

（3）锻造起重机。

锻造起重机是水压机车间在锻造过程中进行吊运和翻转锻件的专用起重机，如图1-9所示。它的主、副两台小车在各自轨道上行走。在主小车上装有转料机，用来翻转锻件或平衡杆。副钩用链条兜住平衡杆后端，配合主钩抬起平衡杆。

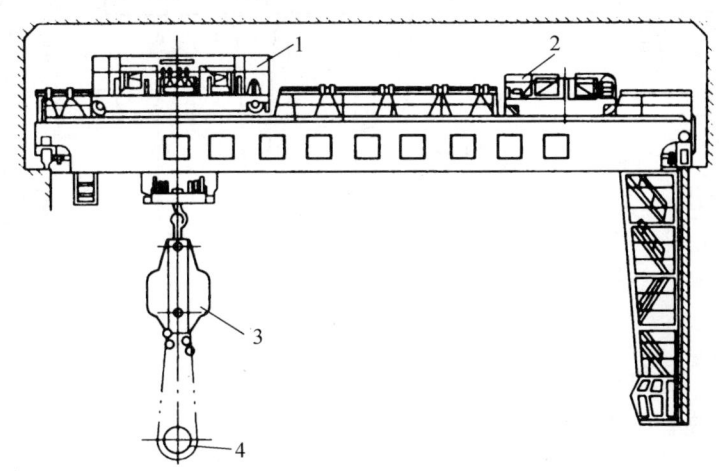

图1-9 锻造起重机

1—主小车；2—副小车；3—转料机；4—平衡杆

（4）淬火起重机。

淬火起重机是大型机械零件进行淬火及调质工作的专用起重机，与普通起重机大体相似，但需符合淬火和调质的工艺要求。淬火起重机小车的起升机构与普通起重机相比较为复杂，根据淬火及调质工艺，要求小车能快速下降，下降速度为 45～80 m/min。

（5）夹钳起重机。

夹钳起重机是以夹钳作为取物装置，用于轧钢车间把钢锭装入加热炉或从炉中取出，以及用于炼钢车间将钢锭从钢锭模中脱出。

此外，冶金起重机还有料耙起重机、揭盖起重机、料箱起重机等。

3. 门式起重机

门式起重机是带腿的桥式起重机，与桥式起重机最大的区别是其依靠支腿在地面轨道上运行。门式起重机主要用于露天场所物料的吊运。

按门架形式，门式起重机可分为全门式起重机、双悬臂门式起重机和单悬臂门式起重机，如图 1-10 所示。

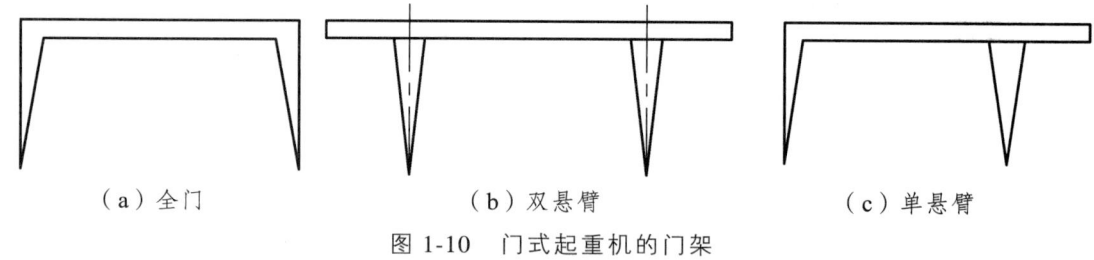

（a）全门　　　　　　　　（b）双悬臂　　　　　　　　（c）单悬臂

图 1-10　门式起重机的门架

按主梁形式，门式起重机可分为单梁门式起重机（图 1-11）、双梁门式起重机（图 1-12）。双梁门式起重机承载能力强、跨度大、整体稳定性好、整体刚度大，但自重较大，成本高。

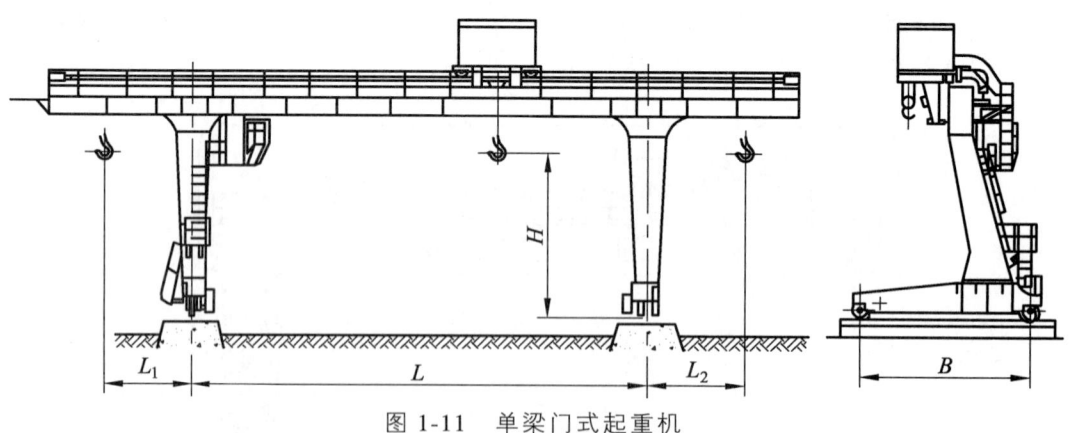

图 1-11　单梁门式起重机

按结构形式，门式起重机又可分为：

（1）箱形结构双梁门式起重机。

箱形结构的门式起重机主梁一般为偏轨箱形梁，支腿多设上拱架，如图 1-13 所示，使支腿形成一个框架，便于吊运的物料通过。

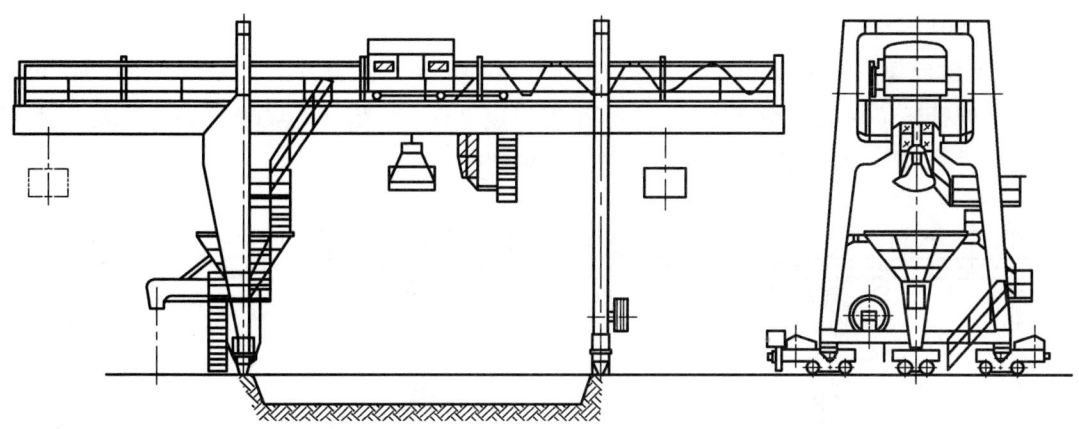

图 1-12 双梁门式起重机

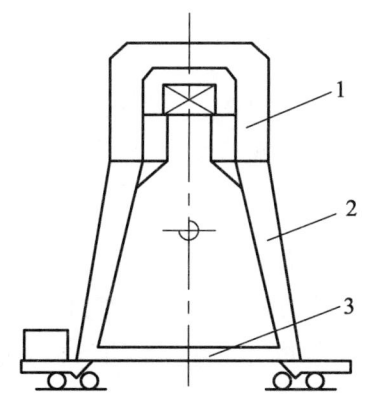

图 1-13 箱形结构双梁门式起重机的支腿

1—上拱架；2—支腿；3—下横梁

（2）桁架结构双梁门式起重机。

桁架结构的双梁门式起重机主梁和支腿为桁架结构，如图1-14所示。

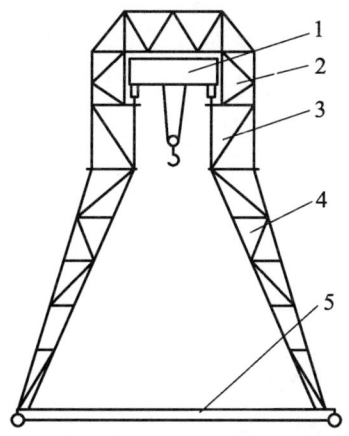

图 1-14 桁架结构双梁门式起重机的支腿

1—小车；2—马鞍；3—主梁；4—支腿；5—下端梁

（3）装卸桥。

装卸桥是双梁门式起重机的特例，如图 1-15 所示。它的特点是跨度大（一般不小于 40 m），外伸臂长（一般不小于 16 m），小车运行速度快（一般可达 200 m/min），所以生产效率高，主要用于定点装卸物料，多用于露天煤场和矿石场。

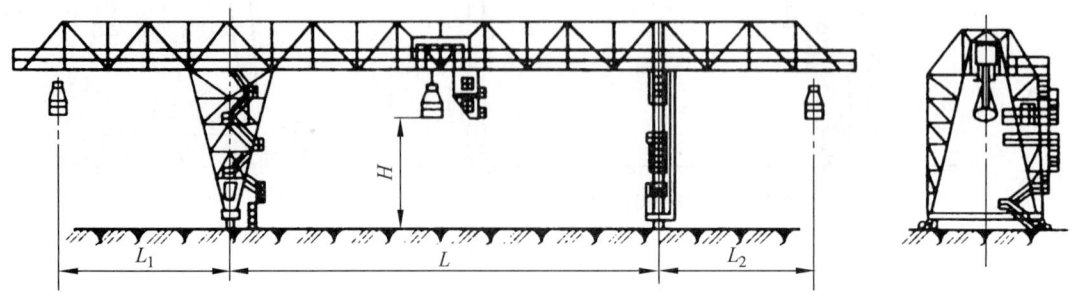

图 1-15 装卸桥

按照吊具及用途，门式起重机也可分为：吊钩门式起重机、抓斗门式起重机、电磁门式起重机、两用门式起重机、三用门式起重机及双小车门式起重机等。

二、天车的型号

天车型号是表示起重机名称、结构形式及主参数的代号。天车的型号一般由起重机的类、组、型的代号与主参数代号两部分组成。桥架型起重机型号的表示方法如下：

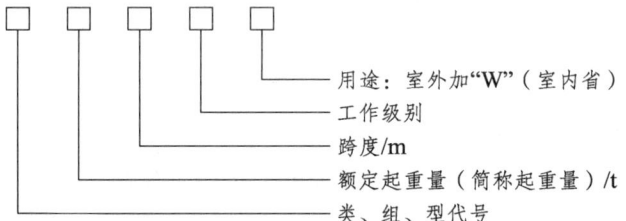

类、组、型的代号均用大写印刷体汉语拼音字母表示。该字母应是类、组、型中有代表性的汉语拼音字头，如该字母与其他代号的字母重复时，也可采用其他字母。

主参数代号用阿拉伯数字表示。

桥架型起重机的代号见表 1-1。

表 1-1 桥架型起重机的代号

类	组	型		类、组、型代号
		名称	代号	
桥式起重机	手动梁式起重机 L（梁）	手动单梁起重机	S（手）	LS
		手动单梁悬挂起重机	SX（手悬）	LSX
		手动双梁起重机	SS（手双）	LSS

续表

类	组	型		类、组、型代号
		名称	代号	
桥式起重机	电动梁式起重机L（梁）	电动单梁起重机	D（单）	LD
		电动单梁悬挂起重机	X（悬）	LX
		抓斗电动单梁起重机	Z（抓）	LZ
		吊钩抓斗电动单梁起重机	L	LL
		防爆电动单梁起重机	B（爆）	LB
		防爆电动单梁悬挂起重机	XB（爆）	LXM
		防腐电动梁式起重机	F（腐）	LF
		电磁电动梁式起重机	C（磁）	LC
		冶金梁式起重机	Y（冶）	LY
		电动葫芦双梁起重机	H（葫）	LH
	电动桥式起重机Q（桥）	吊钩桥式起重机	D（吊）	QD
		超卷扬桥式起重机	J（卷）	QJ
		挂梁桥式起重机	G（挂）	QG
		电磁挂梁桥式起重机	L	QL
		双小车桥式起重机	E	QE
		抓斗桥式起重机	Z（抓）	QZ
		电磁桥式起重机	C（磁）	QC
		电磁吊钩桥式起重机	A	QA
		抓斗吊钩桥式起重机	N	QN
		抓斗电磁桥式起重机	P	QP
		三用桥式起重机	S（三）	QS
		防爆桥式起重机	B（爆）	QB
		绝缘桥式起重机	Y（缘）	QY
		慢速桥式起重机	M（慢）	QM
		带悬臂旋转小车桥式起重机	X（旋）	QX
冶金起重机Y（冶）	炼钢用起重机	料箱起重机	X（箱）	YX
		加料起重机	L（料）	YL
		有轨地上加料起重机	G（轨）	YG
		铸造起重机	Z（铸）	YZ
		脱锭起重机	T（脱）	YT

续表

类	组	型 名称	型 代号	类、组、型代号
冶金起重机 Y（冶）	轨钢用起重机	揭盖起重机	J（揭）	YJ
		夹钳起重机	Q（钳）	YQ
		刚性料耙起重机	P（耙）	YP
		挠性料耙起重机	N（挠）	YN
		板坯夹钳起重机	B（板）	YB
		旋转电磁起重机	C（磁）	YC
	热加工用起重机	锻造起重机	D（锻）	YD
		淬火起重机	H（火）	YH
门式起重机 M（门）	双梁门式起重机	吊钩门式起重机	G（钩）	MG
		抓斗门式起重机	Z（抓）	MZ
		电磁门式起重机	C（磁）	MC
		抓斗吊钩门式起重机	N	MN
		抓斗电磁门式起重机	P	MP
		三用门式起重机	S（三）	MS
		双小车吊钩门式起重机	E	ME
	单梁门式起重机 D（单）	吊钩门式起重机	G（钩）	MDG
		抓斗门式起重机	Z（抓）	MDZ
		电磁门式起重机	C（磁）	MDC
		抓斗吊钩门式起重机	N	MDN
		抓斗电磁门式起重机	P	MDP
		三用门式起重机	S（三）	MPS
		双小车吊钩门式起重机	E	MDE
		装卸桥	Q（桥）	MQ

标记示例：

（1）起重机 QD20/5-19.5A5：表示起升机构具有主、副钩的起重量 20 t/5 t，跨度 19.5 m，工作级别 A5，室内用吊钩桥式起重机。

（2）起重机 QZ10-22.5A6W：表示起重量 10 t，跨度 22.5 m，工作级别 A6，室外用抓斗桥式起重机。

（3）起重机 QE50/10＋50/10-28.5A5：表示起重量 50 t/10 t＋50 t/10 t，跨度 28.5 m，工作级别 A5，室内用双小车吊钩桥式起重机。

（4）起重机 MDZ5-18A6：表示起重量 5 t，跨度 18 m，工作级别 A6 的单梁抓斗门式起重机。

（5）起重机 MS5-26A5：表示起重量 5 t，跨度 26 m，工作级别 A5 的双梁三用门式起重机。

第二节　天车的主要技术参数

天车的技术参数是天车工作性能的指标。天车的主要技术参数包括起重量、跨度、起升高度、各机构的工作速度以及工作级别等。为了保证天车的合理使用、安全运行和防止事故发生，天车工必须了解天车的技术参数。

一、起重量

起重量是指被起升重物的质量，用 G 表示。

1. 额定起重量

起重机所允许吊起的最大重物或物料的质量称为额定起重量，用 G_n 表示，单位为吨（t）。额定起重量不包括吊钩、吊环之类吊具的质量，但包括抓斗、电磁盘、料罐、盛钢桶之类可分吊具的质量。

2. 总起重量

起重机能吊起的重物或物料，连同可分吊具和长期固定在起重机上的吊具或属具（包括吊钩、滑轮组、起重钢丝绳等）的质量总和，总起重量用 G_t 表示。

表 1-2 为起重机的主参数额定起重量和工作级别的划分。天车工必须掌握起重机的额定起重量，避免因超载起吊而引起的事故。

表 1-2　起重机额定起重量和工作级别的划分

取物装置		额定起重量系列/t	工作级别
吊钩	单小车	3.2, 4, 5, 6.3, 8, 10, 12.5, 16, 20, 25, 32, 40, 50, 63, 80, 100, 125, 160, 200, 250	A1～A6
	双小车	2.5+3.5；3.2+3.2, 3+3, 4+4, 5+5, 6.3+6.3, 8+8, 10+10, 12.5+12.5, 16+16, 20+20, 25+25, 32+32, 40+40, 50+50, 63+63, 80+80, 100+100, 125+125	A4～A6
抓斗		3.2, 4, 5, 6.3, 8, 10, 12.5, 16, 20, 25, 32, 40, 50	A5～A7
电磁吸盘		5, 6.3, 8, 10, 12.5, 16, 20, 25, 32, 40, 50	

二、跨　度

天车的大车运行轨道中心线之间的距离称为天车的跨度，用 L_1 表示，单位符号为 m。天

车的跨度 L_1 依厂房的跨度 L 而定。桥式起重机跨度的标准值见表 1-3，门式起重机跨度的标准值见表 1-4。

表 1-3 桥式起重机跨度系列

起重量 G_n/t		建筑物跨度定位轴线 L/m							
		12	15	18	21	24	27	30	33	36
		跨度 L_1								
≤50	无通道	10.5	13.5	16.5	19.5	22.5	25.5	28.5	31.5	—
	有通道	10	13	16	19	22	25	28	31	—
63～125		—	—	16	19	22	25	28	31	34
160～250		—	—	15.5	18.5	21.5	24.5	27.5	30.5	33.5

表 1-4 门式起重机跨度系列

门式起重机跨度/m	18	22	26	30	35	50
装卸桥跨度/m	40	50	60	70	80	—

三、起升高度

起升高度是天车取物装置上下移动极限位置之间的距离，用 H 表示，单位符号为 m。下极限位置通常以工作场地的地面为准；上极限位置，使用吊钩时以钩口中心为准，使用抓斗时以抓斗最低点为准。表 1-5 为起重机的起升高度。

表 1-5 起重机的起升高度

起重量 G_n/t	吊钩				抓斗		电磁
	一般起升高度/m		加大起升高度/m		一般起升高度/m	加大起升高度/m	一般起升高度/m
	主钩	副钩	主钩	副钩			
≤50	12～16	14～18	24	26	18～26	30	16
63～125	20	22	30	32	—	—	—
160～250	22	24	30	32	—	—	—

四、工作速度

工作速度是指起重机各机构（起升、运行等）的运行速度，用 v 表示，单位符号为 m/min。

天车的工作速度根据工作要求而定：一般用途的天车采用中等的工作速度，这样可以使驱动电机功率不致过大；安装工作有时要求很低的工作速度；吊运轻件，要求提高生产效率，可取较高的工作速度；吊运重件，要求工作平稳，可取较低的工作速度。表 1-6 为吊钩起重机的工作速度。表 1-7 为抓斗及电磁起重机的速度。

表 1-6　吊钩起重机的工作速度

起重量 G_n/1	类别	工作级别	主钩起升速度/(m/min)	副钩起升速度/(m/min)	小车运行速度/(m/min)	起重机运行速度/(m/min)
≤50	高速	M6	6.3~16	10~20	40~63	80~125
	中速	M4~M5	5~12.5	8~16	32~50	63~100
	低速	M1~M3	1.6~5	6.3~12.5	10~25	30~50
63~125	高速	M6	5~10	8~16	32~40	63~100
	中速	M4~M5	2.5~5	6.3~12.5	25~32	50~80
	低速	M1~M3	1~2	5~10	10~20	20~40
160	高速	M6	3.2~4	6.3~8	32~40	50~80
160~250	中速	M4~M5	1.6~2.5	5~8	20~25	40~63
	低速	M1~M3	0.63~1	4~6.3	10~16	20~32

注：在同一范围内的各种速度，具体值的大小应与起重量成反比，与工作级别成正比，地面操纵的运行速度按低速级。

表 1-7　抓斗及电磁起重机的速度

抓斗起升速度/(m/min)	电磁吸盘起升速度/(m/min)	小车运行速度/(m/min)	起重运行速度/(m/min)
25~50	16~32	40~50	80~125

五、工作级别

天车的工作级别是表示其受载情况和忙闲程度的综合性参数，是根据天车的利用等级和载荷状态来定的。

1. 天车的利用等级

天车的利用等级表示其忙闲程度，它分成10个级别，见表1-8。

表 1-8　天车的利用等级

利用等级	忙闲程度
U0	不经常使用
U1	
U2	
U3	
U4	经常清闲地使用
U5	经常中等地使用
U6	不经常繁忙地使用
U7	繁忙使用
U8	
U9	

2. 天车的载荷状态

天车载荷状态是表明其受载的轻重程度。天车的载荷状态分为4级，见表1-9。

3. 天车的工作级别

根据表1-8和表1-9分别确定的天车利用等级和载荷状态，可把它的工作级别划分为A1～A8八个级别，见表1-10，各种天车的工作级别举例见表1-11。

天车的工作级别与它的安全有密切关系。起重量、跨度、起升高度相同的天车，如果工作级别不同，在设计制造时所采用的安全系数不同。工作级别小的天车，用的安全系数小；工作级别大的，采用的安全系数大。因此它们的零部件型号、尺寸、规格各不相同。如果把小工作级别的天车用于大工作级别，它就会出故障，影响安全生产。所以在安全检查时，要注意天车的工作级别必须与工作状况相符合。

天车工在了解天车工作级别之后，可根据所操作天车的工作级别正确使用天车，避免超出其工作级别使用而发生天车损坏事故。

表1-9 天车的载荷状态

载荷状态	受载情况
Q_1 轻	很少起升额定载荷，一般起升轻微载荷
Q_2 中	有时起升额定载荷，一般起升中等载荷
Q_3 重	经常起升额定载荷，一般起升较重载荷
Q_4 特重	频繁地起升额定载荷

表1-10 天车的工作级别

载荷状态＼利用等级	U0	U1	U2	U3	U4	U5	U6	U7	U8	U9
Q_1 轻	—	—	A1	A2	A3	A4	A5	A6	A7	A9
Q_2 中	—	A1	A2	A3	A4	A5	A6	A7	A8	—
Q_3 重	A1	A2	A3	A4	A5	A6	A7	A8	—	—
Q_4 特重	A2	A3	A4	A5	A6	A7	A8	—	—	—

表1-11 各种天车的工作级别举例

形式	用途	工作级别
吊钩式	水电站安装及检修	A1～A3
	一般车间及仓库	A3～A5
	繁重车间及仓库	A6～A7
抓斗式	间断装卸	A6～A7
	连续装卸	A8
电磁式	连续使用	A7～A8
冶金专用	吊料箱	A7～A8
	装料	A8
	铸造	A6～A8

续表

形式	用途	工作级别
冶金专用	锻造	A7～A8
	淬火	A8
	夹钳、脱定	A8
	揭盖	A7～A8
	料耙式	A8
门式	一般用途吊钩式	A5～A6
	装卸抓斗式	A7～A8
装卸桥	料场装卸用抓斗式	A7～A8

第三节 天车的基本结构

天车主要由大车、小车和电气部分等组成。大车包括桥架、大车运行机构等；小车包括小车架、起升机构、小车运行机构等；电气部分由电气设备和电气线路组成。大车运行机构安置在桥架走台上，起升机构和小车运行机构安置在小车架上。

一、天车的桥架结构

天车的桥架是一种移动的金属结构，它承受载重小车的质量，并通过车轮被支承在轨道上，是天车的主要承载结构。

按照主梁的数目，桥架分为单梁和双梁。电动双梁桥式起重机的桥架主要由两根主梁和两根端梁组成。主梁和端梁刚性连接，端梁的两端装有车轮，作为支承和移动桥架用。主梁上有轨道供起重小车运行。

桥架的结构形式主要取决于主梁的结构形式。桥架主梁的结构形式繁多，主要有四桁架式和箱形梁式两种，以及由这两种基本形式发展起来的空腹桁架式。箱形梁结构桥架是天车桥架的基本形式，它具有制造工艺简单、通用性强、易于安装和检修方便等优点。在 5～80 t 的中、小起重量系列天车中，主要采用这种结构形式，自重较大。

箱形主梁的构造如图 1-16 所示，每根主梁是由上、下翼缘（又称盖板），两块腹板和大、小肋板等组成的。小车轨道放置在上翼缘板的上面。

四桁架式结构桥架如图 1-17 所示，它自重轻、刚性大，适用于小起重量、大跨度的天车，但制造工艺复杂，不便于成批生产。

空腹桁架式结构主要由工字形主梁、空腹辅助桁架和上、下水平桁架组成，如图 1-18 所示。它具有自重轻、整体刚度大以及制造、装配、检修方便等优点。100～250 t 通用桥式起重机和冶金起重机多采用这种结构形式。

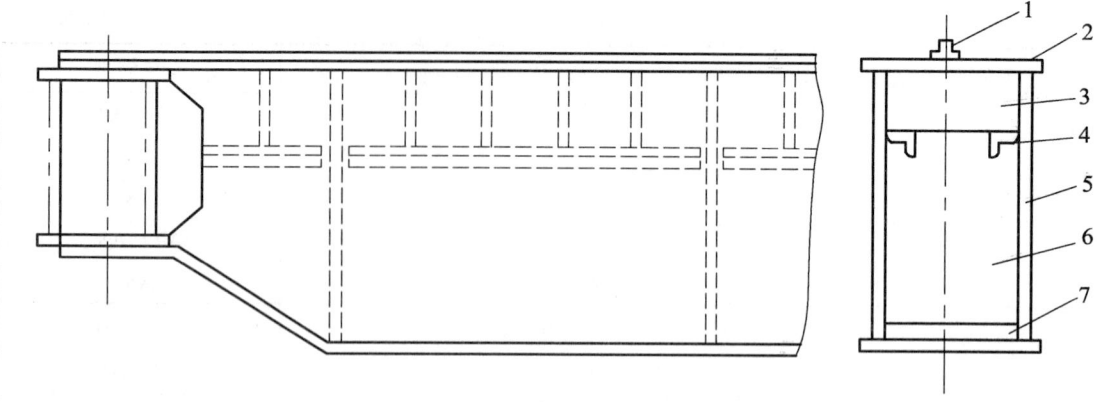

图 1-16 箱形主梁结构

1—小车轨道；2—上翼缘板（上盖板）；3—小肋板；4—角钢；5—腹板；6—大肋板；7—下翼缘板（下盖板）

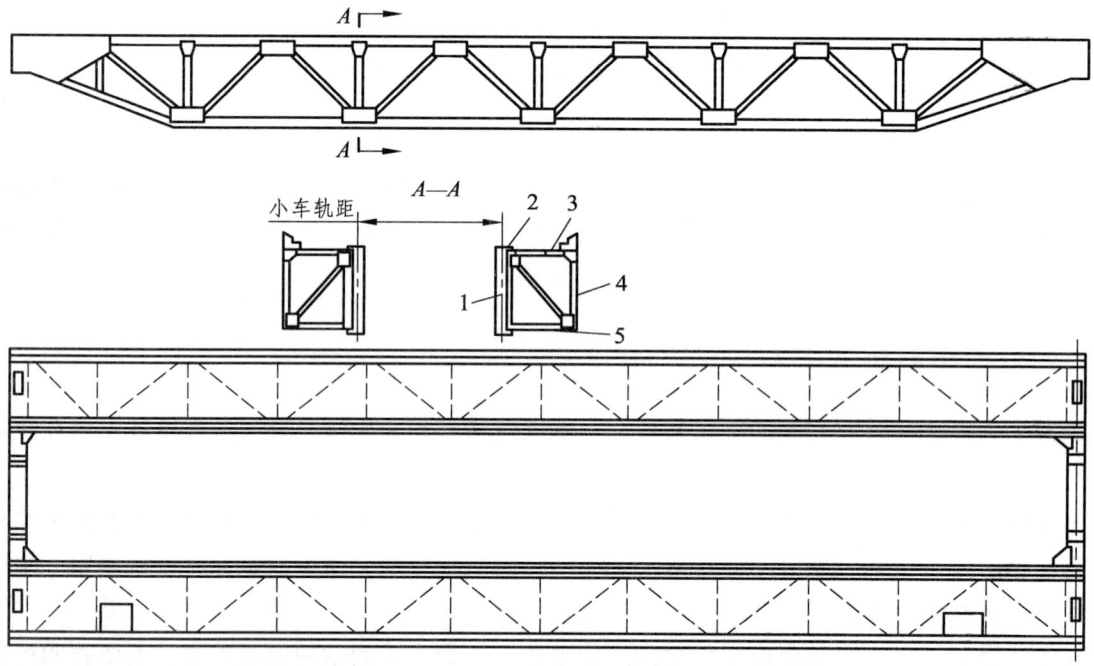

图 1-17 四桁架式桥架图

1—主桁架；2—钢轨；3—上水平桁架；4—辅助桁架；5—下水平桁架

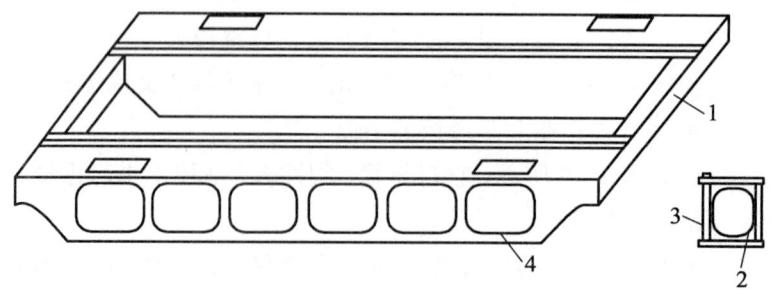

图 1-18 空腹桁架式桥架

1—端梁；2—横向框架；3—主梁；4—空腹辅助桁架

端梁是桥架的重要组成部分，其结构可分为箱形结构和桁架结构两种，图 1-19 是箱形结构的端梁外形图。端梁与主梁刚性焊接，构成一个完整的桥架。

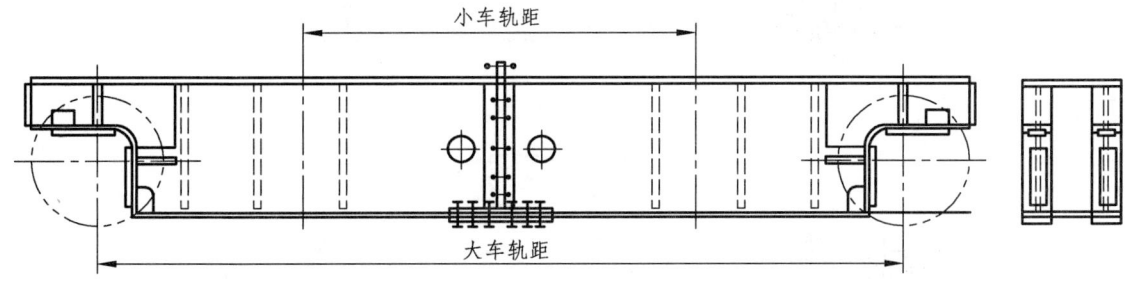

图 1-19　箱形结构的端梁

门式起重机属于桥架型起重机，其主梁的构造及传动机构，与桥式起重机基本相同，只是金属结构部分多了两条支腿，其支腿结构形式可分为箱形结构和桁架结构两种。

主梁及支腿为箱形结构（见图 1-13）的门式起重机，制造工艺简单，运输和安装方便、可靠，整体刚性好，但自重较大。

主梁及支腿为桁架结构（见图 1-14）的门式起重机，具有结构自重轻、造价低的特点。但是，它的制造工艺性差，运输不方便，安装困难，整体刚度不好，多用于跨度较大的情况及装卸桥。

起重量在 50 t 以下、跨度在 35 m 以下的普通门式起重机，其主梁与两个支腿做成刚性连接。跨度超过 35 m 的门式起重机，为避免因温度影响而产生的卡轨现象，主梁和支腿一端采用刚性连接，另一端采用柔性连接。

装卸桥的大车是非工作性结构，只在调整工作位置时才开动，因而运行速度较低，一般为 20～30 m/min。装卸桥的跨度较大，其金属结构部分的主梁与支腿的连接，一边做成刚性，另一边做成柔性。为减轻结构质量，主梁与支腿通常选用桁架结构。

起重机工作时，桥架受载必然会产生下挠度，这将对小车向桥架主梁两端的运动产生附加爬坡阻力。小车停止时又有向桥架主梁中央滑溜的趋势。为解决这个问题，要求桥架主梁必须预制成上拱。在起重机运行机构组装完成以后，跨中上拱应为 $(0.9\sim1.4)S/1\,000$，且最大上拱应控制在梁的跨中 $S/10$ 范围内（S 为起重机跨度）。

要求起升额定载荷时，在跨中主梁的垂直静挠度应满足：A1～A3 级，不大于 $S/700$；A4～A6 级，不大于 $S/800$；A7 级，不大于 $S/1\,000$。

二、天车的大车运行机构

天车的大车运行机构驱动大车的车轮沿轨道运行。大车运行机构由电动机、减速器、传动轴、联轴器、制动器、角型轴承箱和车轮等零部件组成。车轮通过角型轴承箱固定在桥架的端梁上。大车运行机构分为集中驱动（图 1-20）和分别驱动（图 1-21）两种形式。集中驱动就是由一台电动机通过传动轴驱动两边的主动轮。分别驱动就是由两台电动机分别驱动两边的主动轮。集中驱动只用在小吨位或旧式天车上，分别驱动用在大吨位或新式天车上。

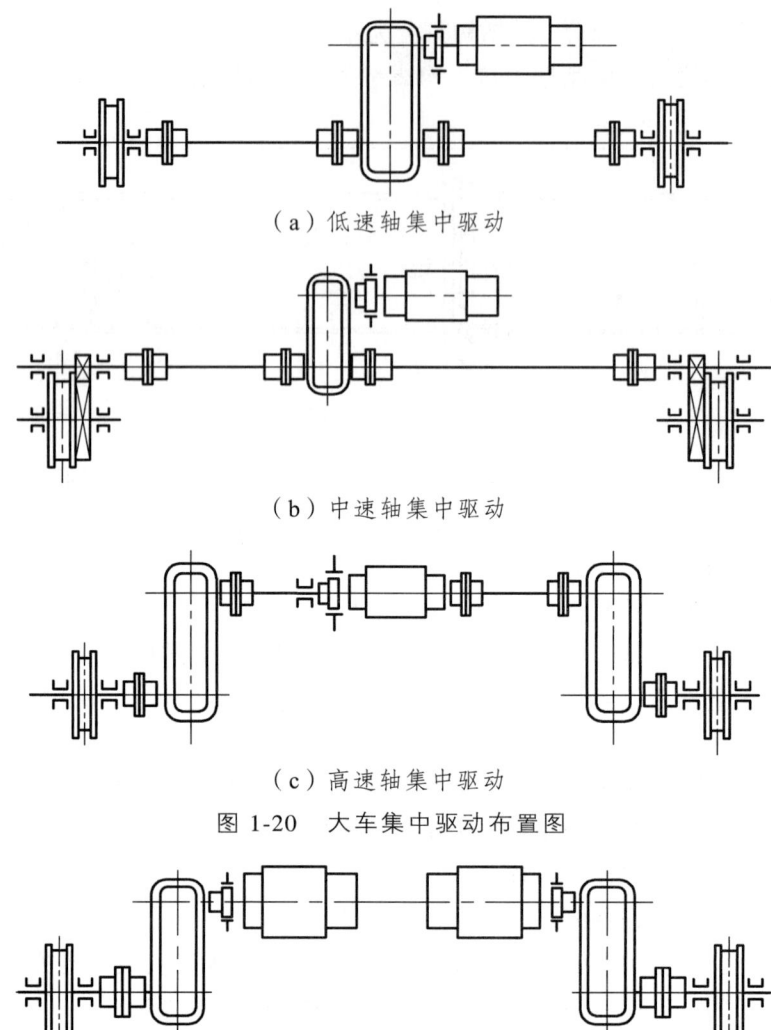

(a)低速轴集中驱动

(b)中速轴集中驱动

(c)高速轴集中驱动

图 1-20 大车集中驱动布置图

图 1-21 大车分别驱动装置

集中驱动的运行机构，大多数采用低速轴集中驱动，如图 1-20（a）所示，在跨度中央布置电动机与减速器，减速器输出轴分两侧经低速传动轴带动车轮。图 1-20（b）为中速轴集中驱动，扭矩较小，传动轴直径较细，减小了传动机件的质量，但需采用三个减速器。图 1-20（c）为高速轴集中驱动，对传动轴的加工精度要求高、振动大，不经常采用。

分别驱动省去了中间传动轴，减轻了大车运行机构的质量，不因主梁的变形而影响运行机构的传动性能，便于维护检修。

由于桥架受载变形较大，传动轴的支承采用自位轴承，各轴端之间的连接采用挠性联轴器，一般用半齿轮联轴器。分别驱动的运行机构通常也安排一段传动轴，两端用两个半齿轮联轴器连接，或用两个万向联轴器连接。

大起重量桥式起重机和冶金起重机的大车运行机构通常采用两个或四个电动机。各自通过一套传动机构分别驱动。图 1-22 和图 1-23 所示为大起重量天车的传动形式。大起重量天车自重大，起重量也大，因此，为了降低轮压，通常采用八个或更多的车轮结构。桥架通过桥架的平衡梁用销轴与车轮组的平衡梁连接，使天车的载荷由桥架均匀地传到车轮上，常用的平衡梁车轮组连接形式如图 1-24 所示。

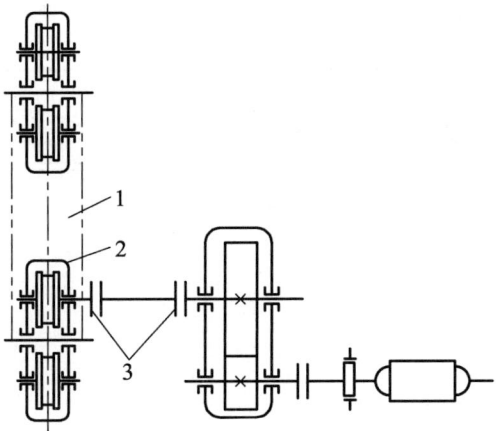

图 1-22　采用联轴器连接的运行机构简图

1—桥架平衡梁；2—车轮平衡梁；3—联轴器

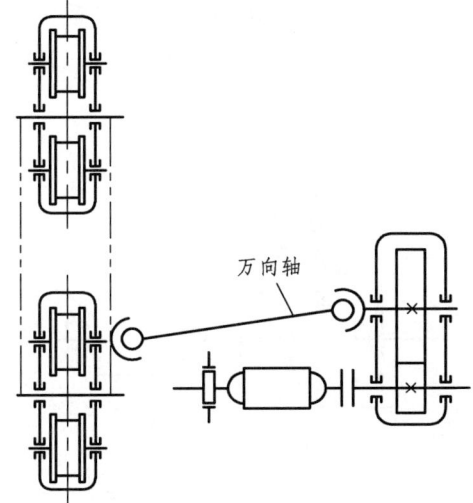

图 1-23　采用万向轴连接的运行机构简图

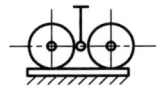　　　　　　　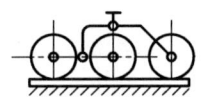

（a）双车轮组　　　　　　　　　（b）带一个平衡梁的三轮车轮组

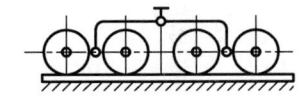　　　　　　　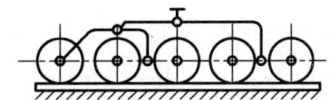

（c）带一个平衡梁的四轮车轮组　　　（d）带两个平衡梁的五轮车轮组

- 19 -

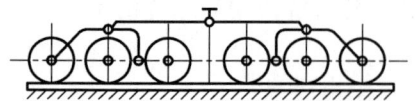
（e）带三个平衡梁的六轮车轮组

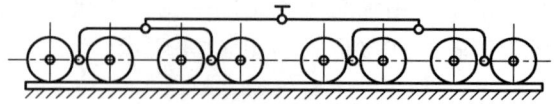
（f）带三个平衡梁的八轮车轮组

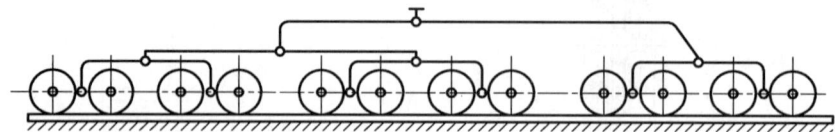
（g）带五个平衡梁的十二轮车轮组

图 1-24 带各种平衡梁的车轮组

三、起升机构

1. 起升机构总体

起升机构是用来实现货物升降的，它是天车中最基本的机构。起升机构主要由驱动装置、传动装置、卷绕装置、取物装置及制动装置等组成。此外，根据需要还可装设各种辅助装置，如限位器、起重量限制器、速度限制器、称量装置等。

起升机构的传动简图如图 1-25 所示，电动机通过联轴器与减速器的高速轴相连，而减速器的低速轴带动卷筒，将钢丝绳卷上或放下，经过吊钩组，使吊钩上升或下降。

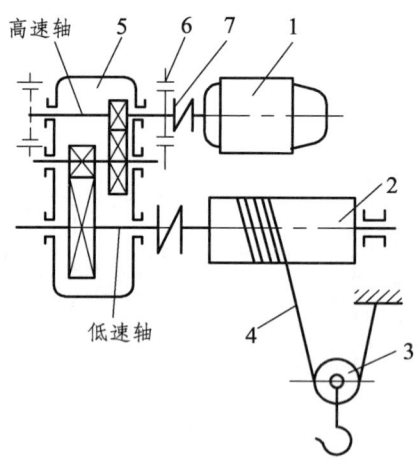

图 1-25 起升机构传动简图

1—电动机；2—卷筒；3—吊钩组；4—钢丝绳；5—减速器；6—制动器；7—联轴器

其中，联轴器为齿轮联轴器，通常将齿轮联轴器制成两个半齿轮联轴器，中间用一段轴连起来，这根轴称为浮动轴或补偿轴。制动器一般为常闭式，它装有电磁铁或电动推杆作为自动的松闸装置与电动机电气联锁。减速器一般采用封闭式的标准两级圆柱齿轮减速器。

卷筒安装在转轴上，卷筒轴一端支承在双列调心球轴承上，另一端与减速器低速轴通过特种联轴器连接，如图 1-26 所示，支承在减速器轴的内腔和轴承座中。

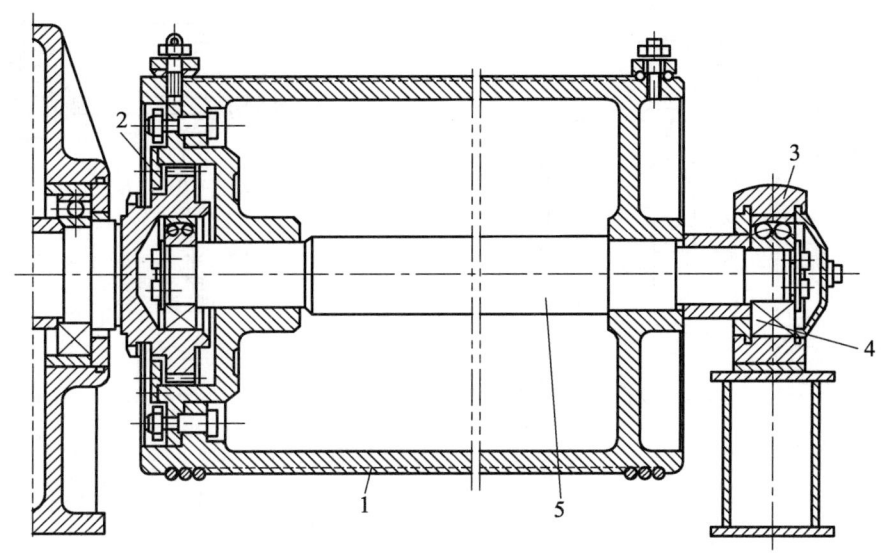

图 1-26 卷筒与减速器的连接

1—卷筒；2—特种联轴器；3—轴承座；4—调心球轴承；5—转轴

卷筒安装的另一种形式如图 1-27 所示，将卷筒直接刚性地装在减速器轴上，为了消除小车架受载变形的影响，减速器被支承在铰轴上，卷筒的轴承采用自位轴承，允许轴向游动。这种结构简单，维修方便，具有自动调整减速器低速轴与卷筒同心的作用。

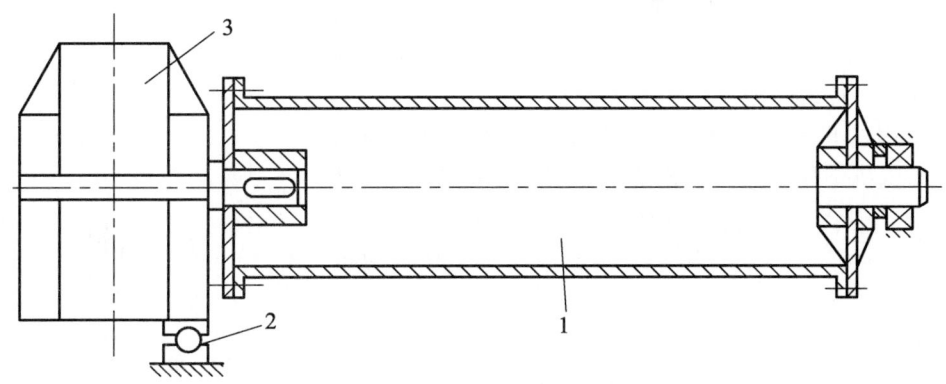

图 1-27 卷筒与减速器的刚性连接

1—卷筒；2—铰轴；3—减速器

在起重量超过 10 t 的天车上，通常设主、副两套起升机构。主起升机构的起重量大，副起升机构的起重量小，但速度比主起升机构快。副起升机构主要用来起吊较轻的货物或作辅助性工作，从而提高工作效率，图 1-28 为主、副钩的起升机构简图。

图 1-29 为桥式起重机起升机构简图，卷绕装置是其中的一个组成部分。起升物品时，卷筒 1 旋转，通过钢丝绳 2 经动滑轮 3 和定滑轮 5，使吊钩 4 竖直上升或下降。

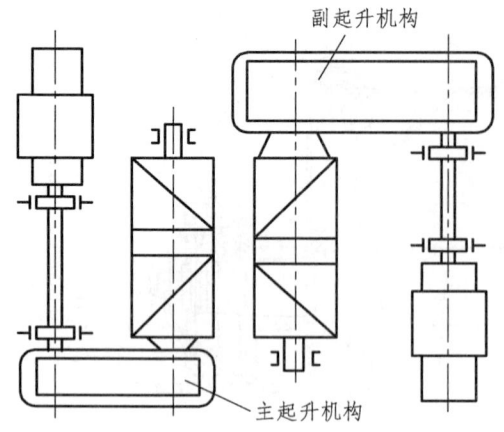

图 1-28 主、副钩的起升机构简图

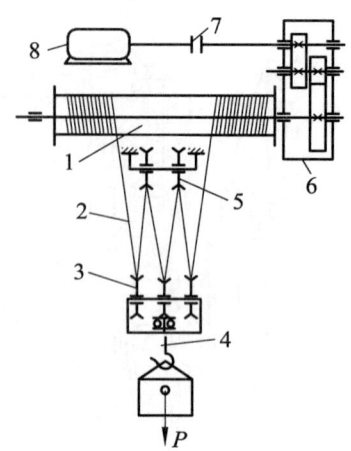

图 1-29 桥式起重机起升机构简图

1—卷筒；2—钢丝绳；3—动滑轮；4—吊钩；5—定滑轮；
6—减速器；7—联轴器；8—电动机

2. 天车滑轮组和滑轮

天车绳索滑轮组是一种用于改变力和速度的滑轮、绳索系统，通常简称为滑轮组。它由若干个动滑轮、定滑轮和绳索组成。滑轮组有省力滑轮组和增速滑轮组两种。省力滑轮组在起重机中应用很广泛，常被称为起重滑轮组。

起重机起吊的物品，可以直接悬挂于卷筒末端的钢丝绳上，也可以通过滑轮组、钢丝绳与卷筒联系。动滑轮与定滑轮、卷筒间的每一段钢丝绳叫作一个绳索分支。使用这种起重滑轮组的优点是各分支可以用较小的绳索拉力提升较大的载荷，但升降速度比不用滑轮组时低。

实际使用的起重滑轮组有单一滑轮组和双联滑轮组两种。桥式起重机中使用的单一滑轮组如图 1-30 所示，这种滑轮组在钢丝绳绕上或退出卷筒的同时，吊钩的悬挂点还产生水平方向的位移。这对用于安装或浇注等工作的起重机来说是不允许的。此外，它还使起重载荷在桥式起重机两根主梁上的分配不等。

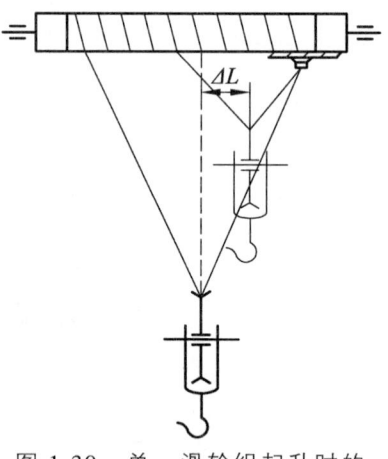

图 1-30 单一滑轮组起升时的水平位移

为了避免吊钩水平位移，起重机上常成对地使用滑轮组，形成如图 1-31 所示的双联滑轮组。在双联滑轮组中，为了使绳索由一个滑轮组过渡到另一个滑轮组，中间应用了平衡滑轮，它可以调整两个滑轮组钢丝绳的拉力和长度。实际应用中也有用平衡杠杆代替平衡滑轮的。

在不考虑其他阻力的情况下，单一滑轮组中绕入卷筒的绳索分支上拉力与其他各分支拉力相同，都等于 F_o，故可写出下式。

$$F_o = \frac{P}{m} \tag{1-1}$$

式中：P 为吊钩的起升载荷（即起升质量的重力）；m 称为滑轮组的倍率。

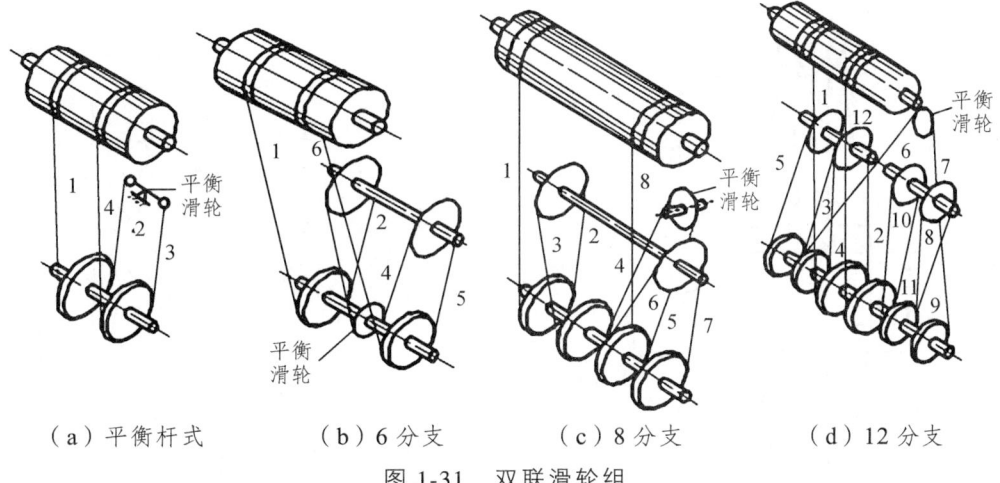

（a）平衡杆式　　（b）6分支　　（c）8分支　　（d）12分支

图 1-31　双联滑轮组

倍率是起重滑轮组省力的倍数，也是升降减速的倍数，数值上等于单一滑轮组的承载绳索分支数（图 1-29 中滑轮组 $m = 3$）。

单一滑轮组的倍率等于钢丝绳分支数：$m = n$；双联滑轮组的倍率等于钢丝绳分支数的一半：$m = n/2$。n 为绳索分支数。

滑轮组中的每一动滑轮和定滑轮的轴承处都存在着摩擦阻力，并且钢丝绳在绕入、绕出各个滑轮时，由直变弯或由弯变直都存在着附加阻力，这个阻力就是钢丝绳的僵性阻力。由于有着上述的两种阻力，绕入卷筒的绳索分支上的实际拉力必定比理想拉力大。

滑轮组的效率高低取决于滑轮数目的多少，也即取决于滑轮组绳索的分支数。表 1-12、表 1-13 列出了不同绳索分支数滑轮组的效率。

对于单一滑轮组，绕入卷筒绳索分支的实际拉力 F 就是作用在卷筒上的圆周力。若为双联滑轮组，卷筒上的圆周力则为 $2F$。根据实际拉力 F，就可以求出卷筒所需的驱动力矩和选择所需要的钢丝绳。

表 1-12　钢丝绳滑轮组的效率（续入卷筒的牵引绳由动滑轮引出）（一）

滑轮轴承形式	滑轮组倍率 m						
	2	3	4	5	6	8	10
滑动	0.975	0.95	0.925	0.90	0.88	0.84	0.80
滚动	0.99	0.985	0.975	0.97	0.96	0.945	0.915

表 1-13　钢丝绳滑轮组的效率（续入卷筒的牵引绳由定滑轮引出）（二）

滑轮轴承形式	滑轮组倍率 m						
	2	3	4	5	6	8	10
滑动	0.93	0.905	0.88	0.856	0.84	0.80	0.76
滚动	0.97	0.965	0.955	0.95	0.94	0.925	0.905

滑轮组中的滑轮用于支承钢丝绳，并引导钢丝绳方向的改变。滑轮的结构和绳槽断面形状分别如图 1-32 和图 1-33 所示。滑轮绳槽断面的有关尺寸应按 JB/T 9005.1—1999 的规定进行加工。

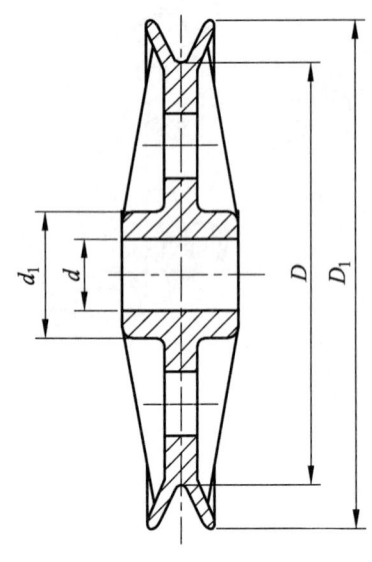

图 1-32 滑轮的结构图

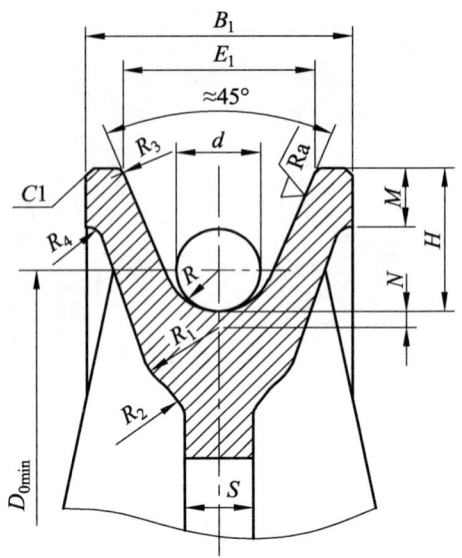

图 1-33 滑轮绳槽断面

绳槽的表面粗糙度分为两级：1 级表面粗糙度 Ra 为 6.3 μm；2 级 Ra 为 12.5 μm。

滑轮直径的大小直接影响到钢丝绳的寿命。增大滑轮的直径将减小钢丝绳的弯曲应力和钢丝绳与滑轮间的挤压应力。

为保证钢丝绳的寿命，滑轮的最小缠绕直径应满足以下条件。

$$D_{0\min} = hd \quad (1-2)$$

式中　$D_{0\min}$——按钢丝绳中心计算的滑轮的最小缠绕直径，mm；

　　　h——与机构工作级别和钢丝绳结构有关的系数，按表 1-14 选取；

　　　d——钢丝绳的直径（钢丝绳外接圆直径），mm。

对于桥式起重机双联滑轮组所用平衡滑轮的直径也取 $D_{0\min}$。

表 1-14　滑轮和卷筒系数 h 与工作级别表

机构工作级别	卷筒 h	滑轮 h	机构工作级别	卷筒 h	滑轮 h
M1~M3	14	16	M6	20	224.5
M4	16	18	M7	22.4	25
M5	18	20	M8	25	28

滑轮应用不低于 HT200、ZG230-450 或 QT400-18 的材料铸成。

直径较小时，滑轮可铸成实心的圆盘；直径较大时，圆盘上应带有刚性肋和减重孔；对于大尺寸滑轮，为减轻自重，采用焊接性好的 Q235 钢，以焊接轮代替铸造轮。

3. 卷筒和钢丝绳

（1）卷筒。

在起升机构中，卷筒是用来驱动和卷绕钢丝绳的，通过旋转卷筒使钢丝绳带动载荷升降，其结构如图 1-34 所示。

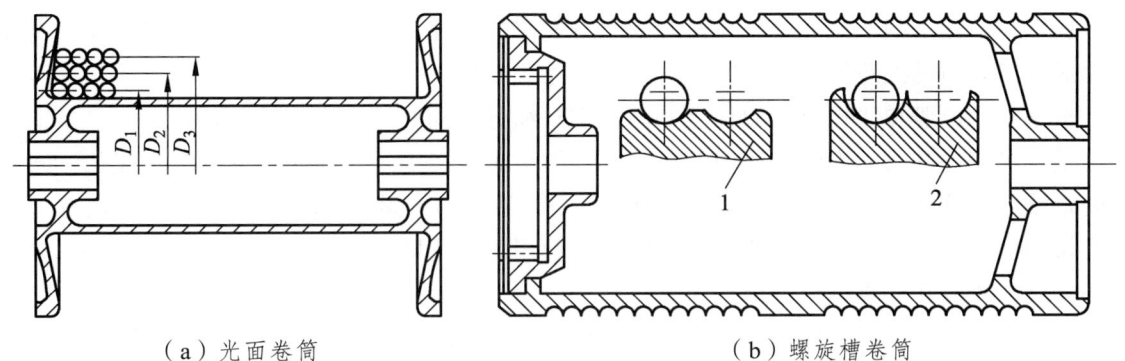

(a)光面卷筒　　　　　　　　(b)螺旋槽卷筒

图1-34　绳索卷筒

1—标准槽；2—深螺旋槽

钢丝绳在卷筒上的卷绕方式有单层卷绕和多层卷绕两种。桥式起重机上常用单层卷绕方式。

在起升高度很大时采用多层卷绕。多层卷绕使用的是光面卷筒。工作时，钢丝绳一层绕满后，再绕第二层。各层钢丝绳互相交叉，内层钢丝绳受到外层的挤压，而且各圈钢丝绳互相摩擦，使多层卷绕的钢丝绳寿命降低。有的多层卷绕卷筒的两侧壁制成略向内倾斜，如图1-34（a）所示，这有助于各层钢丝绳之间有一定错位，以免绳圈叠高。

单层卷绕的卷筒，表面都加工有卷绕钢丝绳用的螺旋槽，如图1-34（b）所示。这种槽形增大了钢丝绳与卷筒的接触面积，并能防止相邻钢丝绳的相互摩擦，延长钢丝绳的使用寿命。螺旋槽有标准槽和深槽两种形式。一般情况下都使用标准槽，它的槽距相比深槽较短，因而卷筒的工作长度比深槽的要短，结构紧凑。当绳索绕入卷筒的偏角较大时，为防止绳索脱槽乱绕，可采用引导作用好的深槽卷筒。

对于单一滑轮组使用的卷筒，只在上面加工一条右旋的螺旋槽。

双联滑轮组一起使用的卷筒，则应有螺旋方向相反的两条螺旋槽，两螺旋槽之间的一段卷筒应做成光面。当起升机构工作把载荷提升到最高位置，双联滑轮组的绳索绕满两螺旋槽时，由动滑轮出来的两段绳索应靠向卷筒中部，这样使绳索在载荷位于高位和低位时的偏角都不致太大。

卷筒的最小卷绕直径按式（1-2）确定。

卷筒长度的确定与提升高度、所采用滑轮组形式及卷筒直径有关。

卷筒材料一般应用不低于HT200或ZG230-450的材料铸造。铸造卷筒的结构形式按JB/T 9006.2—1999的规定，分为A、B、C、D四种。标准对每种形式的结构、尺寸和加工要求都用图表做出了具体规定，大型卷筒多用Q235钢板卷成筒形焊接而成。

（2）钢丝绳。

钢丝绳在起重机上广泛应用，主要优点是：可以向任意方向弯曲，适用于多分支的滑轮组，提高了起重能力；可以多层卷绕，在起升高度很大时尤为重要；钢丝绳承受骤加载荷和过载能力强，极少出现骤然破断的现象；钢丝绳强度高、弹性好、自重小、工作平稳、噪声小。

按钢丝绳的捻绕次数，钢丝绳分为单捻绳、双捻绳和三捻绳3种。起重机用的钢丝绳多为双捻绳，即先由钢丝捻成股，再由股围绕着绳芯捻成绳。单捻绳实际只有一股，经一次捻制而成，三捻绳是把双捻绳作为股，再由几股捻绕成绳。

按钢丝捻成股和股捻成绳的相互方向，钢丝绳分为同向捻、交互捻两种。

钢丝在股中的捻向与股在绳中的捻向相同的称为同向捻，捻向相反的称为交互捻。同向捻的钢线绳挠性好、寿命长，但易松散和产生扭转，用于经常保持张紧状态的场合较好，在起升机构中不宜采用。交互捻的钢丝绳挠性与使用寿命比同向捻的差，但这种钢丝绳不易松散和扭转，所以在起重机中应用广泛。

钢丝绳的捻制方向，国标规定用两个字母表示，第一个字母表示钢丝绳的捻向，第二个字母表示股的捻向。字母"Z"表示右向捻（与右旋螺纹或"Z"字形同向），字母"S"表示左向捻。"ZZ"或"SS"表示右同向捻或左同向捻。"ZS"或"SZ"表示右交互捻或左交互捻。

在捻制钢丝绳时，捻角和捻距是重要的工艺参数。捻角指捻制时钢丝（或股）中心线与股（或绳）中心线的夹角。捻距指钢丝绳围绕股芯或股围绕绳芯旋转一周对应两点间的距离。

按钢丝绳中股的捻制类型划分，常用的主要有点接触绳和线接触绳两种。

点接触绳绳股中相邻两层钢丝捻距不同，它们之间呈点接触状态。由于接触应力较大，在反复弯曲时，绳内钢丝易于磨损折断，使寿命降低。为使各层钢丝绳受力均匀，各层捻角应大致相等。

在起重机中常用线接触绳替代点接触绳。线接触绳绳股中的所有钢丝具有相同的捻距，外层钢丝位于里层各钢丝之间的沟缝里，内外层钢丝互相接触在一条螺旋线上，形成了线接触。为了形成这种构造，需要采用不同直径的钢丝。这种构造有利于钢丝之间的滑动，使钢丝绳的挠性得以改善。

当承载能力相同时，选用线接触绳可以取较小的绳径，从而可以选用较小直径的卷筒、滑轮和较小输出转矩的减速器，使整个起升机构尺寸、质量都得以减小。所以线接触绳被广泛地应用于起重机中。

线接触绳根据绳股结构的不同，又分为西鲁式（外粗式，代号 S）、瓦林吞式（粗细式，代号 W）、填充式（代号 Fi）。这些线接触钢丝绳的构成如图 1-35 所示。

（a）西鲁式（外粗式，代号 S）　（b）瓦林吞式（粗细式，代号 W）　（c）填充式（代号 Fi）

图 1-35　线接触钢丝绳

图 1-35 中西鲁式钢丝绳的结构标记为 6×19S，它由 6 股组成，每股又由 19 丝构成，这种绳股记为（9+9+1），表示最外层布置 9 根钢丝（粗），第二层布置 9 根钢丝（细），股中心只有 1 根钢丝（粗）。西鲁式绳股的优点是外层钢丝较粗，所以又称为外粗式。它适用于磨损较严重的地方。

图 1-35 中瓦林吞式钢丝绳的结构标记为 6×19W，它也由 6 股组成，每股由 19 丝构成，这种绳股记为（6/6+6+1）。它分为 3 层，6/6 表示最外层由 6 根细的和 6 根粗的钢丝组成。所以，瓦林吞式又称为粗细式。

图 1-35 中的填充式钢丝绳，其结构标记为 8×19Fi。该钢丝绳在外层布置 12 根相同直径的钢丝，外层钢丝与里层钢丝所形成的空隙中，填充 6 根称为填充丝的细钢丝，这种形式提高了钢丝绳截面的金属充满率，增加了破断拉力。它的绳股记为（12+6F+6+1）。6F 表示第二层有 6 根填充钢丝。

钢丝绳的股芯或绳芯有不同种类。第一种是常见的用剑麻或棉芯做成的有机物芯，采用这种芯的钢丝绳具有较大的挠性和弹性，润滑性也好，但不能承受横向压力且不耐高温；第二种是石棉芯，性能与有机物芯相似，但能在高温条件下工作。第一、第二种都属于天然纤维芯，代号为 NF。第三种是用高分子材料制成的合成纤维芯，如聚乙烯、聚丙烯纤维，代号为 SF；第四种是用软钢钢丝的绳股做成的金属丝股芯或绳芯，代号分别为 IWS 或 IWR，它的强度高，能承受高温和横向压力，但润滑性较差。泛指的钢丝绳为纤维芯（天然或合成的），代号则为 FC。一般情况下常选用有机物芯的钢丝绳，高温工作时用石棉芯或金属芯钢丝绳，在卷筒上多层卷绕时宜用金属芯钢丝绳。

钢丝绳所用的钢丝表面状态，一种为光面钢丝，代号为 NAT，用于一般场合。在有腐蚀性的场所应用镀锌钢丝，它分为 3 种级别：A 级镀锌钢丝，代号为 ZAA；AB 级镀锌钢丝，代号为 ZAB；B 级镀锌钢丝，代号为 ZBB。

钢丝绳代号分全称标记和简化标记。全称标记的写法举例如下：

【例 1】

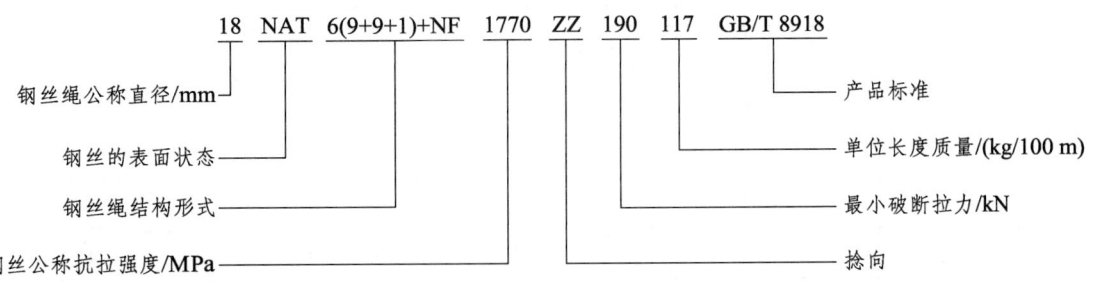

【例 2】　18 ZAA6（9+9+1）+ SF1770ZS GB/T 8918

简化标记与全称标记的不同处是，将全称标记中结构形式这一段简化为：股的总数×每股的钢丝总数、结构简称代号+芯的代号。例如：18NAT6×19S + NF1770ZZ190、18ZBB6×19w + NF1770ZZ、18 NAT6×19 Fi + IWR1770、18ZAA6×19S + NF。

钢丝绳在起重机中属于易损件，经常要进行更换，因此了解选用钢丝绳的计算方法很有必要。

选用时，首先按钢丝绳的使用情况，从表 1-15 中确定钢丝绳的类型，然后根据受力情况确定钢丝绳的直径，最后再进行验算。

表 1-15　起重机常用的钢丝绳类型

钢丝绳的用途			钢丝绳类型
起重机拽引用	单层卷绕	$\dfrac{D}{d} \geq 25$	6×19W+NF
			6×19+NF
		$\dfrac{D}{d} < 20$	6×37S+NF
			6×19+NF
	多层卷绕	$\dfrac{D}{d} = 20 \sim 30$	6×19S+NF
拉索	不绕过滑轮的		1×37+NF
	绕过滑轮的		与起重用单层卷绕相同

注：D 为卷筒、滑轮绳槽槽底直径；d 为钢丝绳直径。表中钢丝绳类型 6×19、6×37 和 1×37 为点接触钢丝绳。

钢丝绳在工作中受拉、压、弯、扭复合应力作用，除了静载荷外，还有冲击载荷的影响，受力情况复杂，难以精确计算。为简化起见，只根据拉伸载荷进行实用计算，计算方法有如下两种，可任选一种。

① 钢丝绳最小直径按式（1-3）确定。

$$d = c\sqrt{F} \qquad (1\text{-}3)$$

式中　d——钢丝绳最小直径，mm；
　　　c——选择系数，按表 1-16 选取；
　　　F——钢丝绳最大工作静拉力，N。

表 1-16　钢丝绳选择系数 c 和安全系数 n 值表

机构工作级别	选择系数 c 值			安全系数 n
	钢丝公称抗拉强度 σ_b/MPa			
	1 550	1 700	1 850	
M1~M3	0.093	0.089	0.085	4
M4	0.099	0.095	0.091	4.5
M5	0.104	0.100	0.096	5
M6	0.114	0.109	0.106	6
M7	0.123	0.118	0.113	7
M8	0.140	0.134	0.128	8

注：对于搬运危险物品的起重用钢丝绳，一般应按比设计工作级别高一级的工作级别选择其中的 c 和 n 值，对起升机构工作级别为 M7、M8 的某些冶金起重机，在保证一定寿命的前提下，允许按低的工作级别选择，但最低安全系数不得小于 6。

② 按与工作级别有关的安全系数选择钢丝绳直径,所选钢丝绳的破断拉力应满足式(1-4)。

$$F_0 \geqslant nF \tag{1-4}$$

式中　F_0——所选钢丝绳的破断拉力,N;

　　　F——钢丝绳最大工作静拉力,N;

　　　n——钢丝绳最小安全系数,按表 1-16 选取。

所选的钢丝绳直径还应满足与卷筒(滑轮)直径的比例要求,才能保证钢丝绳的使用寿命。为此,可参照式(1-2)进行验算。

四、小车运行机构

起升机构是安装在小车上的,而吊运重物的横向运动是由小车的运行机构来实现的。小车运行机构包括驱动、传动、支承和制动等装置。图 1-36 为小车运行机构常用的传动系统简图,小车的四个车轮(其中半数是主动车轮)固定在小车架的四角,车轮一般是带有角形轴承箱的成组部件。运行机构的电动机安装在小车架的台面上,由于电动机轴和车轮轴不在同一水平面内,所以使用立式三级圆柱齿轮减速器。

在电动机轴与车轮轴之间,用全齿轮联轴器或带浮动轴的半齿轮联轴器连接,以补偿小车架变形及安装的误差。在小车运行机构中使用液压推动器操纵的制动器,它能使制动平稳。考虑到制动时利用高速浮动轴的弹性变形能起缓冲作用,在图 1-36(b)中,将制动器装在靠近电动机轴一边的制动轮半齿轮联轴器上。

起重量大于 100 t 的天车上的小车,通常装有均衡车架,以降低轮压。在起重小车的每个支点上装有两个或两个以上的车轮,这些车轮装在一个或一个以上的均衡车架上,均衡车架与小车架铰接,使车轮轮压接近均匀。

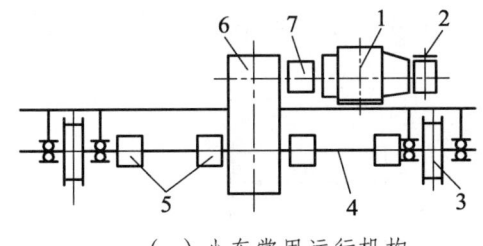
(a)小车常用运行机构

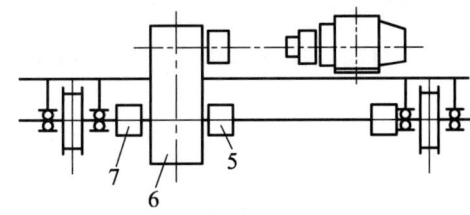
(b)调整制动器位置后的小车运行机构

图 1-36　小车运行机构传动简图

1—电动机;2—制动器;3—车轮;4—浮动轴;5—半齿联轴器;6—立式减速器;7—全齿联轴器

小车运行机构中广泛采用电机、制动器、减速器结合在一起的"三合一"驱动装置。这种装置结构紧凑,成组性好,可成组维修更换。

至于小车的车轮,为防止脱轨,现在大多用的是单轮缘车轮,并且轮缘朝外安装,这种车轮安全可靠,还减少了加工量。

小车架除用于支承和安装起升机构、小车运行机构外,还要承载全部的起重量。小车架必须有足够的强度和刚度,但又要求它自重小,以降低小车轮压和桥架的受载。

小车架一般采用型钢和钢板的焊接结构。如图 1-37 所示，小车架由两根顺着小车轨道方向的纵梁和两根或多根与纵梁垂直的横梁及铺焊在它们之上的台面钢板组成。常见的纵梁、横梁多为箱形，通过焊接构成一个刚性的整体，纵梁的两端下部，留有安装角形轴承箱的直角形悬臂。

小车台面上安装有电动机、减速器、卷筒、轴承座、制动器等。为方便安装对中，在台面焊上必要的垫板。台面上还留有让钢丝绳通过的矩形槽。

小车架上，受集中力大的地方，是安装定滑轮的部位，定滑轮支座可放在小车台面上，也可焊在小车架台面下边。

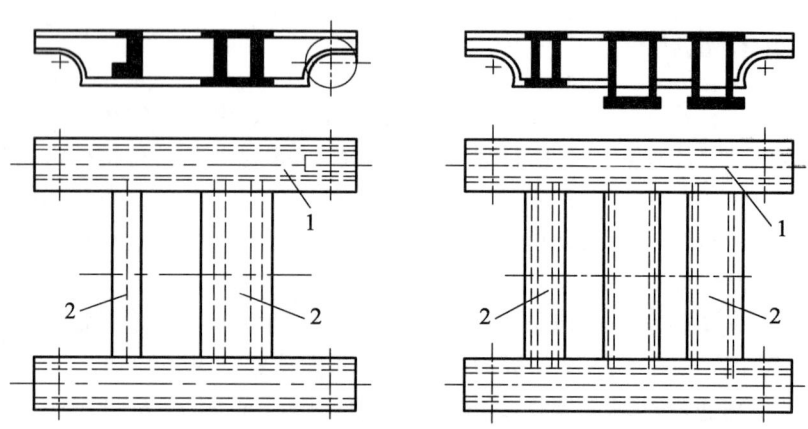

图 1-37 小车架的主要构件

1—纵梁；2—横梁

五、轨　道

起重机车轮运行的轨道，常采用铁路钢轨，当轮压较大时，采用起重机专用钢轨，如图 1-38 所示。有时也使用方钢作为代用钢轨。

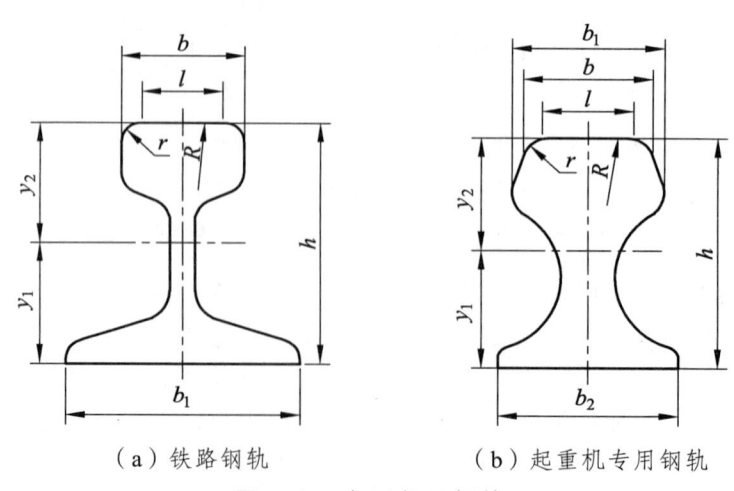

（a）铁路钢轨　　　（b）起重机专用钢轨

图 1-38 起重机用钢轨

钢轨的轨顶有凸顶和平顶两种。圆柱形车轮踏面与平顶钢轨的接触为线接触；而圆柱形或圆锥形踏面的车轮与凸顶钢轨接触为点接触。

从理论上看，线接触比点接触要好，承载能力大。实际上，由于制造安装及起重机在不同载荷时的不同变形，造成车轮不同程度的偏斜，使圆柱形的车轮与平顶钢轨在接触线的压力分布不均，有时甚至只在轨道边缘的一个点上接触，产生很大的挤压应力。点接触的凸顶钢轨对这种不可避免的车轮倾斜的适应性却很好。实践证明，采用凸顶钢轨时车轮的寿命比采用平顶钢轨的长。因此起重机大多采用凸顶钢轨。

钢轨通常用含碳、锰的质量分数较高的钢材制成（$\omega_C = 0.5\% \sim 0.8\%$，$\omega_{Mn} = 0.6\% \sim 1.0\%$），同时要进行热处理，使其有较高的强度和韧性，顶面又有足够的硬度。

钢轨的选用见表 1-17，铁轮钢轨型号中的数字表示这种钢轨单位长度的质量（kg/m），方钢的型号则是以边长来表示的。

表 1-17 钢轨的选择

车轮直径/mm	200	300	400	500	600	700	800	900
起重机的专用钢轨						QU70	QU70	QU80
铁轮钢轨	P18	P18	P24	P38	P38	P43	P43	P50
方钢/mm	40	50	60	80	80	90	90	100

起重钢轨横截面如图 1-39 所示，具体尺寸规格如表 1-18 所示。

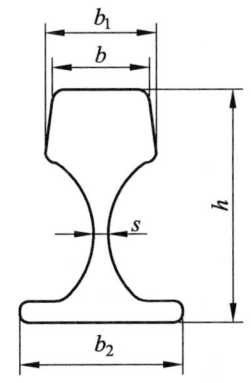

图 1-39 起重钢轨尺寸

b—顶宽；b_1—顶下宽；b_2—底宽；s—腰宽；h—轨高

表 1-18 起重钢轨尺寸机质量表

型号	截面尺寸/mm					截面面积/cm²	理论质量 W/（kg/m）
	h	b	b_1	b_2	s		
QU70	120	70	76.5	120	28	67.30	52.8
QU80	130	80	87	130	32	81.13	63.69
UQ100	150	100	108	150	38	113.32	88.96
QU120	170	120	129	170	44	150.44	118.10

轨道在金属梁和钢筋混凝土上的固定方法如图 1-40 所示。

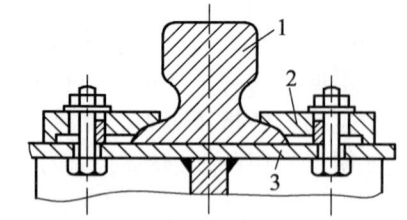

（a）用螺栓压板固定在金属梁上的轨道

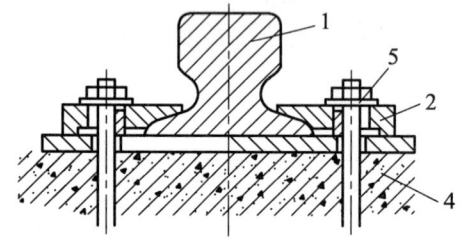

（b）用压板固定在钢筋混凝土梁上的轨道

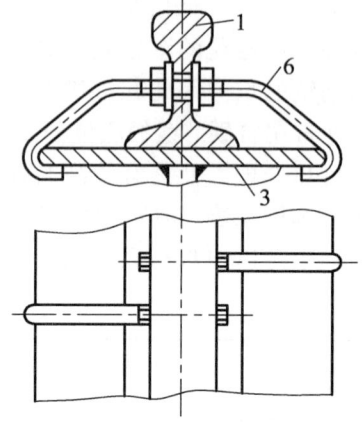

（c）用钩条固定在金属梁上的轨道

图 1-40　轨道的固定

1—轨道；2—压板；3—金属梁；4—钢筋混凝土梁；5—螺栓；6—钩条

第四节　天车的安全防护装置

为了保证天车安全运行和避免造成人身伤亡事故，在起重设备上配备有各类安全防护装置。桥式起重机和门式起重机上装设的安全防护装置名称、要求程度和要求范围见表 1-19。

表 1-19　天车的安全防护装置

安全防护装置名称	桥式起重机		门式起重机	
	要求程度	要求范围	要求程度	要求范围
超载限制器	应装	额定起重量大于 20 t 的	应装	额定起重量大于 10 t 的
	宜装	动力驱动，额定起重量为 3~20 t	宜装	动力驱动、额定起重量为 5~10 t 的
上升极限位置限制器	应装	动力驱动的	应装	动力驱动的
下降极限位置限制器	宜装		宜装	
运行极限位置限制器	应装	动力驱动的并且在大车和小车运行的极限位置（单梁吊的小车可除外）	应装	动力驱动的并且在大车和小车运行的极限位置
偏斜高调整显示装置			宜装	跨度等于或大于 40 m 时

续表

安全防护装置名称	桥式起重机		门式起重机	
	要求程度	要求范围	要求程度	要求范围
联锁保护装置	应装	由建筑物登上起重机的门与大车运行机械之间，由司机室登上桥架的舱门与小车运行机构之间，设在运动部分的司机室在进入司机室的通道口与小车运行机构之间	应装	（装卸桥设在运动部分的司机室在进入司机室的通道口与小车运行机构之间）
缓冲器	应装	在大车、小车运行机构或轨道端部	应装	在大车、小车运行机构或轨道端部
夹轨钳和锚定装置或铁鞋	宜装	露天工作的	应装	露天工作的
登机信号按钮	宜装	具有司机室的	应装	（装卸桥司机室位于运动部分的应装）
防倾翻安全钩	应装	单主梁起重机在主梁一侧落钩的小车架上	应装	单主梁门式起重机在主梁一侧落钩的小车架上
检修吊笼	应装	在司机室对面靠近滑线一端		
扫轨板和支承架	应装	动力驱动的大车运行机构上	应装	在大车运行机构
轨道端部止挡	应装		应装	
导电滑线防护板	应装			
暴露的活动零部件的防护罩	宜装		宜装	
电气设备的防雨罩	应装	露天工作的	应装	露天工作的

本节主要介绍超载限制器、位置限制器、偏斜调整装置、缓冲器、防风装置、防碰撞装置。

一、超载限制器

超载限制器（起重量限制器）的作用是防止起重机超载吊运。超载吊运时，限制器能够防止起重机向不安全方向继续动作，但应能允许起重机向安全方向继续动作，同时发出声光报警信号。

起载限制器主要分为机械型超载限制器和电子型超载限制器。

1. 机械型超载限制器

机械型超载限制器的基本原理是吊运的质量通过杠杆、偏心轮或弹簧控制开关的动作来控制电动机的起停。

（1）杠杆式超载限制器。

杠杆式超载限制器的结构如图 1-41 所示，主要组件包括杠杆、弹簧及控制开关。当吊重小于额定起重量时,起升力矩小于弹簧的力矩,撞杆不动作;当吊重大于额定起重量时,起升力矩大于弹簧的力矩,撞杆动作,触动与起升线路连锁的控制开关,电动机断电,起升机构停止调运,起到超载限制作用。撞杆行程是可调的。

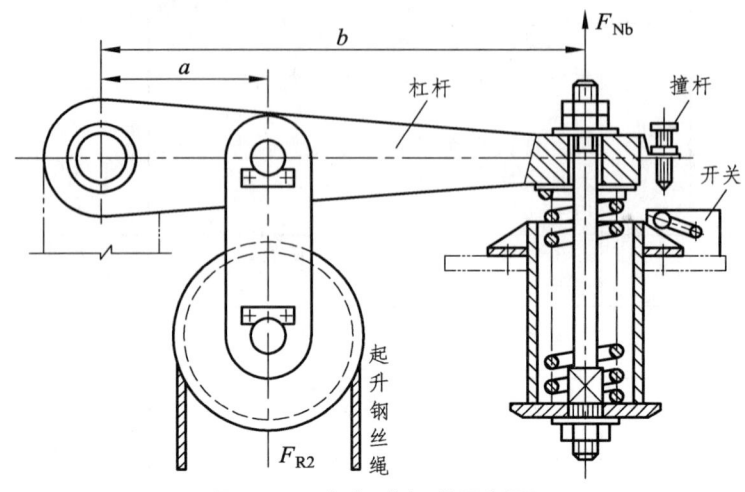

图 1-41 杠杆式超载限制器

(2)弹簧式超载限制器。

弹簧式超载限制器的结构如图 1-42 所示,主要由弹簧 13、控制开关 5 等组成。

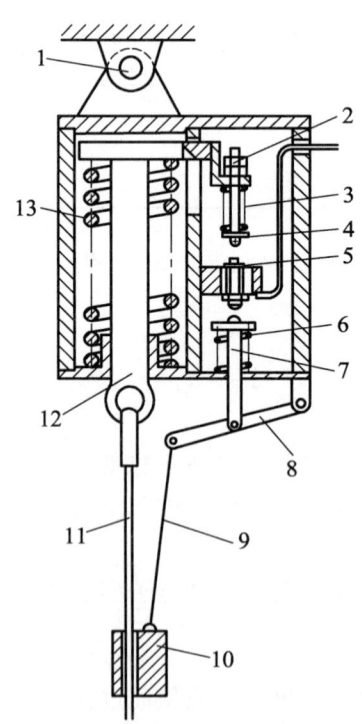

图 1-42 弹簧式超载限制器

1—支铰;2—调节螺母;3、6、13—弹簧;4—触杆;5—控制开关;7—拉杆;
8—杠杆;9—链条;10—重锤;11—钢丝绳;12—滑杆

- 34 -

当吊重小于额定起重量时，弹簧13压缩量较小，与起升钢丝绳连接的滑杆12向下的移动量小，起升机构正常运行。吊重大于额定起重量时，弹簧13压缩量大，滑杆12触动控制开关5，起升机构停止运动，从而限制超载。触杆4的行程同样可以调节。

图1-42中还显示了上升极限位置限制器的作用。当吊钩滑轮组上升到极限位置时，托起重锤10，在弹簧6的作用下，拉杆7上移，触动控制开关5，使起升机构停止动作。

2. 电子型超载限制器

电子型超载限制器主要由载荷传感器、测量放大器和显示器组成。

载荷传感器是在一块弹性金属上粘贴电阻应变片，这些电阻应变片构成一个平衡电桥回路。传感器受力时，应变片变形导致电阻发生变化，电桥失衡，产生一个输出电压。

由于输出电压信号比较微弱，需要用放大电路进行电压和功率放大，来驱动微型电机旋转，用转角来反映载荷大小。经过 A/D 转换后在电子显示器上显示质量。

载荷控制和报警是通过负荷测量放大器输出的电压与设定的电压比较，当负荷达到额定起重量的90%时，比较器控制电路开启，发出警报；当负荷达到设定值时，比较器控制继电器，中断起升回路，吊钩只能下降，不能上升，起到过载保护作用。

如图1-43所示，载荷传感器（也叫过荷重计）可以安装在滑轮上，也可以如图1-44所示安装在钢丝绳上。

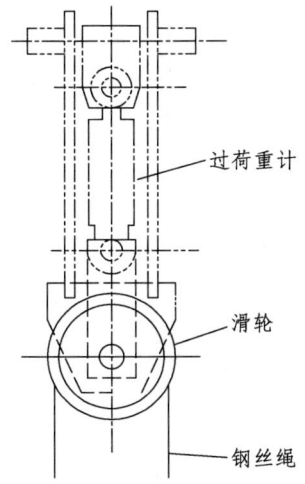

图 1-43 载荷传感器安装在平衡论支架上

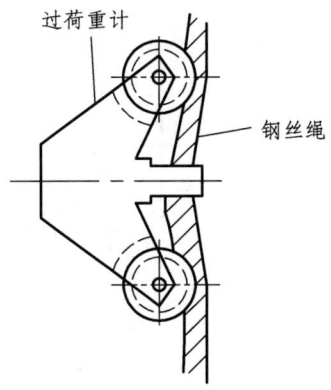

图 1-44 载荷传感器安装在钢丝绳上

3. 超载限制器的安全要求

（1）超载限制器的综合误差：电子型限制器不大于 ±5%，机械型限制器不大于 ±8%。

（2）当载荷达到额定起重量的90%时，应能发出提示性报警信号。

（3）装设超载限制器后，应能根据其性能和精度情况进行调整或标定。当起重量超过额定起重量时，应能自动切断起升动力源，并发出禁止性报警信号。

超载限制器的综合误差计算方法如下：

$$综合误差 = (动作点 - 设定点)/设定点 \times 100\%$$

动作点：超载限制器启动控制开关动作时的实际起重量。

设定点：预先设定的超载限制器启动控制开关动作时的预订起重量。

设定点的调整应使起重机在正常工作条件下可调运额定起重量。超载限制器动作点不大于 110%的额定起重量。设定点宜调整为 100%～105%的额定起重量。

二、位置限制器

1. 上升与下降极限位置限制器

上升极限位置限制器的作用是防止吊钩或其他吊具过卷扬，拉断钢丝绳并使吊具坠落而造成事故。因此起升机构装有上升极限位置限制器。

下降极限位置限制器的作用是为了防止因为下降距离过大而使钢丝绳在卷筒上缠绕的圈数少于安全圈数而造成重物坠落事故。

上升与下降极限位置限制器主要有重锤式和螺杆式两种。

重锤式上升极限位置限制器如图 1-45 所示，它主要由重锤和限位开关组成。

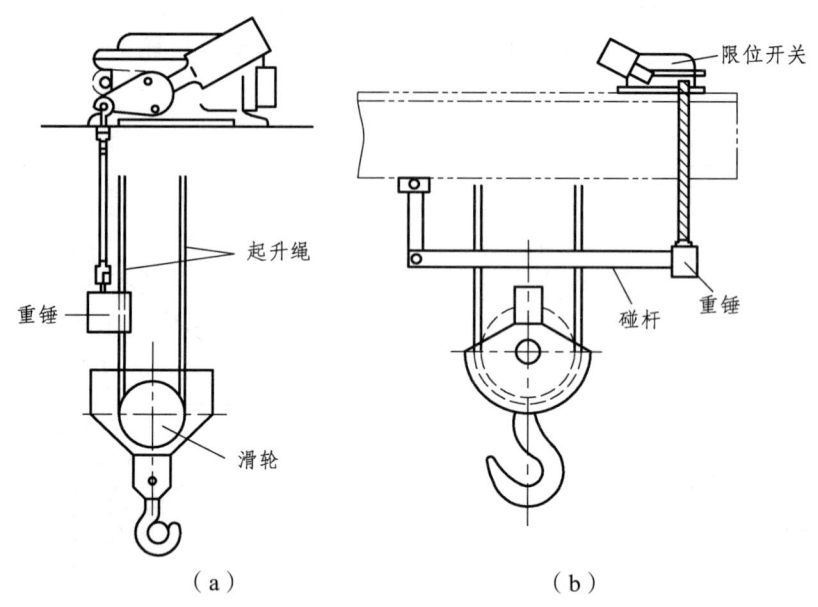

图 1-45　重锤式上升极限位置限制器

当吊钩起升到极限位置时，吊钩碰到重锤或碰到碰杆抬起重锤，重锤的动作引起限位开关动作，起升机构断电，吊钩停止起升。

螺杆式上升极限位置限制器如图 1-46 所示。

螺杆通过齿轮和卷筒连接，随着卷筒正反转，螺母左右运动，吊钩上升或下降到极限位置时，螺母上的撞头撞动限位开关 3 或 2，升降机构断电，吊钩不再上升或下降。

上升和下降极限位置限制器的安全要求与检验如下：

当起升机构上升到规定极限位置时，应能自动切断电动机电源；当有下降限位要求时，应设有下降深度限位器，除能自动切断电动机电源外，钢丝绳在卷筒上的缠绕，除了不计固定钢丝绳的圈数外，还应至少保留两圈。

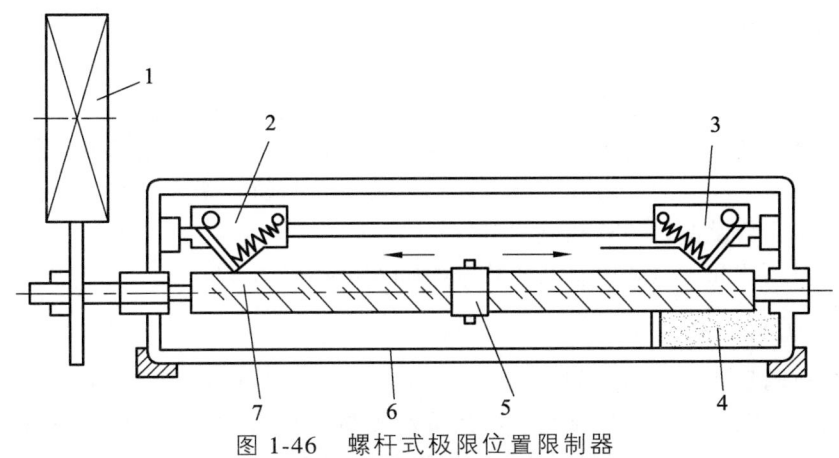

图 1-46 螺杆式极限位置限制器

1—卷筒齿轮；2，3—上下过卷扬限位开关；4—油池；5—撞头；6—壳体；7—螺杆

安全检验主要是功能试验。在检验人员现场监护观察下，进行空钩起升，吊钩或吊具达到额定起升极限位置时，起升系统断电，吊钩不能继续上升，说明上限位动作。否则，应检查修理上升极限位置限位器或更换上限位器。

2. 运行极限位置限制器

运行极限位置限制器又叫行程开关。当天车的大车或小车运行到极限位置时，撞开行程开关，切断运行机构电路，使大车或小车停止运行。

常用的行程开关是如图 1-47 所示的直杆式限制运行位置的行程开关，由一个行程开关和触发行程开关的安全尺构成。当大车或小车运行到极限位置时，安全尺推动限位开关的转臂转动，电路断开，电机停转，运行机构制动器使大车或小车停转。

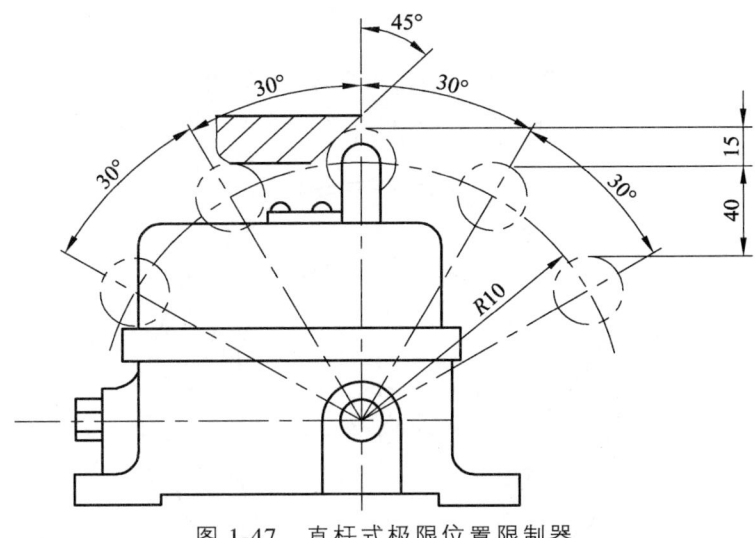

图 1-47 直杆式极限位置限制器

行程开关应有坚固的外壳，并有良好的绝缘性能，密封性能较好，在室外或粉尘场所应能有效保护。触点不应有明显磨损和变形，应能准确复位。限位开关动作灵敏可靠。上升极限位置限制器的动作距离，一般吊钩滑轮组与上方接触物的距离应不小于 250 mm。

三、偏斜调整装置

当门式起重机和装卸桥的跨度超过 40 m 时,由于大车运行不同步,车轮打滑及制造安装误差,经常会出现天车一腿超前、一腿滞后的偏斜运行现象。偏斜运行的起重机,会使起重机的金属结构产生较大的应力和变形,还会造成车轮啃轨,增大运行阻力,加速车轮和轨道磨损。因此需要装设偏斜调整和显示装置。

常用的偏斜调整和显示装置有凸轮式和电动式两种。

1. 凸轮式偏斜调整装置

凸轮式偏斜调整装置如图 1-48 所示。门式起重机和装卸桥的两条支腿刚度不同,一条是刚度较大的刚性支腿,另一条是刚度较小的柔性支腿。当两个支腿出现偏斜时,通过柔性支腿的转动臂 5 带动拨叉 6,转动凸轮 2。凸轮形状见图 1-49。

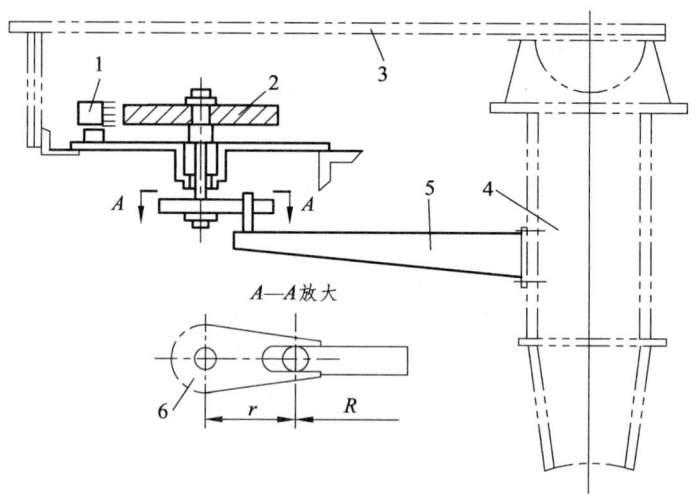

图 1-48 凸轮式偏斜调整装置

1—开关;2—凸轮;3—桥架;4—柔性支腿;5—转动臂;6—拨叉

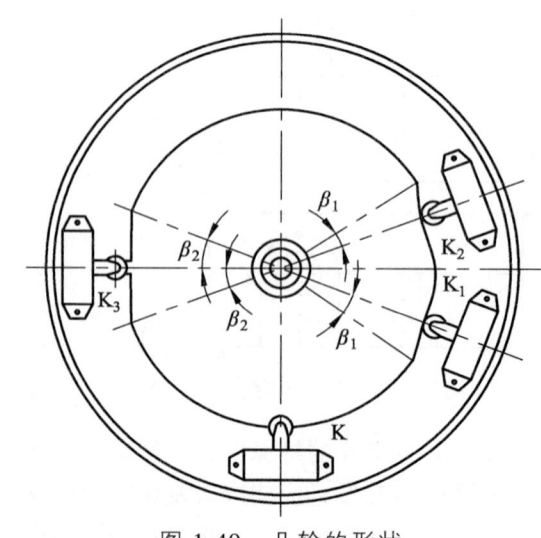

图 1-49 凸轮的形状

当偏斜量不超标时（一般在 5/1 000 跨度），凸轮转动角度小于 β_1，纠偏电动机开关 K 不动作。偏斜量超过允许值时，开关 K 动作，发出报警信号，同时纠偏电动机动作，柔性支腿运行速度加快或减慢，直至两条支腿平齐。

天车前进时，如果刚性支腿超前，柔性支腿滞后，凸轮顺时针转动，开关 K_1 动作，柔性支腿加速；反之则凸轮逆时针转动，开关 K_2 动作，柔性支腿减速。天车后退，发生偏斜时的凸轮转动方向与上述方向相反，各个开关和纠偏电动机的动作也与天车前进时相反。

纠偏电机可以使柔性支腿速度增减约 10%，如果纠偏速度不够或纠偏开关故障，偏斜量达到允许极限值（一般为 7/1 000 跨度）时，凸轮转过 β_2，偏斜量极限开关 K_3 动作，超前支腿断电停运，直到偏斜消除后再接通电源。

2. 电动式纠偏调整装置

电动式纠偏调整装置如图 1-50 所示。两个电动式偏斜调整装置 2 布置在刚性支腿同一侧轨道上，并通过线路连接起来。偏斜调整装置的滚轮 4 顶在轨道侧面。没有偏斜时，两个偏斜调整装置里的铁心位移量相同，电桥平衡；两支腿偏斜时，铁心位移量不同，电桥失衡，发出信号，并通过与纠偏机构联锁构成偏斜调整装置。

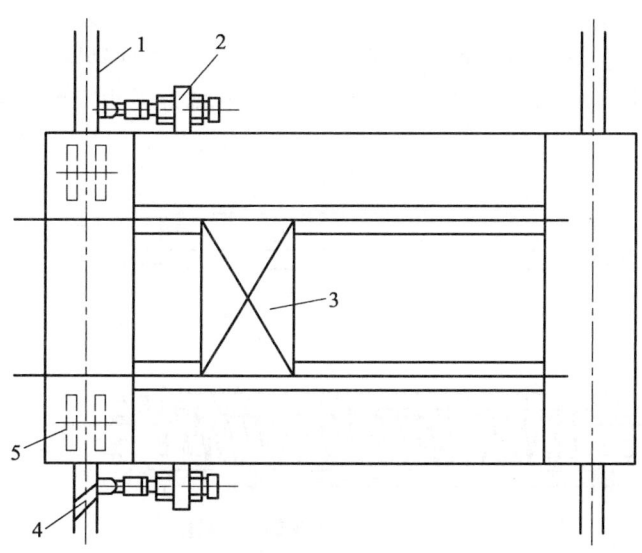

图 1-50 电动式偏斜调整装置

1—大车轨道；2—偏斜调整装置；3—小车；4—滚轮；5—车轮

偏斜调整装置的检验主要包括：偏斜调整装置是否有效；偏斜调整装置的精度。

有效性检验先在天车停止状态观察，或拨动开关及机械信号传输系统，检验其转动是否灵活。然后观察天车运行状况、电气开关的通断，以及运行偏斜时的自动调整性能。

检验偏斜调整装置的精度时，用经纬仪测出开关动作时的偏斜量，并与显示值对比。

四、缓冲器

缓冲器是天车或小车与轨道终端或天车与天车之间相互碰撞时起缓冲作用的安全装置。天车上常用的缓冲器有橡胶缓冲器、弹簧缓冲器和液压缓冲器。

1. 橡胶缓冲器

橡胶缓冲器缓冲原理是依靠橡胶的变形吸收能量来缓冲，其结构如图 1-51 所示。

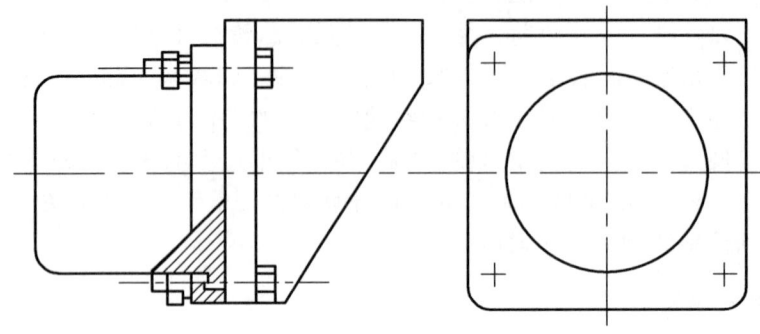

图 1-51　橡胶缓冲器

橡胶缓冲器特点是结构简单，因为弹性变形量小，所以缓冲量小，只能适用于车体运行速度小于 50 m/min，环境温度 – 30 ~ 50 ℃ 的范围内。

2. 弹簧缓冲器

当大、小车运行到极限位置或两车相撞时，推杆被撞，推杆另一端与缓冲器里的弹簧接触，弹簧受到压缩而长度缩短吸收能量，弹簧缩短的距离为缓冲行程。弹簧缓冲器的结构如图 1-52 和图 1-53 所示。

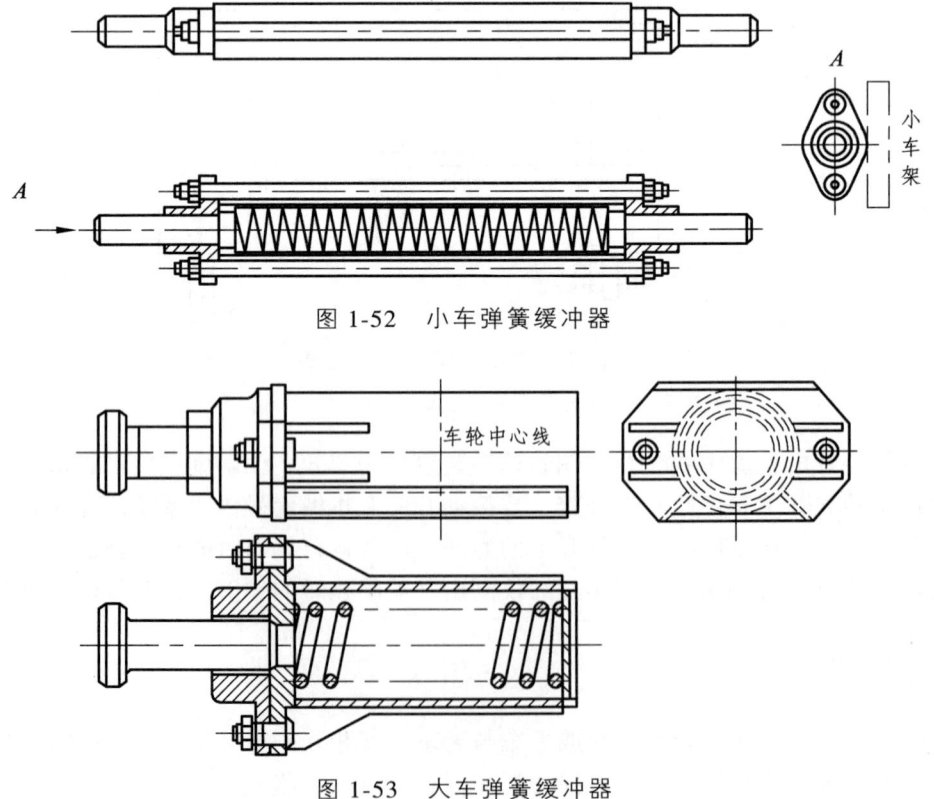

图 1-52　小车弹簧缓冲器

图 1-53　大车弹簧缓冲器

弹簧缓冲器结构简单，弹簧装在铸钢外壳内的推杆上。其优点是结构简单、维修方便、使用可靠，对工作温度没有特殊要求，吸收能量大；缺点是有强烈的"反坐力"。弹簧缓冲器适用于运行速度在 50～120 m/min 的天车。

3. 液压缓冲器

液压缓冲器的结构如图 1-54 所示。

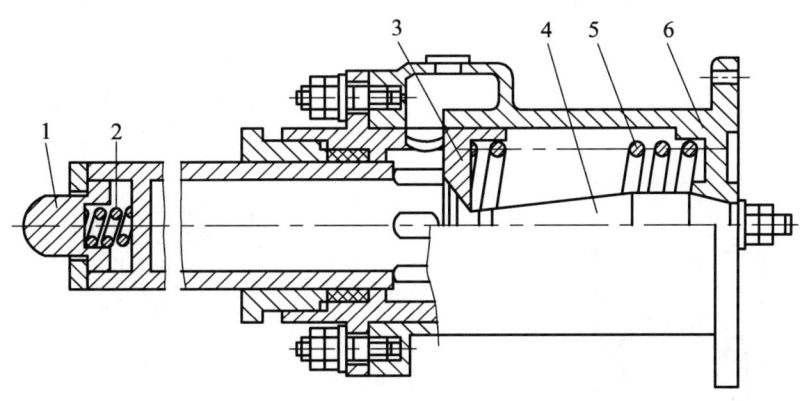

图 1-54　液压缓冲器
1—撞头；2，5—弹簧；3—活塞；4—心棒；6—液压缸

液压缓冲器主要由弹簧、液压缸、活塞及撞头和心棒组成。其优点是能够维持恒定的缓冲力，平稳可靠，可使缓冲行程减为 1/2；缺点是结构复杂，维修麻烦，对密封要求高，并且工作性能受温度影响。液压缓冲器适用于运行速度大于 120 m/min 的天车。

液压缓冲器的工作原理：当天车运行到极限位置或两车相撞时，撞头受到撞击带动液压缸活塞运动，液压缸中的油受压从活塞一侧流到另一侧。

通过设计合适的心棒形状，可以保证液压缸里的压力在缓冲过程中恒定而达到匀减速的缓冲，使天车或小车柔和地在最短距离内停住。

对缓冲器零件的试验：在桥式和门式起重机的大、小车运行机构或轨道的端部都应装设缓冲器，要求缓冲器零件的性能可靠，试验后零件应无损坏，连接无松动，无开焊。

对在役起重机缓冲器的检验：主要检查其完好性，并实地低速碰撞后进行检查。

五、防风装置

露天工作的桥式起重机和门式起重机，为了防止被大风吹走而造成倾翻事故，必须装设防风装置。天车上常用的防风装置有两大类，即夹轨器和锚定装置。

1. 夹轨器

夹轨器又称夹钳，其工作原理是通过夹钳口夹住轨道，使起重机不能滑移，从而达到防风的目的。夹轨器分为手动夹轨器、电动夹轨器、手电两用夹轨器。

（1）手动夹轨器。

手动夹轨器如图 1-55 所示。其特点是结构简单、成本低、操作方便，夹紧力有限，动作慢，适用于中小型起重机。

图1-55（a）是垂直螺杆夹轨器，使用时转动手轮1，使螺杆2上下移动。当螺杆2向下移动时先使连接板5碰到轨道顶面，进行高度定位，然后通过连杆3使夹钳臂4绕连接板5的铰点转动，从而使钳口6夹紧轨道。当螺杆向上移动时，先使钳口松开，然后将夹钳臂提高，离开轨道顶面，钳口松开轨道。

图1-55（b）是水平放置的螺杆夹轨器，其工作原理是通过螺杆上的两端螺纹旋向不同实现夹钳臂的夹紧和松开。夹钳臂上的螺孔旋向与螺杆相配合，也分左旋和右旋。

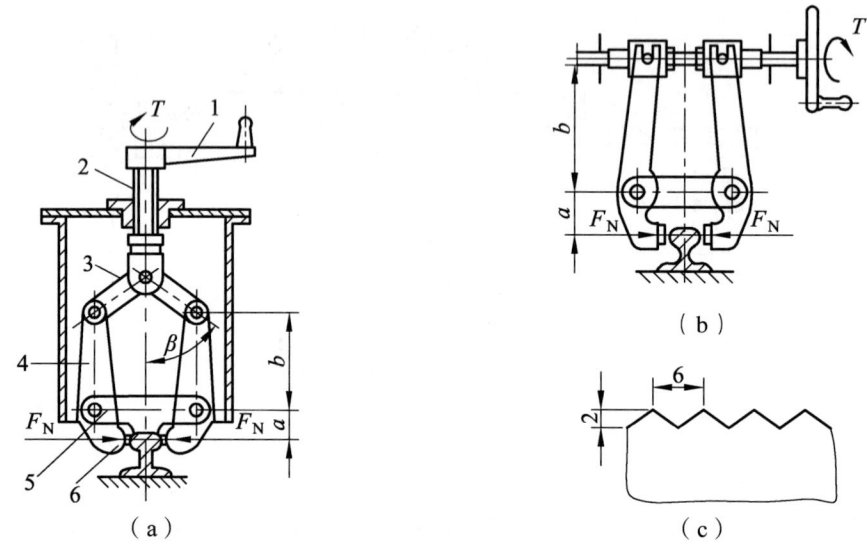

图1-55 手动螺杆夹轨器

1—手轮；2—螺杆；3—连杆；4—钳臂；5—连接板；6—钳口

（2）手电两用夹轨器。

手电两用夹轨器如图1-56所示，由电动机2、圆锥齿轮1、螺杆9、塔形弹簧5、夹钳6和7等组成。

手电两用夹轨器主要靠电动机工作带动螺杆传动，压缩塔形弹簧产生夹紧力。弹簧的作用是保持夹紧力，防止夹钳松弛。

松钳时，螺杆带动螺母推到一定位置后触动终点限位开关，运行机械方可通电运行。遇到电气故障或停电时可以摇动手柄10夹紧。

（3）电动夹轨器。

图1-57是一种楔形重锤式电动夹轨器。提升机构包括电动机10、减速器8、卷筒7、制动器11、安全制动器9以及滑轮、钢丝绳等。

当需要夹紧时，电机开动，放下钢丝绳，楔形重锤靠自重下降，重锤降到极限位置时，安全制动器9自动闭合，阻止钢丝绳继续放出。此时，重锤克服弹簧力，迫使夹钳臂上端分开，下端夹紧轨道。

当需要松钳时，电动机10驱动卷筒7，提升重锤5。当重锤上升到一定高度时（松钳），撞开第一限位开关，使天车运行机构电动机接电；继续提升撞开第二个限位开关，使电动机10停电，同时接通制动器11使卷筒制动，使重锤悬吊不下滑。此时，天车运行机构方可开动。

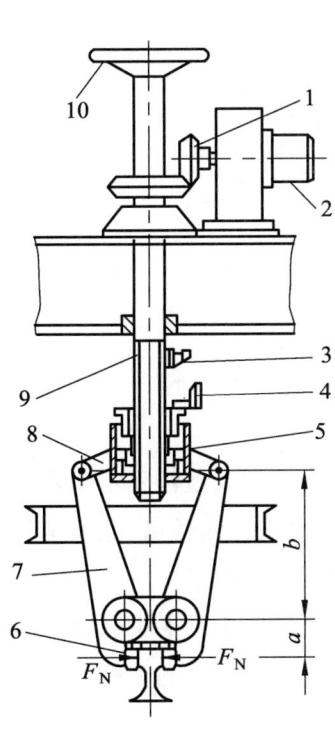
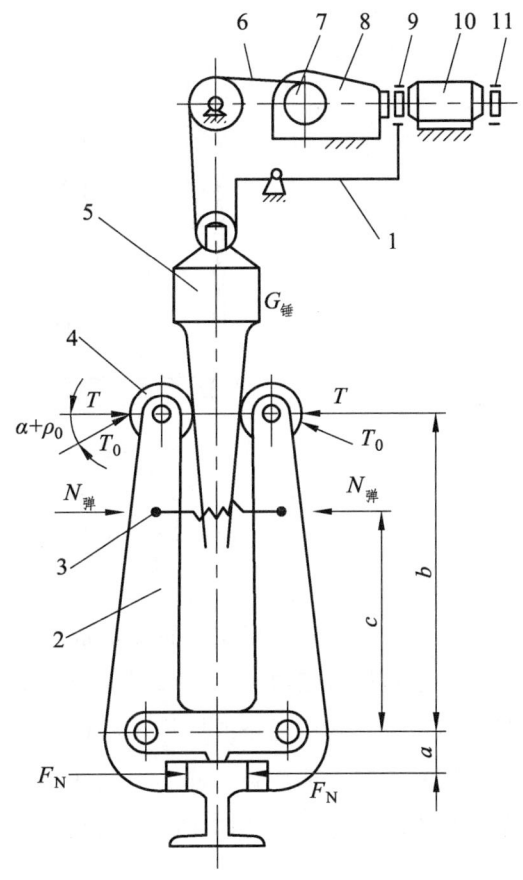

图 1-56 手电两用夹轨器

1—圆锥齿轮；2—电动机；3—限位开关；4—安全尺；
5—塔形弹簧；6—钳口；7—钳臂；
8—连杆；9—螺杆；10—手轮

图 1-57 楔形重锤式夹轨器

1—杠杆系统；2—钳臂；3—弹簧；4—滚轮；5—楔形重锤；
6—钢丝绳；7—卷筒；8—减速器；9—安全制动器；
10—电动机；11—制动器

这种电动夹轨器的缺点是重锤自重较大，滚轮容易磨损。

夹轨器的铰点应动作灵活，无锈死和卡阻现象。夹轨器上钳时，钳口两侧能紧紧夹住轨道两侧；松钳时，钳口能离开轨道，达到规定的高度和宽度。当钳口磨损量达到规定值时，钳口应修复或更换。夹轨器的电器联锁功能和限位开关的位置应符合要求。当钳口夹住轨道时，能触动限位开关，并关闭电动机；当电动机关闭后，钳口就能夹紧轨道。松钳时，安全尺应能触动限位开关，运行机构方可通电运行。夹轨器的各零部件无明显变形、裂纹和过度磨损等情况。夹轨钳钳口应达到规定的高度和宽度。

2. 锚定装置和铁鞋止轮式防风装置

（1）锚定装置。

防风锚定装置主要有链条式和插销式两种，如图 1-58 所示。

链条式锚定装置，是用链条把天车与地锚固定起来，通过链条间的调整装置把链条调紧，防止链条松动使天车在大风吹动下产生较大的冲击。

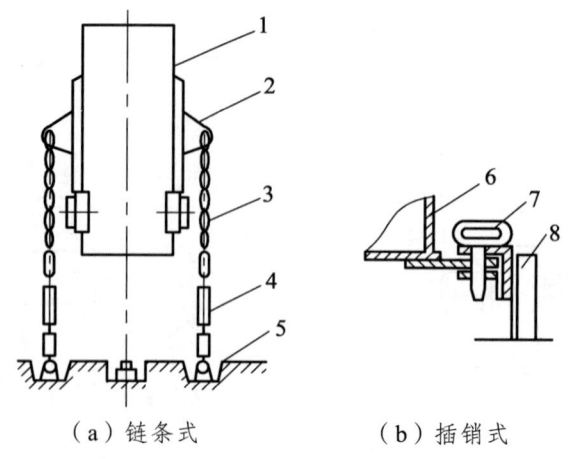

(a) 链条式　　　　(b) 插销式

图 1-58　锚定装置

1—支腿；2—连接板；3—锚链；4—调整装置；5—锚固点；
6—金属结构；7—插销；8—锚固架

插销式（插板式）锚定装置是用插销（或插板）把天车框架与地锚固定起来。

当风速超过规定值时（一般风速超过 60 m/s，相当于 10~11 级风），把天车开到设有锚定装置的地段，采用链条或插销（插板）把天车与锚定装置固定起来。

锚定装置要定期检查，锚链不允许开裂，链条的塑性变形伸长量不应超过原长度的 5%，链条磨损不应超过原直径的 10%，插销（插板）无变形、无裂纹，锚固螺栓无裂纹，锚固架无过大变形和裂纹。

（2）铁鞋止轮式防风装置。

铁鞋是一种防风装置，其工作原理是：当大风时，铁鞋伸入车轮与轨道之间，依靠铁鞋和钢轨之间的摩擦起防风作用。

铁鞋分为手动控制和电动控制两种。

手动控制的防风铁鞋，如图 1-59 所示，将铁鞋和锚链的锚固功能相结合，通过一个自锁功能装置将夹轨装置固定在轨道上。为了防止天车滑动，锚链的一端连在天车上，另一端连在铁鞋上，这样就把天车固定在轨道上。

电动控制的防风铁鞋，依靠电磁铁的吸合和弹簧作用来实现铁鞋的放下和移开，如图 1-60 所示。

铁鞋的检验：铁鞋落下时，铁鞋舌尖与车轮踏面和轨面都应接触。铁鞋前端厚度 δ 应在下列范围内：$0.008D \leq \delta \leq 0.012D$，$D$ 为车轮直径。铁鞋前端厚度 δ 对防风作用有很大影响。厚度小时，天车车轮在风力不大时也很容易爬上铁鞋；厚度过大，车轮不容易爬上铁鞋，起不到防风作用。当电动控制的铁鞋放下时，天车大车运行机构应不能开动；只有当铁鞋移开轨道时，大车运行机构才能开动。各铰点和机构动作灵活，无卡阻现象，机构的各零部件无缺陷和损坏。

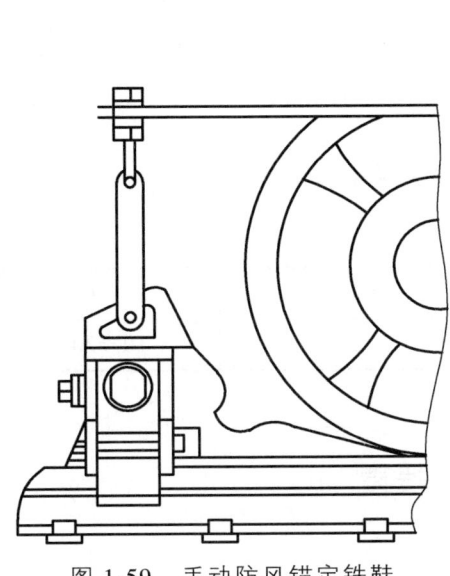
图 1-59 手动防风锚定铁鞋

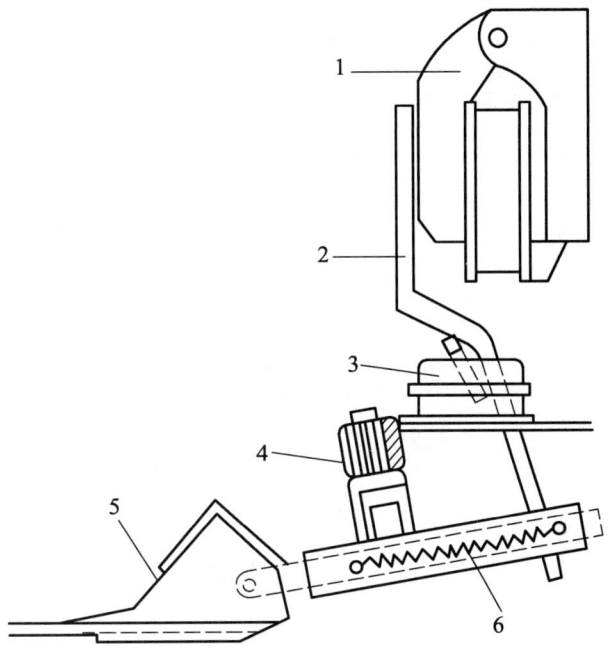
图 1-60 电动防风铁鞋
1—电磁铁；2—推杆；3—限位开关；
4—电磁铁；5—铁鞋；6—弹簧

六、防碰撞装置

为了防止同一轨道上几台天车之间发生相互碰撞，天车上应装设防碰撞装置。常用的防碰撞装置主要有超声波、微波和激光等几种。

当天车运行到危险距离内时，防碰撞装置便会发出报警信号，切断天车运行机构电路，使天车停止运行，避免天车之间发生相互碰撞事故。

1. 超声波防碰撞装置

其基本原理是利用回波测出天车之间的距离，当天车进入危险距离时，便发出报警信号，从而切断天车运行机构的电源，使天车停止运行，起到防止碰撞的作用。

超声波防碰撞装置主要由检测器、控制器和反射板组成。检测器安装在大车的走台上，反射板安装在另一台天车的相对位置上，控制器安装在司机室内。

检测器定期发出超声波，超声波的传播速度为 $v = 340 \text{ m/s}$，从发射到收到发射回波的时间距离为 t，离反射体的距离为 s，则 $t = 2s/v$，当反射体进入设定距离内时，就能检测出该物体，并发出报警信号。

2. 激光防碰撞装置

激光防碰撞装置由发射器、接收器和反射板组成。发射器经过交直流变换和脉冲调制，产生脉冲电流，通过半导体激光管产生平行光束；当天车之间距离处在设定值之内时，光束投射到安装在另一台天车上的反射板上，发射回的光线经过光电转换和放大，接通报警装置发出报警信号。激光防碰撞装置的检出距离一般为 2~50 m，最大可达 300 m。

激光防碰撞装置不受其他光、烟尘、雾气、声音的影响。

3. 设测定值

设定距离为防止碰撞的天车之间的最小距离。设定距离是人为设定的，其大小与天车的运行速度、制动距离等参数有关。一般报警设定距离为 8~12 m，减速和停止的设定距离为 6~15 m。

检测距离的设定值与天车运行速度有关，它们之间的关系见表 1-20。

表 1-20 检测设定值表

起重机运行速度/m·min^{-1}	60~90	90~120	>120
设定距离/m	4~7	8~12	10~20

第五节 天车的制动装置

一、制动器作用

天车是一种间歇动作的机械，要经常地启动或制动。为保证天车安全、准确地吊运物品，无论在起升机构中或是在运行机构、旋转机构中都应设有制动装置。

制动器不仅可以使运动着的机构停下来，而且可以控制机构在适当的时间内停止下来，也就是使机构逐渐地减速直至停止。另外，不论机构是正向还是反向运动，它都能起制动作用。

二、单块制动器

图 1-61 是单块制动器的简图，这种制动器主要由制动轮 1、瓦块 2 和制动杠杆 3 组成。制动轮通常用键与机构上做旋转运动的轴固接在一起。制动轮轮缘外侧安装着瓦块，瓦块固定在杠杆上。在制动杠杆端部合闸力的作用下，瓦块压紧在制动轮上，靠摩擦力进行制动。

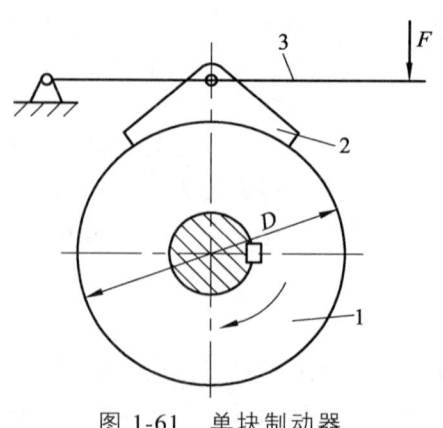

图 1-61 单块制动器

1—制动轮；2—瓦块；3—制动杠杆

单块制动器在制动时对制动轮轴会产生很大的径向作用力，使轴弯曲，所以单块制动器只用于小起重量的手动起重机械上。

三、双块制动器

双块制动器是在制动轮轮缘外侧对称地安装两个制动瓦块，并用杠杆系统把它们连结起来，使两个制动瓦块根据机构合闸或松闸的要求，同时压紧或脱开制动轮，这种制动器适用于需要正、反转的机构，如起重机的起升机构或运行机构。

在驱动机构的电动机通电工作的同时，制动器上的松闸装置通电推动制动杆松闸，使瓦块脱开制动轮，机构运转。在电动机断电不工作时，松闸装置不通电，依靠弹簧、重锤或元件自重产生的作用力合闸制动，使机构速度降低直至停止。这种能实现机构断电制动、通电运转的制动器称为常闭式制动器。在起重机械突然断电的情况下，常闭式制动器使机构合闸制动，保证人身设备安全。

双块制动器所用的松闸装置有制动电磁铁和电动推杆两类。制动电磁铁又有交流、直流，长行程、短行程和液压电磁铁之分；而电动推杆则有电动液压推杆和电动离心推杆之分。

图 1-62 所示为 ZWZ 系列 A 型直流（短行程）电磁铁块式制动器。

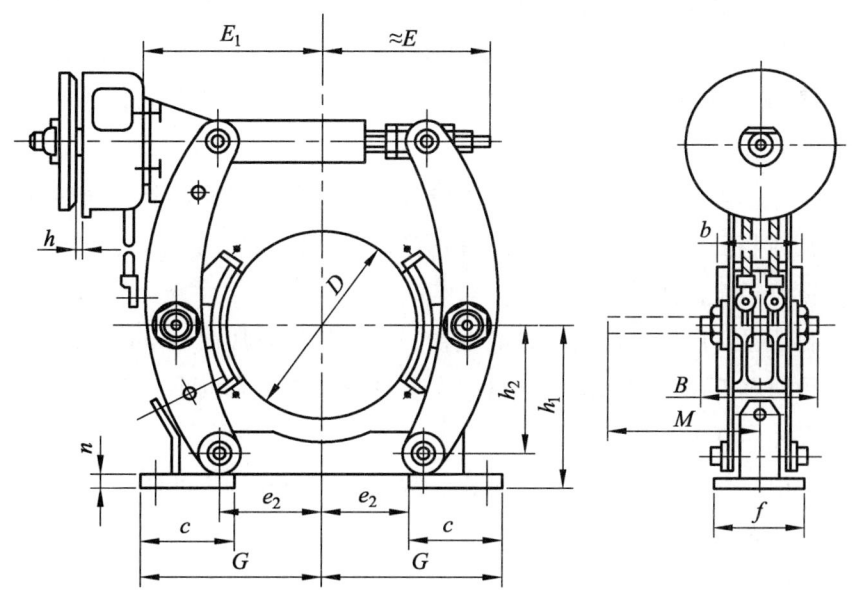

图 1-62　ZWZ 系列 A 型直流（短行程）电磁铁块式制动器

图 1-63（a）、（b）分别为交流（短行程）电磁铁块式制动器的构造及原理图。制动件为装在两制动杠杆 2 上的瓦块 3，瓦块的工作面一般都衬上片状的石棉橡胶辊压带或石棉钢丝制动带。工作时，合闸靠主弹簧 9 的张力，松闸是靠直接装在右制动杆上的短行程电磁铁来实现的。

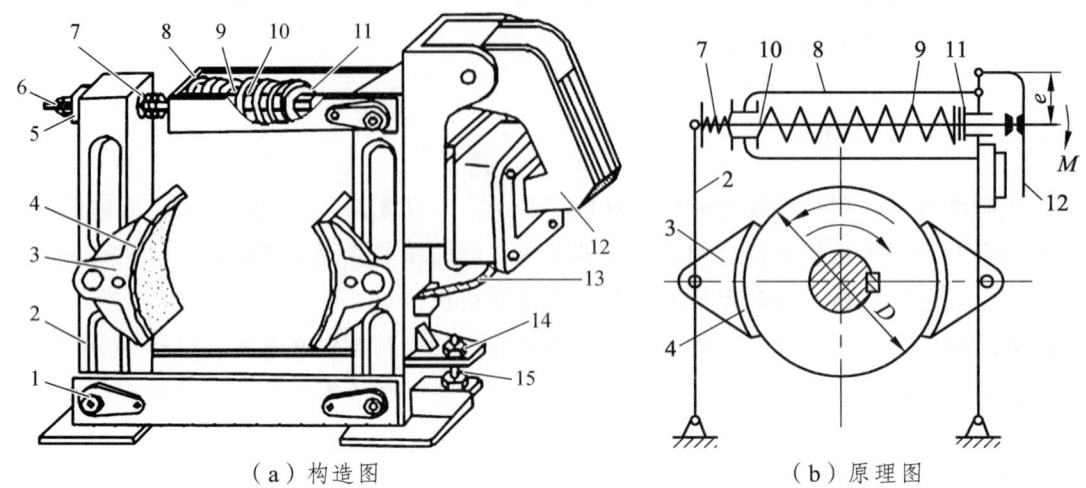

（a）构造图　　　　　　　　（b）原理图

图 1-63　交流（短行程）电磁铁块式制动器

1—底座；2—制动杆；3—瓦块；4—制动片；5—夹板；6—小螺母；7—辅助弹簧；
8—框形拉板；9—主弹簧；10—中心拉杆；11—螺母；12—衔铁；
13—导电卡子；14—背螺母；15—调整螺母

图中螺母 11 共 3 个，紧贴主弹簧的用来调整主弹簧长度，叫作调整螺母；中间的防止调整弹簧螺母松动，叫作背螺母；第 3 个在拆卸闸瓦时使制动杆张开，叫作张开螺母。

当电磁铁断电时，主弹簧 9 左端推动框形拉板 8，使右制动杆压向制动轮；主弹簧 9 右端推动中心拉杆 10 上的螺母 11，使左制动杆也压向制动轮，机构处于制动状态。此时主弹簧 9 张开，辅助弹簧 7 压缩。

当机构运转时，电磁铁通电，吸引衔铁 12 使它绕上部铰链顺时针方向转动，将中心拉杆 10 向左推移，同时将框形拉板 8 向右拉，使两个制动杆往外摆动，两制动瓦块 3 与制动轮脱开。此时主弹簧被压缩，辅助弹簧张开。

这种块式制动器所用的松闸装置是电磁铁，它的行程通常在 5 mm 以内，称短行程电磁铁。它的优点是动作迅速，但制动时冲击大，不平稳，松闸力也小，只能用于制动力矩比较小的制动轮（直径 300 mm 以下）机构中。

此外还有一种长行程电磁铁，它的行程通常大于 20 mm，通过杠杆系统可以产生很大的松闸力。它适用于大型制动器。

四、短行程电磁铁双块制动器的调整

1. 调整电磁铁行程

如图 1-64 所示，为获得制动瓦块合适的张开量，应调整电磁铁的行程，即衔铁与电磁铁的距离，调整的方法是用一把扳手固定住调整螺母 1，用另一把扳手转动中心拉杆方头 2，这样中心拉杆就可以左右移动，电磁铁调节行程为 3~4.4 mm。

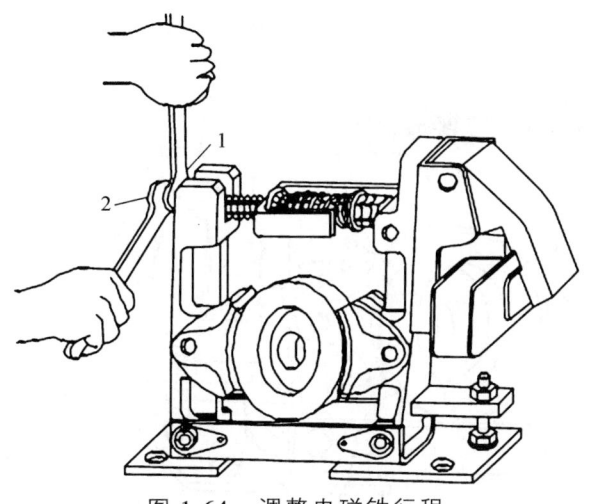

图 1-64　调整电磁铁行程

1—调整螺母；2—中心拉杆方头

2. 调节主弹簧工作长度

有时制动瓦块与制动轮虽然间隙合适，但溜钩（溜车）距离还是较大，说明主弹簧偏松，所产生制动力矩不足。这时为获得合适的制动力矩，应调整主弹簧。

调整的方法如图 1-65 所示：用一把扳手固定住中心拉杆方头 3，用另一把扳手通过转动主弹簧调整螺母 1 来调整主弹簧长度，然后拧紧背螺母 2，防止调整螺母 1 松动。

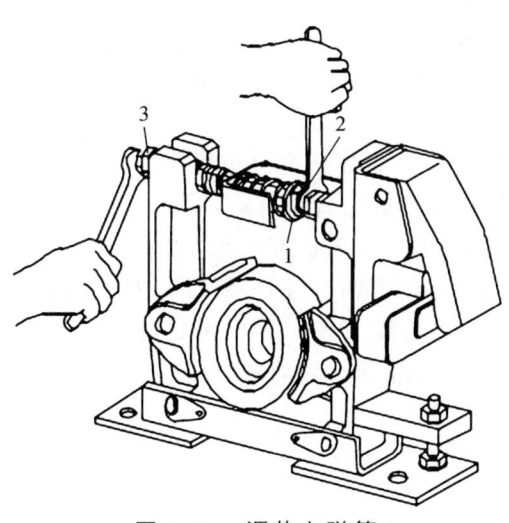

图 1-65　调整主弹簧

1—调整螺母；2—背螺母；3—中心拉杆方头

3. 调整两制动瓦块与制动轮的间隙

如图 1-66 所示，起重机在工作中，有的制动器松闸时会出现一个瓦块脱离，而另一个瓦块还在制动的现象，这不仅影响机构的运动还使瓦块加速磨损。此时应进行调整，先将衔铁推在铁心上，制动瓦块即松开，然后转动螺母。调整制动瓦块与制动轮之间的单侧间隙为 0.6～1 mm，并要求两侧间隙均等。

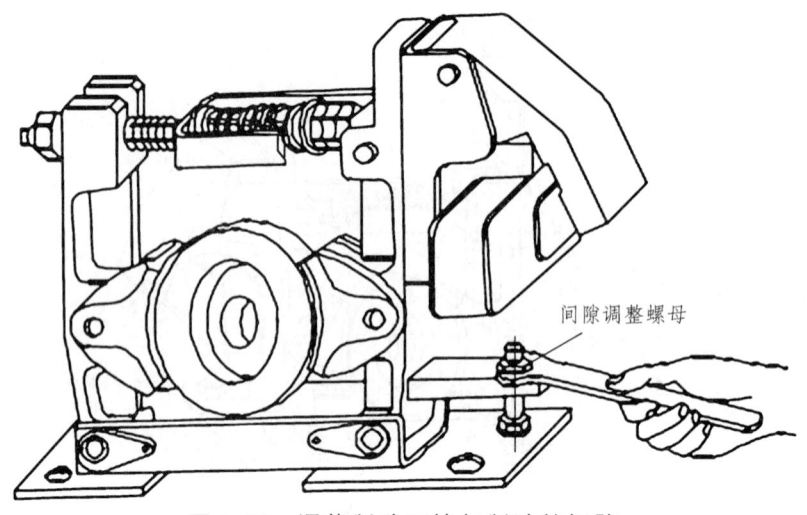

图 1-66　调整制动瓦块与制动轮间隙

五、块式制动器的制动轮、瓦块及摩擦材料

起升机构用制动轮，其材质应不低于 45 钢或 ZG340-640。为使制动轮耐磨，可进行表面热处理，硬度应为 45～55 HRC。表面深度 2 mm 处的硬度不低于 40 HRC。运行机构制动轮可采用球墨铸铁，材质应不低于 QT500-7。在起重机中并不单独加工和安装制动轮于轴上，往往是将联轴器的一个半体或称半联轴器同时作为制动轮使用的。

制动瓦块用钢或铸铁制造，为提高与制动轮之间的摩擦系数，在制动瓦块工作面上常覆盖摩擦材料。摩擦材料主要有棉织制品、石棉织制品、石棉压制带及粉末冶金摩擦材料这几种。

棉织制品的工作温度在 100 ℃ 以下，允许单位压力低，故用得很少。石棉织制品由石棉纤维和棉花编织并浸以能增加强度的沥青或亚麻仁油，这是一种常用的材料，它的摩擦系数 $\mu = 0.35 \sim 0.4$，最高工作温度为 175～200 ℃，允许单位压力较大，为 0.05～0.6 MPa。

石棉压制带又称石棉橡胶辊压带，它是用短纤维石棉与橡胶及少量硫黄混合压制而成的。它的性能更好应用更广泛，摩擦系数 $\mu = 0.42 \sim 0.53$，最高工作温度为 220 ℃，允许单位压力也达 0.05～0.6 MPa。还有一种石棉钢丝制动带应用也较为广泛。

六、液压推杆式制动器

为了克服电磁块式制动器冲击力大的缺点，采用了液压推杆块式制动器。它的松闸动力依靠液压推动器中的推杆的上下运动，再通过三角形杠杆牵动斜拉杆完成制动，它是一种新型的长行程制动器。

液压推动器由驱动电动机和离心泵组成。通电时，电动机带动叶轮旋转，在活塞内产生压力，迫使活塞迅速上升，固定在活塞上的垂直推杆及三角形板同时上升，克服主弹簧作用力，并经杠杆作用将制动瓦松开。当断电时，叶轮减速并停止，活塞在主弹簧及自重作用下迅速下降，使油重新流入活塞上部，通过杠杆将制动瓦紧抱在制动轮上，实现制动。液压推杆块式制动器的优点是工作平稳，无噪声，允许每小时通断电次数达 720 次，使用寿命长。

缺点是合闸较慢，容易发生漏油。适用于运行机构上使用。图 1-67 为液压推杆块式制动器结构简图。

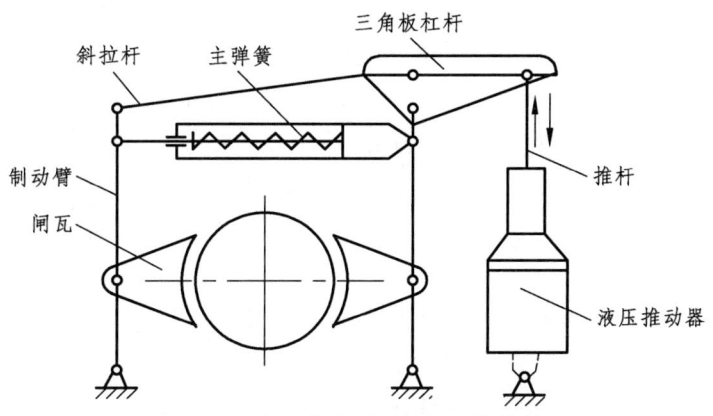

图 1-67　液压推杆式制动器结构简图

第六节　天车的电气控制

一、天车的电器设备

天车的电气部分由电气设备和电气线路组成。其主要电器设备包括供电装置、保护箱、电动机、控制屏、各机构控制器、电阻器及限位和安全开关等。

1. 供电装置

供电装置包括电源集电器和导电滑线。大车导电滑线一般采用角钢制作，小车导电滑线采用角钢、圆钢、裸铜线及软电缆等制作。

2. 保护箱

箱内装有由刀开关、交流接触器、过电流继电器、熔断器和信号灯等组成的配电盘。

3. 电动机

是各工作机构的驱动装置，天车上主要采用 JZR2、JZRH2 绕线转子异步电动机和 JZ2 笼型异步电动机。

4. 控制屏

屏上装有起失压保护作用的零压继电器，保护电动机的过电流继电器、控制电动机转子电路工作的反接接触器、加速接触器等电器元件，与主令控制器相配合，用于操纵大功率电动机的启动、调速、换向、制动和停车等。

5. 各机构的控制器

主要采用凸轮控制器和主令控制器，用以控制各机构电动机的启动、调速、换向、制动和停车。

（1）凸轮控制器。

凸轮控制器是一种大型手动控制电器，是起重机上重要的电气操作设备之一，用来直接操作与控制电动机的正反转、调速、起动与停止。采用凸轮控制器控制电动机的电路简单，维修方便，广泛用于中小型起重机的平移机构和小型起重机提升机构中。

图1-68为凸轮控制器的结构原理图。凸轮控制器从外部看，由机械结构、电气结构、防护结构等三部分组成。其中手轮、转轴、凸轮、杠杆、弹簧、定位棘轮为机械结构；触头、接线柱和联板等为电气结构；上下盖板、外罩及灭弧罩等为防护结构。

当转轴在手轮扳动下转动时，固定在轴上的凸轮同轴一起转动，当凸轮的凸起部位顶住滚子时，便将动触点与静触点分开；当转轴带动凸轮转动到凸轮凹处与滚子相对时，动触点在弹簧作用下，使动静触点紧密接触，从而实现触点接通与断开的目的。

在方轴上可以叠装不同形状的凸轮块，以使一系列动触点按预先安排的顺序接通与断开。将这些触点接到电动机电路中，便可实现控制电动机的目的。

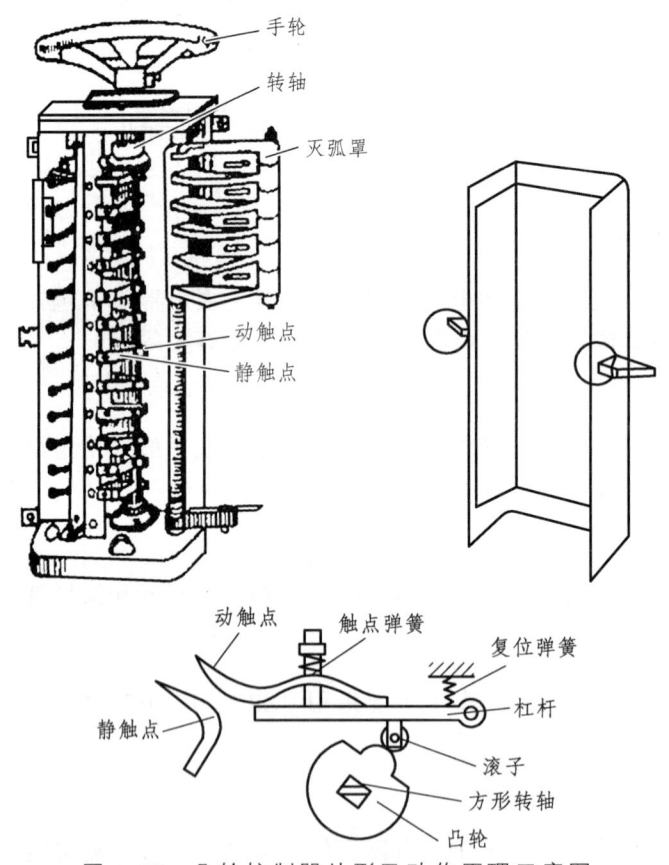

图1-68 凸轮控制器外形及动作原理示意图

（2）主令控制器。

主令控制器（又称主令开关）如图1-69所示，主要用于电气传动装置中，按一定顺序分合触头，达到发布命令或控制线路联锁、转换的目的。它适用于频繁对电路进行接通和切断，常配合磁力起动器对绕线式异步电动机的启动、制动、调速及换向实行远距离控制，广泛用于各类起重机械的拖动电动机的控制系统中。主令控制器一般由触头系统、操作机构、转轴、齿轮减速机构、凸轮、外壳等几部分组成。

主令控制器的动作原理与万能转换开关相同，都是靠凸轮来控制触头系统的关合。但与万能转换开关相比，它的触点容量大些，操纵挡位也较多。不同形状凸轮的组合可使触头按一定顺序动作，而凸轮的转角是由控制器的结构决定的，凸轮数量的多少则取决于控制线路的要求。由于主令控制器的控制对象是二次电路，所以其触头工作电流不大。成组的凸轮通过螺杆与对应的触头系统联成一个整体，其转轴既可直接与操作机构连接，也可经过减速器与之连接。如果被控制的电路数量很多，即触头系统挡位很多，则将它们分为2~3列，并通过齿轮啮合机构来联系，以免主令控制器过长。主令控制器还可组合成联动控制台，以实现多点多位控制。配备万向轴承的主令控制器可将操纵手柄在纵横倾斜的任意方位上转动，以控制工作机械（如电动行车和起重工作机械）作上下、前后、左右等方向的运动，操作控制灵活方便。

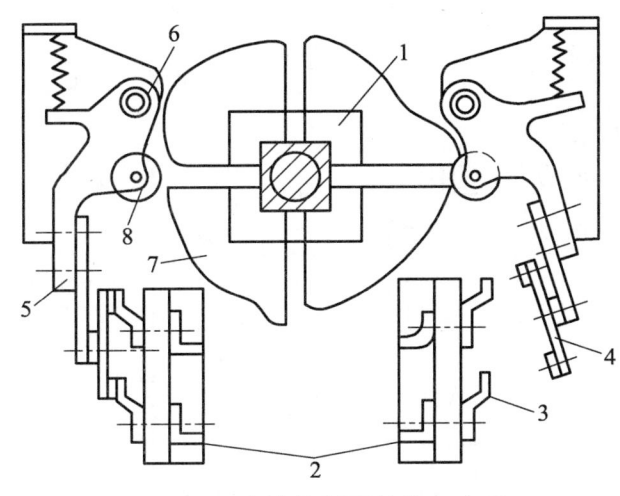

图 1-69 主令控制器结构示意图

1, 7—凸轮块；2—接线柱；3—静触头；4—动触头；5—支杆；6—转轴；8—小轮

6. 电阻器

串接在电动机转子回路中的电阻，用来限制电动机的启动电流和调节电动机的转速。

7. 限位和安全开关

限制各机构的工作范围及舱口门开关、端梁门开关和紧急开关等，起安全保护作用。

二、天车的电气线路

天车的电气线路包括照明信号回路、控制回路和主回路三大部分。照明回路的电源取自保护箱内刀开关的进线端，在切断动力设备电源时仍有照明用电。控制回路控制主回路与电源的接通或断开，对各机构的正常工作起到安全保护作用。主回路是驱使电动机工作的电路，它由电动机的定子外接电路和转子外接电路组成。主回路由控制回路所控制。

1. 凸轮控制器控制的线路

图 1-70 所示为采用凸轮控制器控制的 10 t 桥式起重机小车控制电路。凸轮控制器控制电路的特点是原理图以其圆柱表面的展开图来表示。由图可见,凸轮控制器有编号为 1~12 的 12 对触点,以竖画的细实线表示;而凸轮控制器的操作手轮右旋(控制电动机正转)和左旋(控制电动机反转)各有 5 个挡位,加上一个中间位置(称为"零位")共有 11 个挡位,用横画的细虚线表示;每对触点在各挡位是否接通,则以在横竖线交点处的黑圆点表示。有黑点的表示接通,无黑点的则表示断开。

图中 M_2 为小车驱动电动机,采用绕线转子三相异步电动机,在转子电路中串入三相不对称电阻器 R_2,用作启动及调速控制。YB_2 为制动电磁铁,其三相电磁线圈与 M_2(定子绕组)并联。QS 为电源引入开关,KM 为控制线路电源的接触器。K_{10} 和 K_{12} 为过流继电器,其线圈(K_{10} 为单线圈,K_{12} 为双线圈)串联在 M_2 的三相定子电路中,而其动断触点则串联在 KM 的线圈支路中。

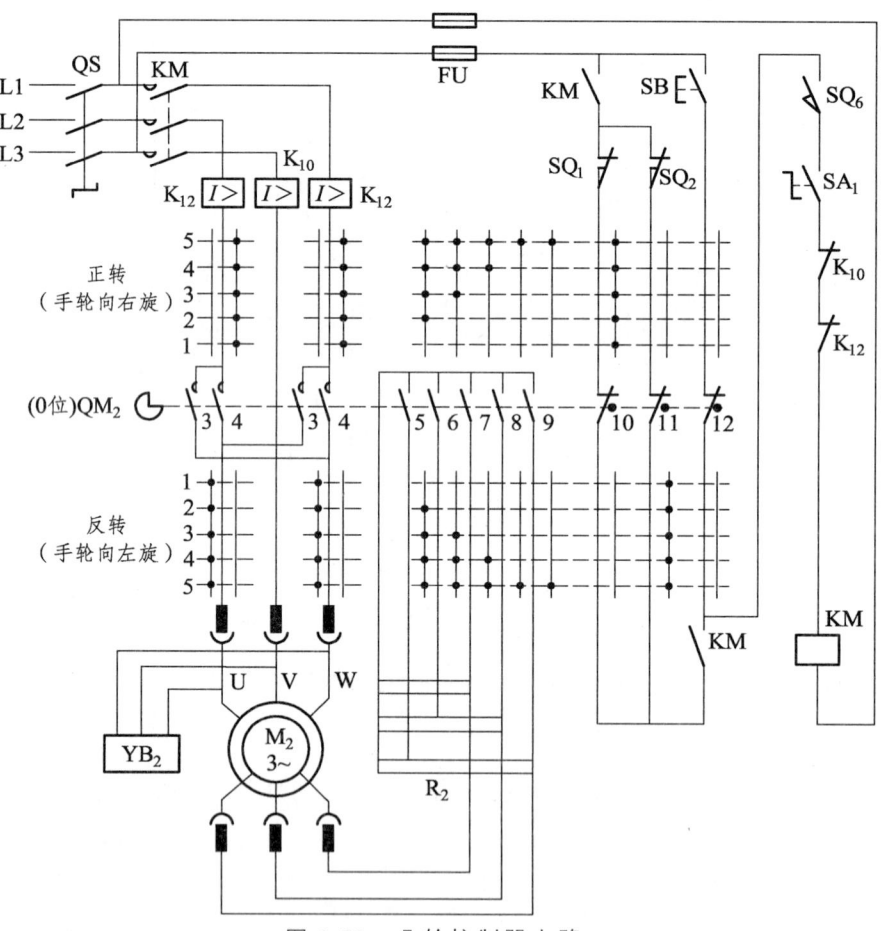

图 1-70 凸轮控制器电路

(1)电动机定子电路。

在每次操作之前,应先将凸轮控制器 QM_2 置于零位,由图 1-70 可见 QM_2 的触点 10、11、12 在零位接通;然后合上电源开关 QS,按下起动按钮 SB,接触器 KM 线圈通过 QM_2 的触点 12 通电，KM 的三对主动合触点闭合，接通电动机 M_2 的电源，然后可以用 QM_2 操纵 M_2 的运行。QM_2 的触点 10、11 与 KM 的动合触点一起构成正转和反转时的自锁电路。

凸轮控制器 QM_2 的触点 1～4 控制 M_2 的正反转，由图可见触点 2、4 在 QM_2 右旋的五档均接通，M_2 正转；而左旋五档则是触点 1、3 接通，按电源的相序 M_2 为反转；在零位时 4 对触点均断开。

（2）电动机转子电路。

凸轮控制器 QM_2 的触点 5～9 用以控制 M_2 转子外接电阻器 R_2，以实现对 M_2 启动和转速的调节。由图 1-70 可见这五对触点在中间零位均断开，而在左、右旋各五挡的通断情况是完全对称的：在（左、右旋）第一挡触点 5～9 均断开，三相不对称电阻 R_2 全部串入 M_2 的转子电路，此时 M_2 的机械特性最软（图 1-71 中的曲线 1）；置第二、三、四挡时触点 5、6、7 依次接通，将 R_2 逐级不对称地切除，对应的机械特性曲线为图 1-71 中的曲线 2、3、4，可见电动机的转速逐渐升高；当置第五挡时触点 5～9 全部接通，R_2 全部被切除，M_2 运行在自然特性曲线 5 上。

由以上分析可见，用凸轮控制器控制小车及大车的移行，凸轮控制器是用触点 1～9 控制电动机的正反转启动，在启动过程中逐段切断转子电阻，以调节电动机的启动转矩和转速。从第一挡到第五挡电阻逐渐减小至全部切除，转速逐渐升高。该电路如果用于控制起重机吊钩的升降，则升、降的控制操作不同。

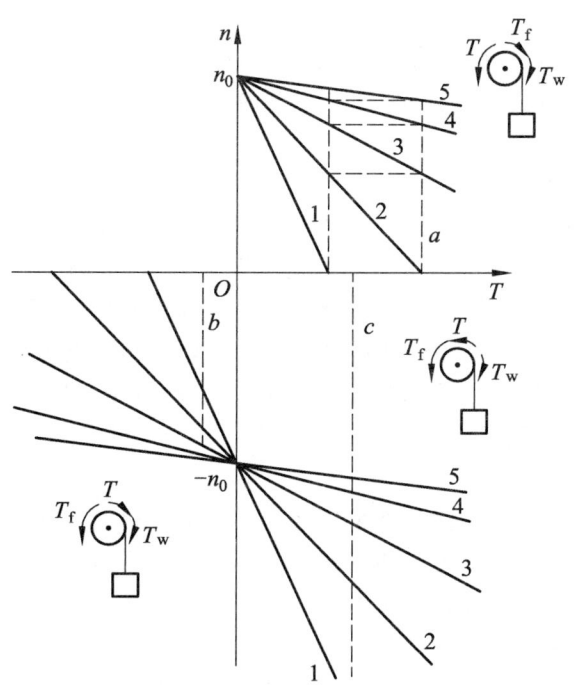

图 1-71　凸轮控制器控制提升电动机机械特性

① 提升重物。

此时起重电动机为正转（凸轮控制器右旋），对应为图 1-71 中第 Ⅰ 象限的五条曲线。第一挡（曲线 1）的起动转矩很小，是作为预备级，用于消除传动齿轮的间隙并张紧钢丝绳；在二至五挡提升速度逐渐提高（见图 1-71 第 Ⅰ 象限中的垂直虚线 a）。

② 轻载下放重物。

此时起重电动机为反转（凸轮控制器左旋），对应为图中第Ⅲ象限的五条曲线。因为下放的重物较轻，其重力矩 T_W 不足以克服摩擦转矩 T_f，则电动机工作在反转电动机状态，电动机的电磁转矩 T 与 T_W 方向一致迫使重物下降（$T_W + T > T_f$），在不同的挡位可获得不同的下降速度（见图 1-71 中第Ⅲ象限中的垂直虚线 b）。

③ 重载下放重物。

此时起重电动机仍然反转，但由于负载较重，其重力矩 T_W 与电动机电磁转矩 T 方向一致而使电动机加速，当电动机的转速大于同步转速 n_0 时，电动机进入再生发电制动工作状态，其机械特性曲线为第Ⅲ象限第五条曲线在第Ⅳ象限的延伸，T 与 T_W 方向相反而成为制动转矩。由图可见在第Ⅳ象限的曲线 1、2、3 比较陡直，因此在操作时应将凸轮控制器的手轮从零位迅速扳至第五挡，中间不允许停留，在往回操作时也一样，应从第五挡快速扳回零位，以免引起重物高速下降而造成事故（见图中第Ⅳ象限中的垂直虚线 c）。

由此可见，在下放重物时，不论是重载还是轻载，该电路都难以控制低速下降。因此在下降操作中如需要较准确的定位时，可采用点动操作的方式，即将控制器的手轮在下降（反转）第一挡与零位之间来回扳动以点动起重电动机，并配合制动器便能实现较准确的定位。

（3）保护电路。

图 1-70 电路有欠压、零压、零位、过流、行程终端限位保护和安全保护共六种保护功能。

① 欠压保护。

接触器 KM 本身具有欠电压保护的功能，当电源电压不足时（低于额定电压的 85%），KM 因电磁吸力不足而复位，其动合主触点和自锁触点都断开，从而切断电源。

② 零压保护与零位保护。

采用按钮 SB 启动，SB 动合触点与 KM 的自锁动合触点相并联的电路，都具有零压（失压）保护功能，在操作中一旦断电，必须再次按下 SB 才能重新接通电源。在此基础上，由图 1-70 可见，采用凸轮控制器控制的电路在每次重新启动时，还必须将凸轮控制器旋回中间的零位，使触点 12 接通，才能够按下 SB 接通电源，这就防止在控制器还置于左右旋的某一挡位、电动机转子电路串入的电阻较小的情况下启动电动机，造成较大的启动转矩和电流冲击，甚至造成事故。这一保护作用称为"零位保护"。触点 12 只有在零位才接通，而其他十个挡位均断开，称为零位保护触点。

③ 过流保护。

如上所述，起重机的控制电路往往采用过流继电器作过流（包括短路、过载）保护，过流继电器 K_{10}、K_{12} 的动断触点串联在 KM 线圈支路中，一旦出现过电流便切断 KM，从而切断电源。此外，KM 的线圈支路采用熔断器 FU 作短路保护。

④ 行程终端限位保护。

行程开关 SQ_1、SQ_2 分别提供 M_2 正、反转（如 M_2 驱动小车，则分别为小车的右行和左行）的行程终端限位保护，其动断触点分别串联在 KM 的自锁支路中。以小车右行为例分析保护过程：将 QM_2 右旋→M_2 正转→小车右行→若行至行程终端还不停下→碰 SQ_1→SQ_1 动断触点断开→KM 线圈支路断电→切断电源；此时只能将 QM_2 旋回零位→重新按下 SB→KM 线圈支路通电（并通过 QM_2 的触点 11 及 SQ_2 的动断触点自锁）→重新接通电源→将 QM_2 左旋→M_2 反转→小车左行，退出右行的行程终端位置。

⑤ 安全保护。

在 KM 的线圈支路中，还串入了舱口安全开关 SQ_6 和事故紧急开关 SA_1。在平时，应关好驾驶舱门，使 SQ_6 被压下（保证桥架上无人），才能操纵起重机运行；一旦发生事故或出现紧急情况，可断开 SA_1 紧急停车。

2. 主令控制器的控制线路

这种控制电路是利用主令控制器发出动作指令，使磁力控制屏中各相应接触器动作，来换接电路，控制起升机构电动机按与之相应的运行状态来完成各种起重吊运工作。由于主令控制器与磁力控制屏组成的控制电路较复杂，使用元件多，成本高，故一般在下列情况下才采用：

① 拖动电动机容量大，凸轮控制器容量不够。
② 操作频率高，每小时通断次数接近或超过 600 次。
③ 起重机工作繁重，操作频繁，要求电气设备具有较高寿命并减轻司机劳动强度。
④ 起重机要求有较好的调速、点动等运行性能。

（1）PQR10B 系列主令控制电路。

图 1-72 为提升机构 PQR10B 主令控制电路图。该电路采用 LK1-12/90 型主令控制器操作。该控制器有 12 对触点，在提升与下降时各有 6 个工作位置，通过控制器操作手柄置于不同工作位置，使 12 对触点相应闭合或断开，进而控制电动机定子电路与转子电路接触器，实现电动机工作状态的改变，使物品获得上升与下降的不同速度。由于主令控制器为手动操作，所以电动机工作状态的变换由操作者掌握。

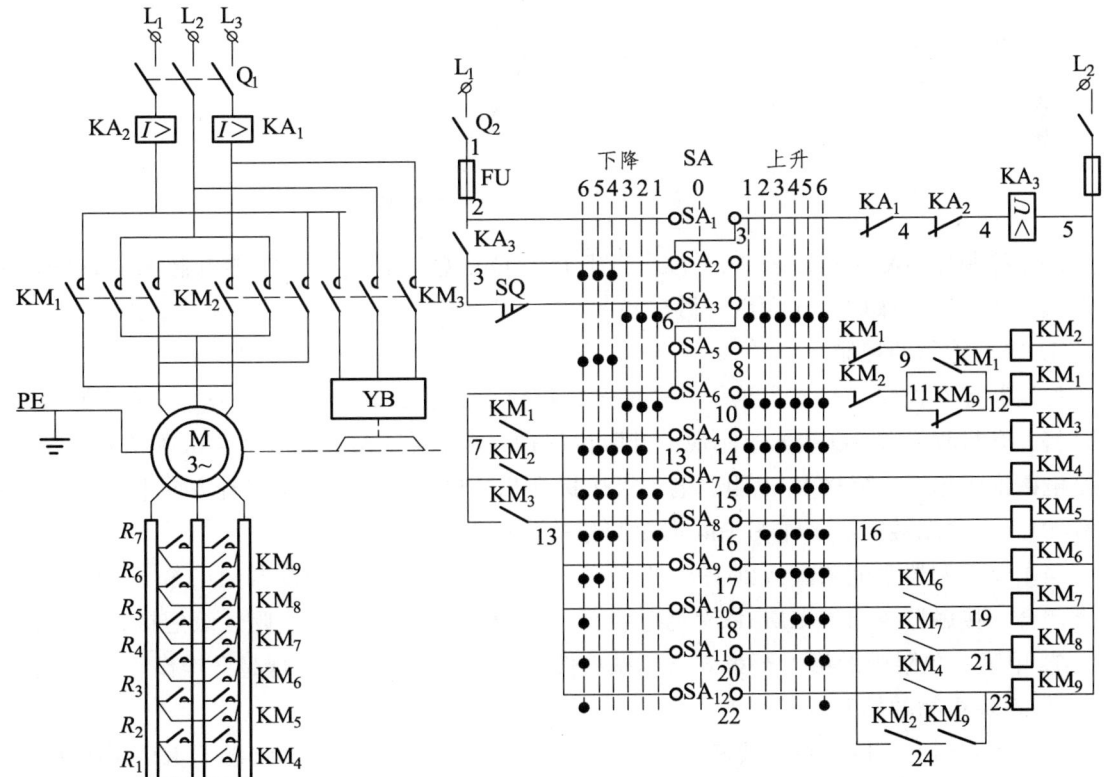

图 1-72 主令控制器控制电路

图中正反向接触器 KM_1、KM_2 用以换接电动机定子电源相序，实现电动机正、反转。制动接触器 KM_3 控制电动机三相电磁铁 YB。在电动机转子电路中设有 7 段对称连接的转子电阻，其中前两段 R_1、R_2 为反接制动电阻，分别由反接制动接触器 KM_4、KM_5 控制；后 4 段 $R_3 \sim R_6$ 为启动加速电阻，由加速接触器 $KM_6 \sim KM_9$ 控制；最后一段 R_7 为固定接入的软化特性用电阻。当主令控制器手柄处于不同控制挡位时，获得相应的机械特性，如图 1-73 所示。

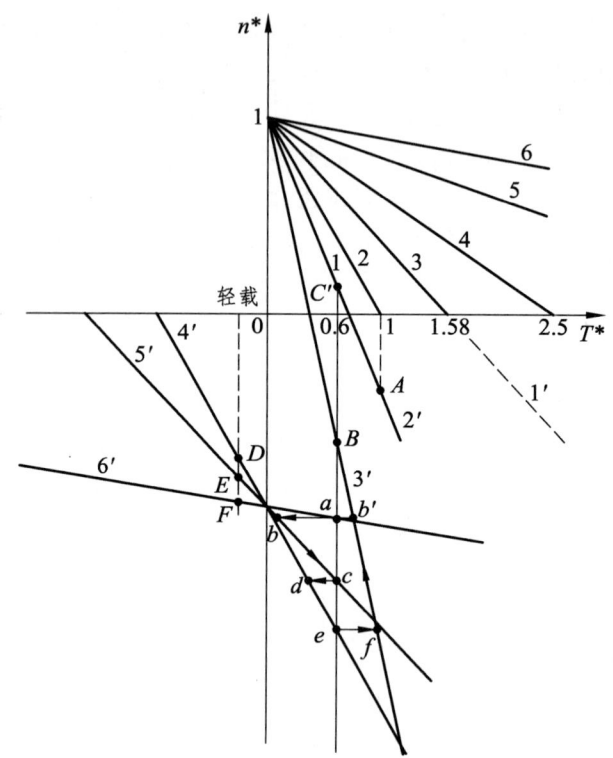

图 1-73 主令控制器控制电动机机械特性

主令控制器 SA 手柄置于"0"位，合上开关 Q_1、Q_2，此时零电压继电器 KA_3 线圈通电并自锁，实现零压保护，并为启动做准备。

① 提升重物的控制。

控制器提升控制共有 6 个挡位，在提升各挡位上，触点 SA_3、SA_4、SA_6 与 SA_7 都闭合，于是将上升行程开关 SQ 接入，实现上升限位保护；接触器 KM_3、KM_1、KM_4 始终通电吸合，于是电磁抱闸松开，短接 R_1 电阻，电动机按提升相序接通电源，产生提升方向电磁转矩，在上升"1"位启动转矩小，作为消除齿轮间隙的预备启动级。

当主令控制器手柄依次扳到上升"2"位至上升"6"位时，控制器触点 $SA_8 \sim SA_{12}$ 依次相继闭合，接触器 $KM_5 \sim KM_9$ 依次通电吸合，将 $R_2 \sim R_6$ 各段转子电阻逐级短接，于是获得图 1-72 中第一象限中的第 1 至第 6 条机械特性。可根据各类负载进行起升操作。

② 下降重物的控制。

主令控制器在下降控制时也有 6 个挡位，但在前 3 个挡位，正转接触器 KM_1 通电吸合，电动机仍以提升相序接线，产生向上的电磁转矩。只有在下降后 3 个挡位，反转接触器 KM_2

才通电吸合，电动机产生向下的电磁转矩。所以，前3个挡位为倒拉反接制动下降，而后3个挡位为强力下降。

下降"1"为预备挡，此时控制器触点 SA_4 断开，KM_3 断电释放，制动器未松开；触点 SA_6、SA_7、SA_8 闭合，接触器 KM_4、KM_5、KM_1 通电吸台，电动机转子短接二段电阻 R_1、R_2，定子按提升相序接通电源，但此时由于制动器未打开，故电动机并不启动旋转。该挡位是为适应提升机构由上升变换到下降工作，消除因机械传动间隙对机构的冲击而设的。所以此挡不能停顿，必须迅速通过该挡，以防由于电动机在制动状态下时间过长而烧毁电动机。

下降"2"挡是为重载低速下放而设的。此时控制器触点 SA_6、SA_4、SA_7 闭合，接触器 KM_1、KM_3、KM_4 通电吸合，制动器打开，电动机转子串入电阻 $R_2 \sim R_7$，定子按起升相序接线，在重载时获得倒拉反接制动低速下放。如图1-73中，在 $T_L^* =1$ 时，电动机启动转矩标幺值为0.67，所以控制器手柄置于下降"2"挡位时，将稳定运行在 A 点上，低速下放置物。

下降"3"挡是为中型载荷低速下放而设的。在该挡位时，控制器触点 SA_6、SA_4 闭合，接触器 KM_1、KM_3 通电吸合，此时电动机转子串入全部电阻，制动器松开，电动机定子按提升相序接线，但由于电动机此时起动转矩标幺值为0.33，当 $T_L^* = 0.6$ 时，在中型载荷作用下电动机按下降方向运转，获得倒拉反接制动下降，如图1-73中，电动机稳定工作在 B 点。

在以上制动下降的3个挡位，控制器触点 SA_3 始终闭合，将上升行程开关 SQ 接入，其目的在于对吊物重量估计不准，如将中型载荷误认为重型载荷而将控制器手柄置于下降"2"挡位时，将发生重物不但不下降反而上升而运行在图1-72中的 C 点，按 n_c^* 速度上升，起上升限位作用。另外，在下降"2"与"3"挡位时还应注意，对于 $T_L^* < 0.3$ 时，不应将控制器手柄在此停留。因为此时电动机启动转矩都大于 T_L^*，将出现不但不下降反而上升的现象。

控制器手柄在下降"4""5""6"挡位时为强力下降。此时，控制器触点 SA_2、SA_5、SA_4、SA_7 与 SA_8 始终闭合。接触器 KM_2、KM_3、KM_4、KM_5 通电吸合，制动器打开，电动机定子按下降相序接线，转子短接两段电阻 R_1、R_2 启动旋转，电动机工作在反转电动状态。此时重力负载转矩小于摩擦转矩，不能下降，必须强制使它下放。当控制器手柄扳至下降"5"挡位时，触点 SA_9 闭合，接触器 KM_6 通电吸合，短接电阻 R_3，电动机转速升高；当控制器手柄扳至下降"6"挡位时，触点 SA_{10}、SA_{11}、SA_{12} 都闭合，接触器 KM_7、KM_8、KM_9 通电吸合，电动机转子只串入一段常串电阻 R_7 运行，获得如图1-73低于同步转速的下放速度。

③ 电路的联锁与保护。

该电路主令控制器有6个工作挡位，对于不同载荷可实现强力下降或制动下降，但往往对载荷重量难以估计准确，容易出现一些事故，为此设有联锁与保护环节。

由强力下降过渡到倒拉反接制动下降，避免重载时高速的保护。对于轻型载荷，允许将控制器手柄置于下降"4""5""6"挡位进行强力下降。若此时重物并不是轻型载荷，由于司机估计失误，将控制器手柄扳在下降"6"挡位，此时电动机在重力转矩与电磁转矩共同作用下，运行在再生制动状态。如图1-73所示，当 $T_L^* = 0.6$ 时，电动机工作在 a 点。为此，应将控制器手柄从下降"6"位扳回至下降"3"位，在这过程中，工作点将由 a→b→c→d→e→f→B，最终在 B 点以低速稳定下降。为避免中间的高速，在控制器手柄由下降"6"扳回至下降"3"时，应躲开下"5"、下"4"两条特性。为此，在控制电路中将触点 KM_2（16-24）、KM_9（24-23）串联后接在控制器触点 SA_8 与接触器 KM_9 线圈之间，当控制器手柄由下降"6"扳回至下降

"3"或下降"2"挡时，接触器 KM_9 仍保持通电吸合状态，转子中始终串入常串电阻 R_7，电动机仍运行在特性 6 上，由 a 点经 b 点平稳过渡到 B 点，不致产生高速下降。在该环节中串入触点 KM_2（16-24）是为了当起升电动机正转接线时，该触点断开，使 KM_9 不能形成自锁电路，从而使该保护环节在提升时不起作用。

确保反接制动电阻串入情况下进行制动下降的环节。当控制器手柄由下降"4"扳到下降"3"时，触点 SA_5 断开，SA_6 闭合，接触器 KM_2 断电释放，而 KM_1 通电吸合，电动机处于反接制动状态。为避免反接时过大的冲击电流，应使接触器 KM_9 断电释放，以便接入反接电阻，且只有在 KM_9 断电后才使 KM_1 吸合。为此，一方面在控制器触点闭合顺序上保证在 SA_8 断开后，SA_6 才闭合；另一方面增设了 KM_1（11-12）与 KM_9（11-12）常闭触点相并联的联锁触点。这就保证在 KM_9 断电释放后 KM_1 才能通电并自锁工作。此环节还可防止由于 KM_9 主触点因电流过大而发生熔焊使触点分不开、将转子电阻 $R_1 \sim R_6$ 短接，只剩下常串电阻 R_7，此时若将控制器手柄扳于提升挡位将造成转子只串 R_7 发生直接启动事故。

在制动下降挡位与强力下降挡位相互转换时断开机械制动的环节。在控制器下降"3"挡位与下降"4"挡位转换时，接触器 KM_1、KM_2 之间设有电气互锁，在这换接过程中，必有一瞬间其两个接触器均处于断电状态，将使制动接触器 KM_3 断电释放，造成电动机在高速下进行机械制动。为此，在 KM_3 线圈电路中设有 KM_1、KM_2、KM_3 三对触点构成的并联电路。这样，由 KM_3 实现自锁，确保在 KM_1、KM_2 换接过程中，KM_3 始终通电，避免了发生换接时的机械制动。

在加速接触器 KM_6、KM_7、KM_8、KM_9 线圈电路中串接了前一级加速接触器的常开辅助触点，确保转子电阻 $R_3 \sim R_6$ 按顺序依次短接，实现特性平滑过渡，电动机转速逐级提高。

由过电流继电器 KOC_1、KOC_2 实现过电流保护；零电压继电器 KHV 与主令控制器 SA 实现零电压保护与零位保护；行程开关 SQ 实现上升的限位保护等。

3. 天车电气控制电路

交流起重机电源由公共的交流电网供电，由于起重机的工作是经常移动的，因此其与电源之间不能采用固定连接方式，对于小型起重机供电方式采用软电缆供电，随着大车或小车的移动，供电电缆随之伸展和叠卷。对于一般桥式起重机常用滑线和电刷供电。三相交流电源接到沿车间长度方向架设的三根主滑线上，再通过电刷引到起重机的电气设备上，首先进入驾驶室中保护盘上的总电源开关，然后再向起重机各电气设备供电。对于小车及其上的提升机构等电气设备，则经位于桥架另一侧的辅助滑线来供电。

滑线通常用角钢、圆钢、V 形钢轨来制成。当电流值很大或滑线太长时，为减少滑线电压降，常将角钢与铝排逐段并联，以减少电阻值。在交流系统中，圆钢滑线因趋肤效应的影响，只适用于短线路或小电流的供电线路。

10 t 交流桥式起重机电气控制的全电路如图 1-74 所示。10 t 桥式起重机只有一个吊钩，但大车采用分别驱动，所以共用了四台绕线转子异步电动机拖动。起重电动机 M_1、小车驱动电动机 M_2、大车驱动电动机 M_3 和 M_4；分别由三只凸轮控制器控制：QM_1 控制 M_1，QM_2 控制 M_2，QM_3 同步控制 M_3 与 M_4；$R_1 \sim R_4$ 分别为四台电动机转子电路串入的调速电阻器；$YB_1 \sim YB_4$ 则分别为四台电动机的制动电磁铁。三相电源由 QS_1 引入，并由接触器 KM 控制。

过流继电器 $K_{10} \sim K_{14}$ 提供过电流保护，其中 $KI_1 \sim KI_4$ 为双线圈式，分别保护 M_1、M_2、M_3 与 M_4；KI_0 为单线圈式，单独串联在主电路的一相电源线中，作总电路的过电流保护。

该电路的控制原理已介绍过，不同的是凸轮控制器 QM_3 共有 17 对触点，比 QM_1、QM_2 多了 5 对触点，用于控制另一台电动机的转子电路，因此可以同步控制两台绕线转子异步电动机。下面主要介绍该电路的保护电路部分。

保护电路主要是 KM 的线圈支路，位于图 1-74 中 7~10 区。与图 1-70 电路一样，该电路具有欠压、零压、零位、过流、行程终端限位保护和安全保护共 6 种保护功能。所不同的是图 1-74 电路需保护 4 台电动机，因此在 KM 的线圈支路中串联的触点较多。$K_{10} \sim K_{14}$ 为 5 只过流继电器的动断触点；SA_1 仍是事故紧急开关；SQ_6 是舱口安全开关，SQ_7 和 SQ_8 是横梁栏杆门的安全开关，平时驾驶舱门和横梁栏杆门都应关好，将 SQ_6、SQ_7、SQ_8 都压合；若有人进入桥架进行检修时，这些门开关就被打开，即使按下 SB 也不能使 KM 线圈支路通电；与起动按钮 SB 相串联的是三只凸轮控制器的零位保护触点：QM_1、QM_2 的触点 12 和 QM_3 触点 17。与图 1-70 的电路有较大区别的是限位保护电路（位于图 1-74 中 7 区），因为三只凸轮控制器分别控制吊钩、小车和大车作垂直、横向和纵向共 6 个方向的运动，除吊钩下降不需要提供限位保护之外，其余 5 个方向都需要提供行程终端限位保护，相应的行程开关和凸轮控制器的动断触点均串入 KM 的自锁触点支路之中，各电器（触点）的保护作用见表 1-21。

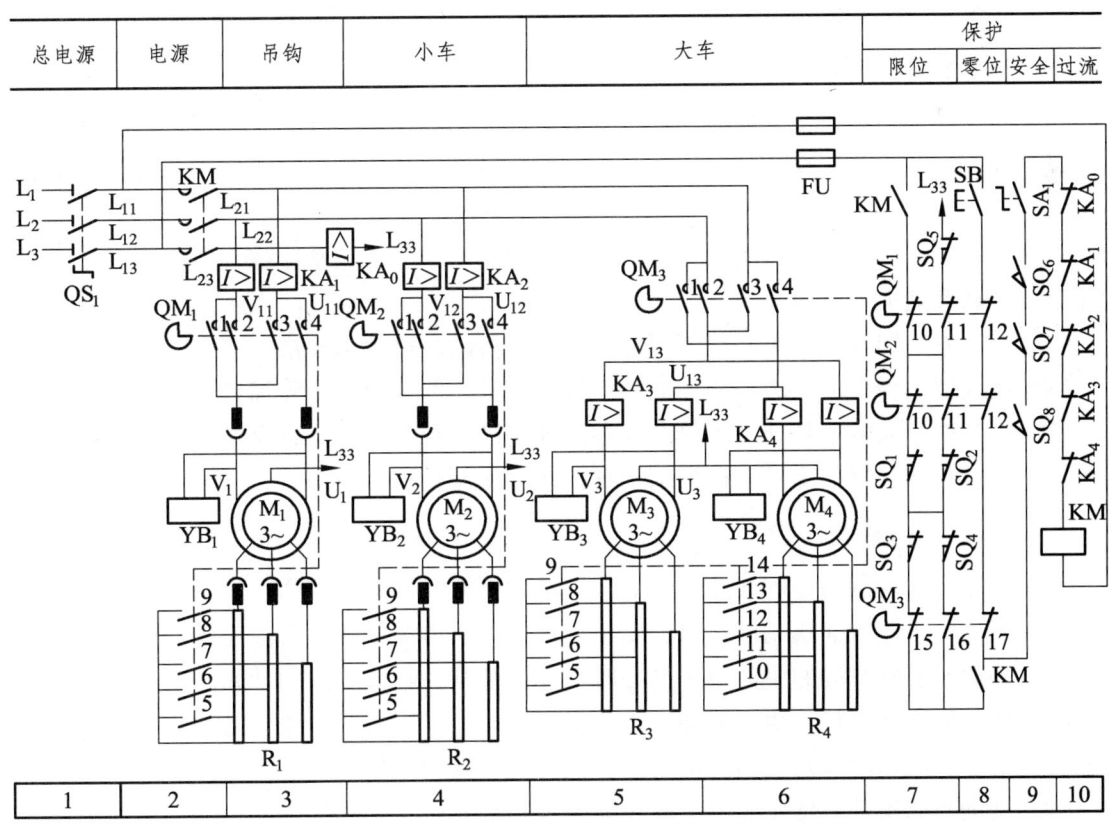

图 1-74　10 t 交流桥式起重机控制电路原理图

表 1-21 行程终端限位保护电器及触点一览表

运行方向		驱动电动机	凸轮控制器及保护触点		限位保护行程开关
吊钩	向上	M_1	QM_1	11	SQ_5
小车	右行	M_2	QM_2	10	SQ_1
	左行			11	SQ_2
大车	前行	M_3、M_4	QM_3	15	SQ_3
	后行			16	SQ_4

第七节 天车的常见故障排除与保养

一、溜 钩

在生产中，天车常常发生溜钩现象。所谓溜钩就是天车手柄已扳回零位停止上升和下降，实现制动时，重物仍下滑，而且下滑的距离很大，超过规定的允许值（一般允许值为：$v/100$，其中，v 为额定起升速度）。更严重的是有时重物一直溜到地面，引起事故。

1. 产生溜钩的原因

（1）制动器工作频繁，使用时间较长，其销轴、销孔、制动瓦衬等磨损严重。致使制动时制动臂和瓦块产生位置变化，导致制动力矩发生脉动变化。制动力矩变小，就会产生溜钩现象。

（2）制动轮工作表面或制动瓦衬有油污，有卡塞现象，使制动摩擦系数减小而导致制动力矩减小，从而造成溜钩。

（3）制动轮外圆与孔的中心线不同心，径向圆跳动超过技术标准。

（4）制动器主弹簧的张力较小，或主弹簧的螺母松动，都会导致溜钩。

（5）主弹簧材质差或热处理不符合要求，弹簧已疲劳、失效，也会产生溜钩现象。

（6）长行程制动器的重锤下面增加了支持物，使制动力矩减小。

2. 排除溜钩故障的措施

（1）磨损严重的制动器闸架及松闸器，应及时更换，排除卡塞物。

（2）制动轮工作表面或制动瓦衬，要用煤油或汽油清洗干净，去除油污。

（3）制动轮外圆与孔的中心线不同心时，要修整制动轮或更换制动轮。

（4）调紧主弹簧螺母，增大制动力矩。

（5）调节相应顶丝和副弹簧，以使制动瓦与制动轮间隙均匀。

（6）制动器的安装精度差时，必须重新安装。

（7）排除支持物，增加制动力矩。

二、天车不能吊运额定起重量

天车不能吊运额定起重量的原因如下：

1. 起升机构的制动器调整不当

不能吊起额定负载，除了起升电动机额定功率不足的问题，也可能是起升机构制动器调整不当。

（1）制动器调整得太紧：起升机构工作时，制动器未完全松开，使起升电动机在制动器闸瓦的附加制动力矩作用下运转，增加了电动机的运转阻力，导致起升机构不能吊起额定负载。

（2）制动器的制动瓦与制动轮两侧间隙调整不均，使起升电动机在制动负荷作用下运转，造成电动机发热，运转困难。

2. 制动器张不开

（1）制动器传动系统的铰链被卡塞，使闸瓦脱不开制动轮。

（2）动、静磁铁极间距离过大，使动、静磁铁吸合不上；或因电压不足吸合不上，而张不开闸。

（3）短行程制动器的制动螺杆弯曲，触碰不到动磁铁上的板弹簧，所以当磁铁吸合时，不能推动制动螺杆产生轴向移动，从而不能推开左右制动臂而张不开闸。

（4）主弹簧张力过大，磁铁吸力不能克服张力而不能松开闸。

（5）电磁铁制动线圈或接线某处断路，电磁铁不产生磁力，而无法吸合，使制动器张不开闸，影响吊运的额定起重量。

3. 液压电磁铁的制动器张不开

（1）油液型号、标准选用不当，液力传动受阻，或因油液内杂质多而使油路堵塞，造成闸松不开。

（2）叶轮被卡住而闸松不开。

4. 起升机构传动部件的安装精度不合要求

（1）因安装误差，制动器闸架中心高，与制动轮不同心。当松闸时，制动瓦的下边缘仍然与制动轮有摩擦，使起升阻力增大，消耗起重电动机的功率。

（2）卷筒轴线与减速器输出轴线不同心。

5. 电器传动系统的故障

（1）电动机工作电压较低，使功率偏小。

（2）电动机运转时转子与定子摩擦。

（3）转子电路的外接起动电阻未完全切除，使电动机不能输出额定功率，旋转缓慢。

（4）电动机长期运转，绕组导线老化，转子绕组与其引线间开焊，滑环与电刷接触不良，造成三相转子绕组开路。

（5）排除了电机电压低的原因，就要对电动机进行检修，或更换。如确属电动机功率偏小又不能更换，可以调整减速器的传动比，降低起升速度来解决起升电动机功率不足的问题。

（6）电阻丝烧断，造成转子回路处于分断状态，使电动机不能产生额定转矩。

当发现天车不能吊起额定起重量时，可根据上面分析的情况检查，并针对问题，采取相应措施，排除故障。

三、小车行走不平和打滑

小车行走不平，俗称"三条腿"，即一个车轮悬空或轮压很小，使小车运行时车体振动。

1．小车行走不平的原因

（1）小车本身的问题。

① 小车的四个车轮中，有一个车轮直径过小，造成小车行走不平。

② 小车架自身的形状不符合技术要求，或使用时间长小车变形，使小车行走不平。

③ 车轮的安装位置不符合技术要求。

④ 小车车体对角线上的两个车轮直径误差过大，使小车运行时"三条腿"行走。

（2）轨道的问题。

① 小车运行的轨道不平，局部有凹陷或波浪形。当小车运行到凹陷或波浪形（低处）时，小车车轮便有一个悬空或轮压很小，从而出现了小车三条腿行走的现象。

② 小车轨道接头处有偏差。轨道接头的上下、左右偏差不得超过 1 mm，如果超出所规定的范围也会造成小车行走不平。

（3）小车与轨道都有问题如果是小车本身就存在行走不平的因素，而轨道也存在着问题，小车行走则更加不平。

2．小车车轮打滑的原因

（1）轨道上有油污或冰霜，小车车轮接触到油污和冰霜时打滑。

（2）同一截面内两轨道的标高差过大或车轮出现椭圆现象，都会使车轮打滑。

（3）启动过猛也可能造成车轮打滑。

（4）轮压不等也可造成车轮打滑。关于轮压不稳有下面几种情况：

① 当某一主动轮与轨道之间有间隙，在启动时一轮已前进，而另一轮在原地空转，使小车车轮打滑。这种情况车体极容易产生扭斜。

② 主动轮和轨道之间虽没有间隙，两主动轮的轮压却相差很大，或两主动轮和轨道的接触面相差很大时，在起动的瞬间会造成车轮打滑。

③ 两主动轮的轮压基本相等，但都很小，所以摩擦力也小，这样启动时就会造成车轮打滑。

3．小车行走不平和打滑的检修

（1）车轮高低不平的检查。

① 全面高低不平的检查，可将小车慢速移动，用肉眼观察轮子的滚动面与轨道之间是否有间隙。检查时，可用塞尺插入车轮踏面与轨道之间进行测量。

② 局部车轮高低不平的检查，在有间隙的地方，用塞尺测车轮踏面与轨道之间间隙的大小。根据间隙大小选用不同厚度的钢板垫在走轮与轨道之间，将小车慢慢移动，使同一轨道

上的另一车轮压在钢板上。如果移动前进的走轮与轨道之间无间隙，则说明加垫铁的这段轨道较低；有间隙，则说明这段轨道没问题，不用垫高。

（2）轮压不等的检查。开动小车，当一轮打滑，另一轮不打滑时，很容易判断出，打滑的一边轮压较小。但当两主动轮同时打滑，则很难直接判断出哪一个车轮的轮压小。一种检查的方法是：在打滑地段，用两根直径相等的铅丝放在轨道表面上，将小车从铅丝处压过，然后取出铅丝用卡尺测量其厚度。厚的说明轮压小，薄的说明轮压大。另一种方法：向一根轨道的打滑地段均匀地撒上细砂子，把小车开到此处，往返几次，如果还在打滑，就说明这个主动轮没问题，而是另外一条轨道上的主动轮轮压小。

（3）小车不在同一水平线上的修理。一般都不修主动轮，因为两主动轮的轴一般是同心的，所以移动主动轮就要影响两轮的同轴度，给修理带来麻烦。主要采用以主动轮为基准去移动被动轮，如果主动轮和被动轮不在同一水平线上，可将被动轮的水平键板割掉，调整后再焊上。

对小车不等高的限度有如下规定：主动轮必须与轨道接触，从动轮允许有不等高现象存在，但车轮与轨道的间隙最大不超过 1 mm，连续长度不许超过 1 m。

（4）轨道的局部修理主要是对轨道的相对标高和直线性进行修理。

首先要确定修理的地段和修理的缺陷，然后铲除修理部位轨道的焊缝或压板来进行调整和修理。调整时要注意轨道与上盖板之间应采用点固焊焊牢。轨道有小部分凹陷时，应在轨道下边用加力顶直的办法来恢复平直。在加力时，为了防止轨道变形，需要在弯曲部分附近加临时压板压紧后再顶。轨道在极短的距离内有凹陷现象时，要想调平是很困难的，所以应采用补焊的办法来找平。

四、大车啃道

桥架型起重机在正常工作时大车的轮缘与轨道侧面应保持一定的间隙。如果大车在运行中其轮缘与轨道侧面没有间隙，就会发生挤压和摩擦，这种现象称为大车啃道。如不影响使用，不能认为是啃道。而所谓啃道是指大车的轮缘与轨道侧面之间的挤压和摩擦，已使轮缘和轨道侧面有明显的磨损，并且增加桥架型起重机运行的阻力，严重的可使桥架型起重机脱轨。

中级工作类型桥架型起重机经常啃道的大车车轮，使用寿命一般为 1~2 年。而正常的大车车轮使用寿命是啃道车轮的 4~5 倍。所以，检查和排除大车啃道故障，对保障人身与设备的安全、桥架型起重机的正常运行、延长桥架型起重机的使用寿命、提高生产效率，具有很大的意义。

1. 大车啃道的现象及原因

（1）大车啃道的现象。

① 大车轨道侧面有一条明显的磨损痕迹，如表面带有毛刺，说明啃道已到一定程度。

② 大车轮缘的内侧有明显的磨损痕迹，轨道顶面有一块块光亮的斑痕。

③ 大车行走时，有明显的间隙变化。

④ 开车或停车时，车身有明显的摇摆现象。

⑤ 严重啃道时，能听出磨损的切削声。

（2）大车啃道的原因。

① 车轮的加工不符合图样的技术要求：分别驱动时，车轮加工不合要求就会引起两端车轮运转速度的差别，以致使整个车体倾斜而造成车轮啃道。

② 车轮歪斜：一般由车轮装配质量不高、精度有偏差或使用过程中车架变形所致。车轮踏面中心线不平行于轨道中心线。因为车轮是一个刚性结构，它的行走方向永远向着踏面中心线的方向。所以，当车轮沿轨道行走一定距离后，轮缘便与轨道侧面摩擦而产生啃道。

③ 传动系统传动不良。

a. 车轮直径不相等，使天车两个主动轮的线速度不等，或者其中一个车轮的传动系统有卡住现象，使车体扭斜，造成啃道。

b. 齿轮传动系统的间隙相差太大，或者一端的轴因滚键而松动，当起动时一端转动滞后而使车体倾斜，造成啃道。

c. 分别驱动时，两端的制动器调整不均，其中一端可能在半制动状态下运行，造成两端的主动轮转速不等，使车体倾斜，造成啃道。

④ 桥架变形：桥架的金属结构变形，使车轮的安装位置发生对角线偏差，当超过允许值时，就引起对角啃道现象。

⑤ 轨道顶面倾斜和轨道顶面油污：轨道顶面倾斜，使车轮轮缘与轨道侧面摩擦；轨道顶面有过多的油污，使主动轮打滑、车体扭斜，造成啃道。

2．防止啃道与啃道的检查

（1）防止大车啃道的方法。

① 要严格控制车轮的制造工艺，直径误差一般不得超过 $D/1\,000$（D 为大车车轮的直径）。

② 要严格执行安装车轮和轨道精度的规定。

③ 传动系统要严格按技术要求安装，桥架的制造必须符合技术要求。

（2）啃道因素的检查方法。

① 轨道的检查利用测量仪器，如水平仪、弹簧秤和钢卷尺等对轨道各部位进行测量。

② 机械传动系统的检查用卡钳测量两主动车轮直径的差值。检查制动器、联轴器、减速机的齿轮传动是否有过大间隙和松动的地方。

③ 测量大车车轮的对角线。将天车开到直线性较好的一段轨道处，对准车轮踏面中心划一条直线，沿直线吊一线锤，使锤尖对准轨道上的一点，打一冲眼，以同样的方法测定其余三点，如图 1-75 所示。测定完后，将天车开走，再用弹簧秤与钢卷尺测量四个冲眼对角线的距离。还可以测出跨距、轮距，同时还可利用四个冲眼计算出轨道侧面与轮缘间的间隙值。

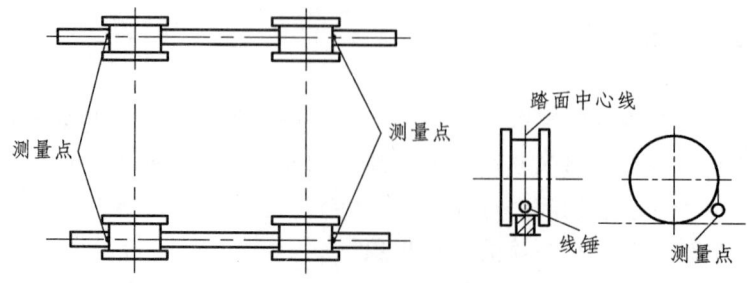

图 1-75　对角线测量方法示意图

④ 车轮的直线性和垂直度的检查。

车轮的直线性可以选择一条比较平直的轨道为基准，在轨道外侧平行地拉一条钢丝，它与轨道外侧的距离为 a，再用钢直尺测出两轮四个点到钢丝的距离 D_1、D_2、D_3 和 D_4，如图 1-76 所示。用下面公式求出轮 A 和轮 B 的平行度偏差。

$$轮 A 的平行度偏差 \delta_A = (D_1 - D_2)/2$$

$$轮 B 的平行度偏差 \delta_B = (D_4 - D_3)/2$$

则两轮直线性偏差为

$$\delta = \delta_A - \delta_B = (D_1 - D_2)/2 - (D_4 - D_3)/2$$

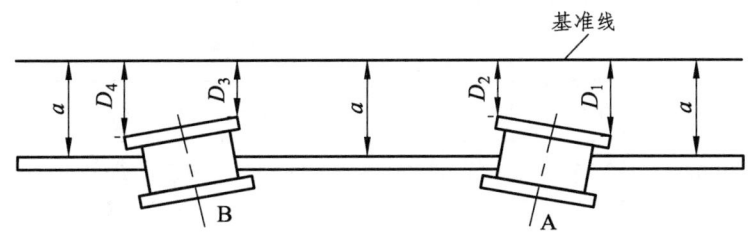

图 1-76 车轮直线性的检查

3．大车啃道的修理方法

（1）对角线的调整。

一般是采用移动车轮的方法来解决车轮对角线的安装误差问题，原则上应该是移动和调整那些位置不正确的车轮，但因移动主动轮要牵扯到传动系统，给修理带来很大的麻烦。所以应尽量先移动和调整被动车轮。当然，不移动主动轮就无法调整和修复的情况例外。

（2）重新移动车轮的位置。

大车啃道也可以通过移动车轮的位置来解决。因为车轮位置不对，不仅影响轮跨、轮距、对角线，还要影响同一轨道上两个轮子的同轴度。在移动时，把车轮的四块键板全割掉，重新找正、定位，按移动记号将轮子和键板装好，并拧紧螺栓。然后空车试行，观察啃道情况。如仍有啃道，应继续调整。若无啃道现象，将键板和定位板点固焊定位。

五、主梁下挠

主梁是天车的主要构件之一，在制造天车时，按规定主梁就有一定的上拱度，目的在于加强主梁的承载能力及减轻小车的爬坡和下滑。所谓上拱度，就是主梁向上拱起的程度，一般上拱度为跨度的 1/1 000。而天车使用一段时间后，主梁的上拱度逐渐减小，随着使用时间的延长，主梁就由上拱过渡到下挠。所谓下挠，就是主梁的向下弯曲程度。一般来讲，主梁产生下挠就要考虑修复。究竟下挠到什么程度才需要修复，允许值可参考表 1-22 和表 1-23。对不同程度的下挠，应采取不同的措施，决不可以任其发展。在测量挠度后，如果发现主梁已产生永久变形的现象，而不是弹性变形，应立即进行加固修复。我国还规定：单梁天车主梁的允许挠度 $f < L_k/500$ mm；手动单梁天车主梁的允许挠度 $f \leq L_k/400$ mm。

表 1-22　新双梁天车的允许挠度

国家名称	新双梁天车的允许挠度 f
中国	$\leq L_k/700$ mm
日本	$\leq L_k/800$ mm
英国	$\leq L_k/900$ mm
美国	0.012 5～0.015 in/ft 跨度（1～1.25 mm/m 跨度）

表 1-23　双梁天车应修的挠度

跨度 L_k/m	10.5	13.5	16.5	19.5	22.5	25.5	28.5	31.5
满载 $1.5L_k/1\ 000$ mm	15.75	20.25	24.75	29.25	33.75	38.25	42.75	47.25
空载 $0.66L_k/1\ 000$ mm	7	9	11	13	15	17	19	21

注：表中 L_k 是大车标准跨度值。

1. 主梁产生下挠的原因

（1）制造时下料不准、焊接不当。

按规定腹板下料时的形状应与主梁的拱度要求一致。而不能把腹板下成直料，然后靠烘烤或焊接来使主梁产生上拱形状，这种工艺加工，方法虽简单，但在使用上，很快会使上拱消失而产生下挠。

（2）维修和使用不合理。

一般主梁上面不允许电焊和气割，但有时为了更换小车轨道等，过大面积地使用了电焊和气割，这对主梁影响很大。另外不按技术操作规定，违章操作，如随意改变天车的工作类型、拉拽重物及拔地脚螺钉、超负荷使用等都将造成主梁下挠。

（3）高温的影响。

桥架型起重机是按在常温下使用设计的。所以经常在高温环境下使用，金属材料的屈服点会降低并产生温度应力，从而增加主梁下挠的可能性。

2. 主梁下挠对桥架型起重机使用性能的影响

（1）对大车的影响。

主梁下挠将使大车运行机构的传动轴支架随结构一起下移，使传动轴的同轴度、齿轮联轴器的连接状况变坏，阻力增大，严重时会发生切轴现象。

（2）对小车运行的影响。

主梁下挠会造成小车启动、运行、制动控制不灵的后果。小车由两端往中间运行时会产生下滑现象,再由中间往两端运行时又会产生爬坡现象。而且小车不能准确地停在轨道的任一位置上,使装配、浇注等要求准确而重要的工作无法进行。

(3) 对金属结构的影响。

主梁产生严重下挠,即已永久变形时,箱形的主梁下盖板和腹板下缘的拉应力已达到屈服点,有的甚至会在下盖板和腹板上出现裂纹。这时如继续频繁工作,将使变形越来越大,疲劳裂纹逐步发展扩大,以致使主梁破坏。

3. 主梁下挠的修复

主梁下挠的修复有火焰矫正法、预应力法和电焊法三种。

(1) 火焰矫正法。

这种方法是对金属的变形部位进行加热,利用金属加热后所具有的压缩塑性变形性质,达到矫正金属变形的目的。

火焰矫正法的特点是:灵活性很强,可以矫正桥架结构等各种各样的复杂变形。缺点是需要把主梁落到地面上,或立桅杆才能修理,所以工作周期较长。

(2) 预应力法。

这种方法是先在主梁两端焊上两个支承座,再穿上拉肋,然后旋转拉肋上的螺母,使拉肋受拉而使主梁上拱。此方法简单易行,上拱量容易检查、测量和控制。缺点是有局限性,较复杂的桥架变形不易矫正。

(3) 电焊法。

这种方法是采用多台电焊机,用大电流,在两根主梁下部从两侧往中间焊接槽钢或角钢,利用加热、冷却的原理迫使主梁上拱。

电焊法的特点是对焊接工艺要求比较严,焊接电流和焊接速度要基本一致。但尽管这样,修理的质量还是不容易保证,而且焊接过程中也不容易及时测量,所以这种方法不常用。

六、控制器的常见故障及排除

1. 控制器的常见故障

(1) 控制器的手柄在工作中发生卡滞,还常伴有冲击。其原因是,定位机构发生故障,触头被卡滞或烧伤粘连等。

(2) 触头磨损与烧伤,产生的原因是触头使用时间过长而老化,触头压力不足或存在脏污使触头接触不良,控制器过载等。

(3) 控制器合上后电动机不转原因如下:

① 三相电源,一相断电,电动机发出不正常的声响。

② 线路中没有电压。

③ 控制器的接触头与铜片未相接。

④ 转子电路中有断线。

(4) 控制器合上后,过电流继电器动作产生的原因是,过电流继电器的整定值不符合要求，或定子线路中某处接地。另外，还可能是机械部分某环节有卡住现象。

（5）控制器合上后，电动机只能向一个方向运转其故障可能发生在：

① 控制器中定子电路或终端开关电路的接触点与铜片未相接。

② 终端开关发生故障。

③ 配线发生故障。

2. 控制器故障的排除

（1）触头压力的调整。

当控制器触头烧灼到一定程度时，动静触头的开距和超程就会发生变化而影响触头间的接触，因此必须及时调整。调整方法如图 1-77 所示。动触头 8 是用固定销 6 固定在杠杆支架 3 上的，增加或减少复位弹簧 14 的压力，即可增大或减小动静触头间的压力。所以，在胶木支架 15 的凹座中适当增加垫片，就可以增加触点间的压力。

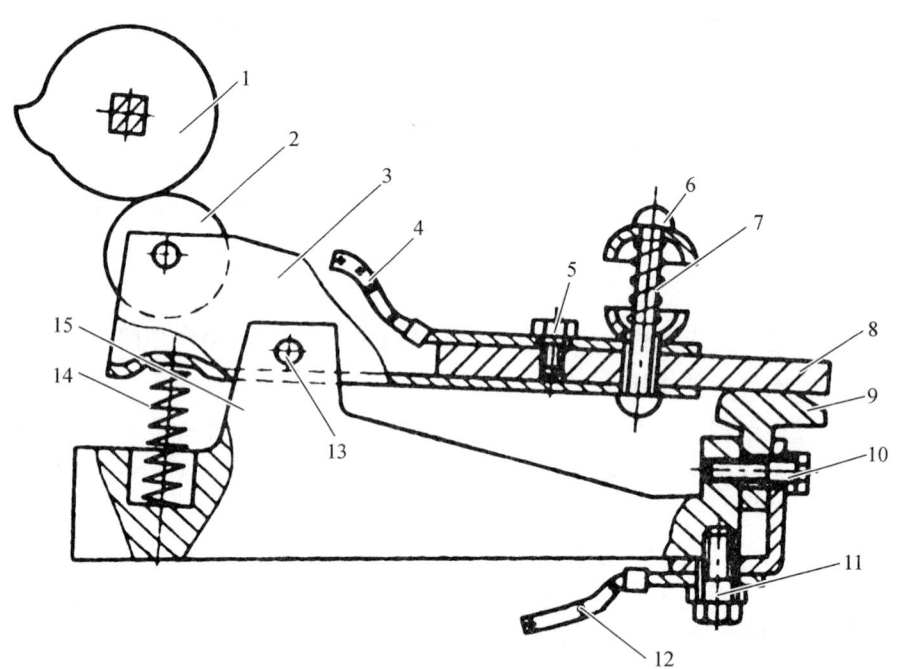

图 1-77　KTJ1 系列控制器触点结构图

1—凸轮；2—滚轮；3—杠杆支架；4，12—软接线；5，10，11—螺栓；6—固定销；
7—弹簧；8—动触头；9—静触头；13—销轴；
14—复位弹簧；15—胶木支架

（2）触头更换的方法。

控制器的触头报废标准：静触头磨损量达 1.5 mm、动触头磨损量达 3 mm，即要更换动静触头。

更换方法如图 1-78 所示。更换时，卸下螺母 7，可将螺栓 8 连同动触头 1 整套地从胶木架 2 中取出，卸下弹簧压板 3 就可取出动触头 1，进行更换；卸下螺栓 13 和 16 便可更换静触头 15。

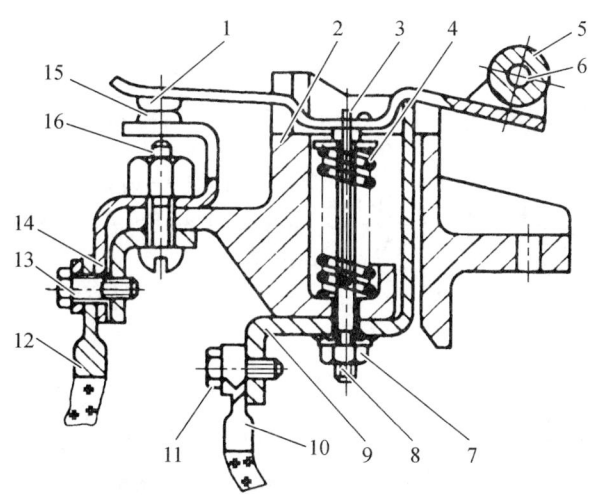

图 1-78　KT10 系列凸轮控制器触点结构图

1—动触头；2—胶木架；3—弹簧压板；4—弹簧；5—滚轮；6—轴；7—螺母；
8，11，13，16—螺栓；9—支板；10，12—软接线；
14—弯板；15—静触头

七、控制回路和主回路的故障

1. 控制回路中的故障及产生原因

（1）天车不能启动。

合上保护箱的刀开关，控制回路的熔断器就熔断，使天车不能启动。其原因是控制回路中相互连接的导线或某电器元件有短路或有接地的地方。

按下启动按钮，接触器吸合后，控制电路的熔断器就熔断，使天车不能启动。其原因是大车、小车、升降电路或串联回路有接地之处，或者是接触器的常开触头、线圈有接地之处。

按下启动按钮，接触器不吸合，使天车不能启动。原因可能是主滑线与滑块之间接触不良或保护箱的刀开关有问题。或者是熔断器、启动按钮和零位保护电路（见图 1-79）①这段电路有断路，串联回路②有不导电之处。检查方法是用万用表 PM 对图中①、②电路，一段段测量，查出断路和不导电处，并处理。

按下启动按钮，接触器吸合，但手离开按钮，接触器就释放。

从图 1-79 可知，当接触器线圈 KM 得电，它的常开触头 KM 闭合，并自锁。使零位保护电路①和串联回路②导通，说明这部分电路工作正常。掉闸的原因是自锁没锁上，大小车和起升控制回路中有断路。检查的方法同前面一样，拉下刀开关，推合接触器，用万用表按电路的连接顺序，一段段查。

（2）吊钩下降时，接触器就释放。

吊钩下降时，控制回路的工作原理如图 1-79 所示。其他机构工作正常。说明图中①、②号电路工作正常，大小车的各种控制电路均正常，只是吊钩下降时，接触器释放。故障一定是在图 1-79 的吊钩下降部分。这种情况，可用万用表电阻挡或试灯查找接触器的联锁触头 KM、熔断器 FU 的连接导线和升降控制器下降方向的联锁触头 Q_1。这中间任何一个部位未闭合，都会出现吊钩下降时接触器掉闸的现象。

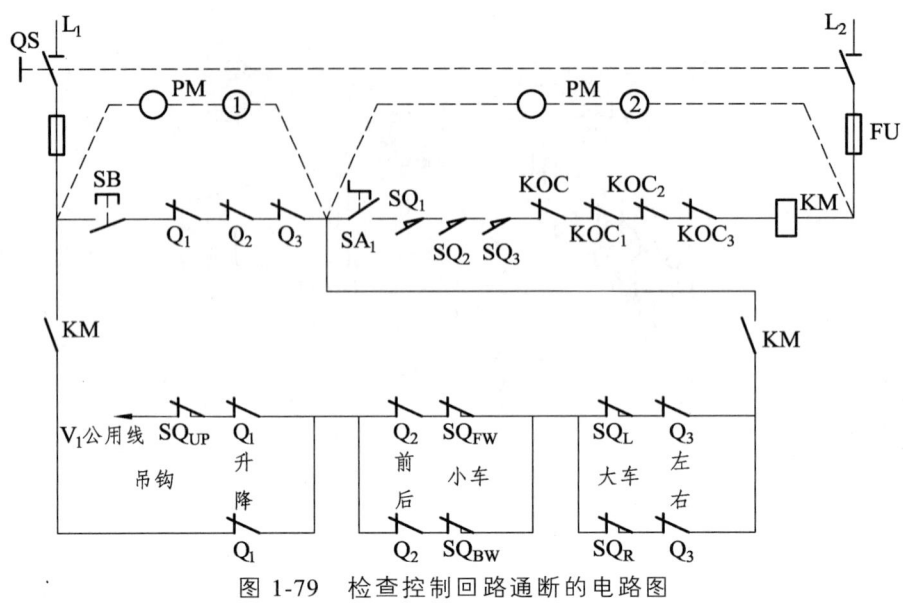

图 1-79 检查控制回路通断的电路图

(3) 吊钩一上升,接触器就释放。

上升限位开关的触头接触不好;滑线和滑块接触不良;用万用表检查图 1-79 中吊钩上升部分的电路,看是否有触头接触不良和断路的地方。

(4) 按下启动按钮,接触器吸合,但一扳动手轮,过电流继电器就动作。

电动机超负荷或定子线路有接地和短路的地方;控制机构中某一部位卡滞或操作太快;过电流继电器的整定值偏小或触头接触不好;接触器联锁触头的弹簧压力不足或接触不好。

(5) 天车在运行中,偶尔出现掉闸现象。

天车在运行中,小车运行到某个位置时,开动起升机构提升吊钩出现掉闸现象,但在其他位置都正常。故障一般是小车集电托与小车滑线接触不良,或有绝缘物相隔而致。

排除方法是拉下保护箱的刀开关,调整小车滑线或清除滑线上的锈渍等绝缘物。

(6) 大车运行时接触器掉闸。

大车向任一方向开动时,接触器都掉闸。一般来讲,这种情况常是因保护箱内的大车过电流继电器动作所引起的。又因保护大车电动机的过电流继电器所调电流的整定值偏小,所以大车电动机启动时,过电流继电器的常闭触头断开,使保护箱接触器释放。出现这种情况时,必须按技术要求调整过电流继电器的整定值。

控制电路中的接触器触头压力不足,使之接触不上。

主滑线与滑块之间接触不良。

大车轨道不平,使车体振动而造成相关触头脱落。

(7) 大小车只能向一个方向开动。

一般是因为另一个方向的限位开关触头接触不良,或者是控制器里的另一个方向上的控制触头接触不良。

(8) 控制器手柄处在工作位置时,电动机不旋转。

电源未接通或三相电源中有一相断路;控制器里相对应的触头未接触上;转子电路开路,导电器内接触不良。

(9)天车在工作中接触器时吸时断。

这种情况是因为接触器线圈的供电线路中有断续接触或接触不良之处。例如：接线螺钉松动、联锁触头压力不足或熔断器的熔丝松动。

(10)天车在起动和运行时，接触器发出噼啪声响。

此声响是接触器动、静磁铁的铁心极面吸合时的撞击声。造成这类故障的原因是，回路中电流强度有波动，电流大时，动、静磁铁吸合，电流小时，磁铁吸力小而使动、静铁心极面出现间隙，发出噼啪声响。

(11)断电后接触器不释放。

原因是控制电路某处有接地、短路和接触器触头粘连等情况。

(12)行程开关断开后，电动机仍未断电。

原因是连接行程开关的电路中有短路或接错的地方。

2. 主回路中的故障及产生原因

天车主回路中的故障，也就是定子电路和转子电路的故障。主要是因断相、短路、断路等因素所致。

(1)定子回路的故障及产生原因。

定子电路的常见故障一般有断路和短路两种。短路故障多表现为有弧光崩炸现象，故障容易发现，但断路故障不容易发现，而且也比较复杂。

用图1-80所示的5台电动机的定子电路来分析电动机定子电路中可能出现的故障，分析如下：

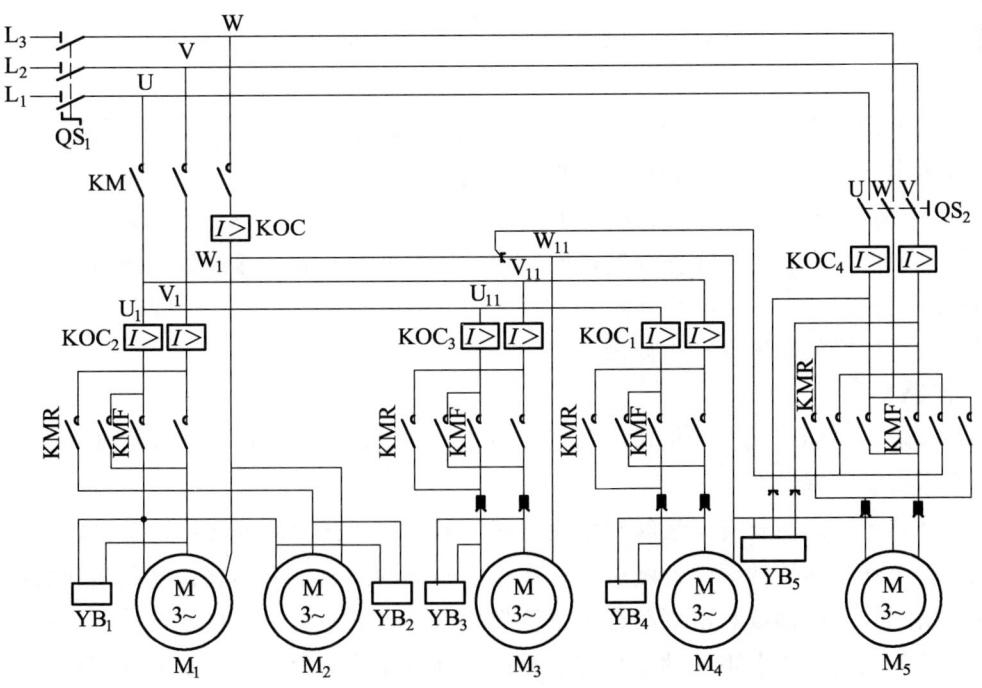

图1-80 5台电动机的定子电路

① 各机构均不能启动。

原因是电源没电、主滑线导电器发生故障、刀开关没闭合严或接触不良。或是图1-80中的U、V、W三个接线点以上电路有断相处。

② 其他机构工作正常只有小车不能启动。

这种故障一般发生在U_{11}、V_{11}、W_{11}三个接线点以后的小车电路上。

控制器里控制小车电动机的定子电路的触头有接触不良之处；小车电动机定子的三相电源线中有一相断线，或者过电流继电器KOC_3有故障；小车电动机定子绕组中有断线的地方；小车的滑线导电器有故障。

③ 其他机构工作正常，只有大车不能启动。

这种故障一般发生在U_1、V_1、W_1三个接线点以下对大车电动机供电的线路中。

控制器里控制大车电动机的定子电路的触头接触不良；大车电动机定子的三相电源线一相断线，或者过电流继电器KOC_2有故障；大车电动机的定子绕组有断线之处。

④ 其他工作正常，只有小车与副钩不能启动。

这种故障一般发生在U_{11}、V_{11}、W_{11}三个接线点以后的小车和副钩的电动机定子电路中。当主钩电动机处于单相接电状态时，故障可能发生在公用滑线上。

⑤ 其他机构工作正常，只有副钩不能启动。

一般故障发生在U_{11}、V_{11}、W_{11}三个接线点以后的副钩电动机定子电路中。副钩电动机定子的三相电源线或定子绕组中有一相断路，或者过电流继电器KOC_1有故障；控制器里控制副钩电动机定子电路的触头接触不良；或者控制副钩电动机定子电路的滑线与滑块接触不良。

⑥ 主钩工作正常，大小车和副钩要在主钩工作后才能工作，而且主钩不供电，它们就不能自行启动。

这种故障的原因是接线点W_{11}与连接点W_1之间的电路发生断路。这时可使主钩先启动，公用滑线带电，使大小车和副钩电动机都能得电启动。

⑦ 大车电动机只能向一个方向运动。

故障一般发生在控制某个方向转动时，定子回路的触头有未接通处，或这个方向的限位开关常闭触头开路。

（2）转子回路的故障及产生原因。

① 断路。

断路故障往往能引起电动机转子温度升高，并在额定负载下不能平稳启动和工作，而且常发生剧烈振动等现象。

产生断路的原因主要有：滑线与滑块之间接触不好，或滑块损坏；电动机转子绕组的引出线端与集电环相连接的铜焊片断裂或开焊；电刷架的弹簧压力不够，电刷架和引出线端的接线螺钉松动，或电刷架和电刷配合过紧等都能造成电刷与集电环接触不严；电阻器内元件之间的连接处松动，或电阻元件本身有断裂；控制器连接的导线发生断路或在转子电路里有断路和接触不好的地方。

对这种故障的检查方法有两种：一种是直接观察，另一种是用钳形电流表检查定子电流的变化情况。

用钳形电流表测量时首先看三相电流是否平衡。如果平衡，故障就不在转子电路，而在机械传动部分。反之，不平衡或波动很大，则故障一定在转子电路里。可将电动机集电环短接后再测量，测量时必然出现两种情况：一种是定子的三相电流仍然不平衡，则故障肯定在电动机的转子内部；另一种是定子的三相电流平衡，这时故障一定在电动机转子的外部电路中。

② 短路。

接触器的触头因粘连等原因不能迅速脱开，造成电弧短路。

合上刀开关，按下启动按钮，接触器吸合，手轮没有扳转，制动电磁铁就跟随吸合，使制动器松闸，造成重物下落等事故。这种故障的原因是由于电磁铁线圈的绝缘被破坏，从而造成接地短路。

保护箱刀开关合上后，接触器就发出嗡嗡的响声，这种现象是因接触器线圈的绝缘损坏所造成的接地短路引起的。

控制屏里可逆接触器的联锁装置失调，以致电动机换相时，一个接触器没释放，另一个接触器就吸合，从而造成相间短路。

控制屏内的可逆接触器，如果机械联锁装置的误差太大，或者失去作用，也将造成相间短路。

控制屏里的可逆接触器，因先吸合的触头释放动作慢，所以产生的电弧还没有消失，另一个接触器就吸合，或者产生的电弧与前者没有消失的电弧碰在一起，形成电弧短路。

由于控制器内控制电源通断的四对触头烧伤严重，在切换电源过程中造成电弧短路。

因接触器的三对触头烧伤严重而使接触器在断电释放后产生很大的弧光，由此，引起电弧短路。

如果接触器的三个动触头在吸合时有先有后，此时如点动操作速度过快，也会造成电弧短路。

八、主令控制回路的故障及排除

由于控制屏里的控制电路与主电路是分别进行供电的。所以，可以在切断控制屏内主电路的情况下检查控制屏内控制电路的故障。

1. 主令控制回路的故障及原因

（1）起升机构不起不落。

① 零压继电器 KHV 不吸合，可能是熔断器烧断，或继电器线圈 KHV 断路，或该段内导线断路。

② 零压继电器 KHV 吸合，而起升机构仍不起不落，则可能是零压继电器的联锁触头 KHV 未接通。

③ 制动器线圈断路或主令控制器的触头未接通，制动器打不开。所以电动机发出嗡嗡声，电动机转不起来。

（2）主钩只起不落或只落不起。

如果是主钩只起不落，问题可能出在制动接触器上，在控制回路中的常开触头和下降接触器在控制回路中的常开触头未同时接通，使主令控制器置于下降挡时，制动接触器线圈没电压，制动器打不开，所以主钩只能升，不能降。

如果是主钩只落不起，问题可能是：上升限位开关的触头电路未接通；连接上限位触头的两根滑线接触不良；主令控制器的触头未接通；上升接触器线圈有断路；控制回路中的下降接触器、加速接触器的常闭触头未接通。

（3）主令控制电路工作时接触器时断时吸。

这种情况常常发出啪啦的响声，一般是熔断器处于似断非断的状态。或者是控制电路的导线连接螺钉松动。

（4）电动机转矩不足。

这种情况主要是转子电路中的启动电阻没有按电路要求被切除。原因是在控制回路中，各加速接触器的线圈电路里都串有前一级加速接触器的联锁触头，所以，如果其中一个接触器线圈坏了或常开触头闭合不良等，下面的几级接触器都不能投入工作，从而使电动机转子电路中的电阻均不能被切除，所以，必然造成转矩不足的现象。

（5）由反接制动级转换到再生下降时吊物突然坠落。

一般是由于下降的接触器线圈断路，或与之有关的电路断路。

（6）由下降第三级过渡到第四级时，制动器瞬间断电，发出"咯噔"的响声。

因为接触器处于换接过程，所以它们在控制回路中的相应常开触头也随之换接，由于制动接触器在控制回路中的常开触头接触不良，从而造成制动接触器发生断续接通现象，发出"咯噔"的响声。

（7）下降第六级时，下降接触器释放，吊物坠落。

产生这种现象的原因是由于主令控制器使用太久，凸轮磨损严重，甚至损坏，使触头不符合要求，在下降最后一级时触头接触不良而造成吊物坠落。

2. 主令控制电路故障的排除

发生起升机构不起不落的情况时，应查找损坏处和断路处，并做出相应的修理或更换新件。另外，检查并修理零压继电器的联锁触头。

如果是主钩只起不落或只落不起，可以检查哪一级线路没接通，没接通是因触头接触不上，还是线路中有断路，或者是哪个线圈坏了。然后根据具体情况去修理触头、更换触头或线圈，接通断路之处。

其他几种故障，只要找到故障发生的准确位置，便可根据具体情况进行更换、修理、接通，将故障排除。

九、其他故障的原因及排除

天车常见的机械、电气和金属结构的故障还有很多，它们的故障产生原因及排除方法见表 1-24。

表 1-24 其他故障的产生原因及排除方法

名称	故障	产生原因与后果	排除方法
吊钩	钩口危险断面磨损	磨损严重时，其强度减弱，易于折断	磨损量超过危险断面的10%时更换吊钩；对吊运钢液的吊钩，磨损量超过危险断面的5%时就更换
吊钩	钩口部位有变形	长期过载，疲劳所致	立即更换
吊钩	钩头表面出现裂纹	超期使用、超载使用或材质不好所致	立即停止使用，更换
钢丝绳	钢丝绳磨损快	滑轮或卷筒的直径对这种钢丝绳来说太小，或是卷筒上绳槽太小	换较软的钢丝绳，装上标准直径的钢丝绳或更换卷筒
钢丝绳	钢丝绳经常破裂、断股、断丝	有脏物和没有润滑油，或上升限位器的挡板安装不正确	清洗和润滑钢丝绳。改换或调整挡板，断丝数在一个捻距内超过总丝数的10%、钢丝绳径向磨损40%时，应更换钢丝绳
联轴器	联轴器的连接螺栓孔磨损	开机时机构跳动、切断螺栓，起升时，将发生吊物坠落	可重新扩孔配螺栓，孔磨损严重时，可补焊后再钻铰孔，但起升机构的联轴器要更换
联轴器	齿轮套键槽磨损	不能传递转矩，吊物坠落	起升机构的齿轮套要更换，而运行机构的齿轮套可在与其相距90°处重新插键槽，配键后继续使用
减速器	周期性的颤动声	齿轮齿距误差过大或齿侧间隙超过标准	更换新齿轮
减速器	壳体、特别是安装轴承处发热	轴承滚珠损坏或保持架破碎，轮齿磨损坏、缺少润滑油、轴颈卡住	更换轴承；修整轮齿；更换润滑油
减速器	润滑油沿部分面流出	密封环损坏，部分平面不平，连接螺栓松动	更换密封圈，部分平面刮平，开回油槽，紧固螺栓
减速器	减速器在架上振动	固定螺栓松动，输入与输出轴和电动机轴不同轴；支架刚性差	紧固减速器的固定螺栓，调整减速器传动轴的同轴度，加固支架，增大刚性
卷筒	卷筒出现裂纹	超期使用而产生疲劳裂纹	更换卷筒
卷筒	卷筒的轴、键磨损	安装不合理，轴被剪断，导致吊物坠落	停止使用，检修或更换
卷筒	卷筒绳槽磨损，钢丝绳跳槽	卷筒强度减弱并已断裂，钢丝绳缠绕混乱	当卷筒壁厚磨损达原厚度的20%以上时应更换卷筒，重新缠绕钢丝绳
滑轮	滑轮槽磨损不均匀	安装不合要求；绳与轮接触不均匀	重新安装或修补，磨损超过3 mm，应更换
滑轮	滑轮心轴磨损	轴上的定位件松动，使心轴损坏	紧固滑轮心轴上的定位件，加强润滑
滑轮	滑轮冲撞轮缘断裂	绳、轮接触不均匀，滑轮损坏	更换
滑轮	滑轮转不动	心轴和钢丝绳磨损加剧	检修心轴和轴承

续表

名称	故障	产生原因与后果	排除方法
夹轨钳	制动力矩小，夹不住	各活动铰接部分有卡住现象，润滑不良，制动带磨损，制动力矩明显减小	修正各活动铰接部分，加强润滑，更换新制动带
电动机	整个电动机均匀发热	1. 电动机的接电持续率与机构的工作类型不符，经常超载运行而发热； 2. 在低压下工作	1. 降低天车的工作频率或更换符合工作类型的电机； 2. 电压低于额定电压10%时，应停止工作
电动机	定子绕组局部过热	1. 各相连接成星形或三角形连接有错误； 2. 某一相绕组有两处与机壳短接	1. 检查每相的电流，矫正接线的错误； 2. 用电工仪表查找损坏的地方，并排除
电动机	集电环开路	集电环及电刷脏污	清除脏污、灰尘及油垢
电动机	电动机运行时定子与转子摩擦	1. 轴承端盖不正，轴承磨损； 2. 定子或转子铁心变形； 3. 因定子绕组的线圈连接不正确，而使磁通不平衡	1. 检查端盖与轴承，如磨损严重者要更换； 2. 修整铁心，或更换； 3. 检查并改正连接的错误
电动机	电刷冒火花或集电环被烧焦	1. 电刷研磨不好，或电刷在刷握中太紧； 2. 电刷及集电环脏污； 3. 电刷压紧力不够； 4. 集电环不平，电刷跳动	1. 研磨电刷，调整松紧程度； 2. 清洗电刷及集电环； 3. 调整电刷的压紧力； 4. 磨光集电环
电动机	电动机在运转中声音不正常	1. 定子相位错移； 2. 定子铁心未压紧； 3. 轴承磨损	1. 检查接线系统，纠正错相； 2. 调整定子铁心未压紧处或更换； 3. 更换磨损严重的轴承
电动机	电动机承受负荷后转速变慢	转子端部连接处发生短路	检查转子电路并排除短路故障
电动机	转子绕组有两处接地		用绝缘电阻表检查每一匝线圈的绝缘电阻，排除接地故障
交流接触器和继电器	线圈发热	线圈过载，动铁心的极面有间隙	减小动触头弹簧压力，清洗极面脏污，排除弯曲、卡住等产生间隙的因素，或更换线圈
交流接触器和继电器	嗡嗡声较大	1. 线圈过载； 2. 磁流通路的工作表面有脏污； 3. 动磁铁传动部位卡住	1. 减小动触头弹簧的压力； 2. 清除脏污； 3. 对铰接销轴加油润滑，排除附加阻力
交流接触器和继电器	触头过热或烧损	触头压力不足、触头脏污	调整压力，清除污物
交流接触器和继电器	主接触器不能接通	1. 刀开关、紧急开关、舱口开关没闭合； 2. 控制手柄未放回零位； 3. 控制电路熔断器没接通； 4. 线路无电	1. 合上开关； 2. 将手柄搬回零位； 3. 接通熔断器； 4. 检查线路是否有电
交流接触器和继电器	动作迟缓	1. 动、静磁铁极面间距过大； 2. 接触器器械底板与水平面不垂直，上部较下部凸出	1. 缩短动、静磁铁极面的间距； 2. 调整装置器械保持垂直

续表

名称	故障	产生原因与后果	排除方法
交流制动电磁铁	线圈发热	1. 电磁铁的电磁牵引力过载； 2. 动、静磁铁极面在吸合时有间隙	1. 调整弹簧压力和重锤的位置； 2. 调整制动器的机械部分，减小间隙
	动、静磁铁分离不开	电磁铁有剩磁	消除剩磁，或更换合适的磁铁材料
	工作时有较大的嗡嗡声	1. 电磁铁过载，短路环断裂； 2. 动、静磁铁极面脏污； 3. 电磁铁弯曲、扭斜	1. 调整制动器主弹簧压力或改变重锤的位置，更换短路环； 2. 清除脏污； 3. 校正弯曲和扭斜，严重时更换
液压电磁铁	通电后推杆不动作，或行程小	1. 推杆卡住； 2. 网络电压低于额定电压的85%； 3. 延时断电继电器延时过短或常开触头不动作； 4. 整流装置损坏； 5. 严重漏油； 6. 油量不足或活塞与轴承间有气体	1. 检查并排除卡住处； 2. 提高电压； 3. 按所需要的延时时间调整继电器； 4. 修复或更换； 5. 检修密封； 6. 排除气体，补充油液
	电磁铁工作后，行程逐渐减小	1. 液压缸漏油； 2. 密封圈严重损坏； 3. 齿形阀片及动铁心阀片密封不严	1. 修理或更换液压缸； 2. 更换密封圈； 3. 清除阀片上可能存在的机械杂质
	启动时间过长	1. 电压过低； 2. 制动器制动力矩过大； 3. 运动部分卡住	1. 提高电压； 2. 调整制动力矩不超过额定值； 3. 检查并排除卡阻现象
	制动时间过长	1. 时间继电器的触头打不开； 2. 运动部分卡住； 3. 机械部分故障； 4. 油路堵塞	1. 检修触头； 2. 排除卡住现象； 3. 检查并排除机械故障； 4. 疏通油路，排除堵塞

第二章 泵

第一节 离心泵原理与泵系统

一、泵类别

泵是用来输送流体的机械，通过泵把原动机的机械能变为流体的动能和压力能。泵分为叶片泵、容积泵和喷射泵三类。

叶片泵依靠泵内高速旋转的叶轮在旋转过程中，由于叶片和液体的相互作用，叶片将机械能传给液体，使液体的压力能增加，达到输送液体的目的。叶片泵的主要类型有离心泵、轴流泵等，其中离心泵应用广泛。

容积泵依靠泵内工作容积的变化而吸入或排出液体并提高液体的压力能，如活塞式泵、回转式齿轮泵等。

喷射泵利用工作流体（液体或气体）的能量来输送液体，如水喷射泵、蒸气喷射泵等。

二、离心泵的工作原理

图 2-1 为离心泵的工作简图。泵的主要工作部件为安装在轴上的叶轮 1，叶轮上均匀分布着一定数量的叶片 2。泵的壳体 3 是一个逐渐扩大的扩散室，形状如蜗壳，工作时壳体不动。泵的入口与插入液池一定深度的吸入管 8 相连，吸入管的另一端装有底阀 7，泵的出口则与阀门 5 和排出管 6 相连。

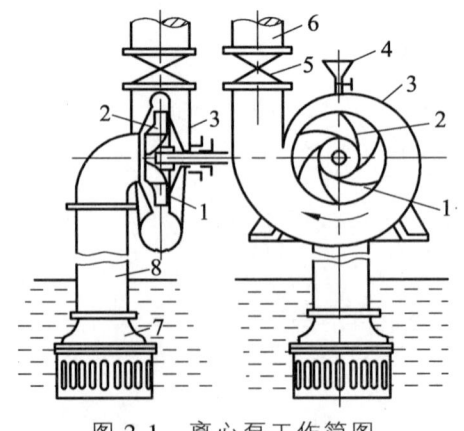

图 2-1 离心泵工作简图
1—叶轮；2—叶片；3—泵壳；4—漏斗；5—阀门；
6—排出管；7—底阀；8—吸入管

开泵前，吸入管和泵内必须充满液体。这时先通过漏斗 4 灌注液体（称为灌泵），然后关闭漏斗下方的阀门开泵。开泵后，叶轮高速旋转，其中的液体随着叶片一起旋转，速度迅速升高，在离心力的作用下，液体飞离叶轮向外射出，射出的液体在泵壳扩散室内速度逐渐变慢，压力逐渐增加，然后从泵出口、排出管流出。此时，在叶轮中心处由于液体被甩向周围而形成既没有空气又没有液体的真空低压区，液池中的液体在池面大气压力的作用下，推开底阀 7 经吸入管流入泵内。液体就是这样连续不断地从液池中被抽吸上来又连续不断地从排出管流出。

三、离心泵系统

离心泵本身不能单独工作，必须和电机、管路、阀门等组成系统才能使用，为了及时掌握泵工作状态，还需要安装压力表和真空表来监测离心泵工作时的出口和进口压力。

离心泵系统如图 2-2 所示，由离心泵 3、电动机、吸入管 2、排出管 8 和阀门等组成。底阀 1 由单向阀和防污网组成。底阀上的单向阀只允许液体从吸液池流进吸入管，而不允许反方向流动。它的主要作用是保证泵在启动前能灌满液体，而周边的防污网则起着防止液池中的杂物被吸入泵中的作用。单向阀 7 在停泵时靠排出管中的液体压力自动关闭，防止液体倒流泵内冲坏叶轮。截止阀 6 的用途是在开、停或检修泵时截断流体，对于小型泵装置，它还用于调节泵的流量。真空表 4 和压力表 5，分别用于测定泵的入口和出口的压力，人们可以根据表的读数的变化，判断泵的运行是否正常。

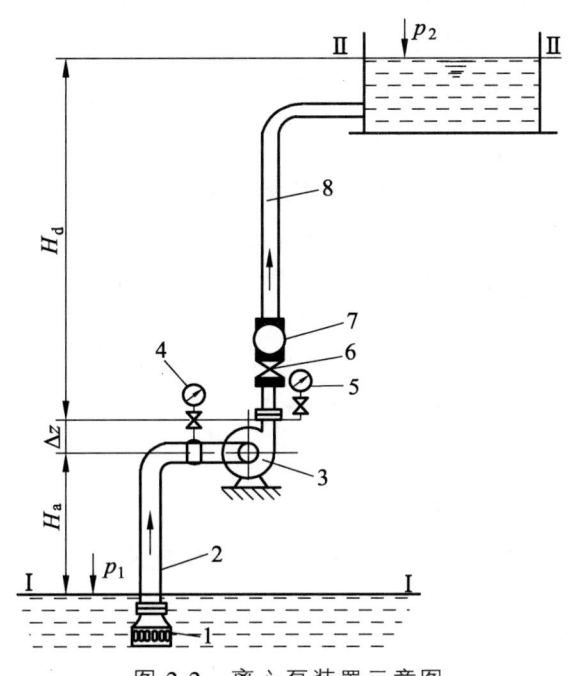

图 2-2 离心泵装置示意图

1—底阀；2—吸入管；3—离心泵；4—真空表；5—压力表；
6—截止阀；7—单向阀；8—排出管

第二节 离心泵的性能参数及选型

一、离心泵性能参数

1. 流 量

离心泵的流量是指单位时间内排到管路系统的液体体积，一般用 q 表示，常用单位符号为 m^3/h 等。离心泵的流量与泵的结构、尺寸和转速有关。

2. 扬 程

单位质量液体具有的能量用液柱高度表示，叫作水头，包括液体静压、势能和动能三种，液体在某处各种能量的总和称为在该处的总水头。单位质量液体通过泵所增加的能量，也就是泵所产生的总水头，就叫作扬程，单位符号为 m。

如图 2-2 所示，为计算扬程，在系统中取吸入液面为 I - I，排出液面为 II - II。设这两处的液面压力为 p_1，p_2（Pa），液体流速为 v_1，v_2（m/s），并设 H_s，H_d 为泵入口至吸入液面、泵出口至排出液面的垂直距离；h_s，h_d 为吸入管路、排出管路的水头损失，Δz 为压力表与真空表安装点的垂直距离，ρ 为液体的密度（kg/m^3），g 为重力加速度（9.81 m/s^2）。

用伯努利方程式可以导出泵扬程 H（m）的计算式为

$$H = \frac{p_2 - p_1}{\rho g} + \frac{v_2^2 - v_1^2}{2g} + H_s + H_d + h_s + h_d + \Delta z \tag{2-1}$$

当吸液池和排液池都与大气相通时，$p_1 = p_2 = p_b$（环境大气压力）。当池内液面面积很大时，可认为：$v_1 \approx 0$，$v_2 \approx 0$，则式（2-1）可以改为

$$H = H_s + H_d + h_s + h_d + \Delta z \tag{2-2}$$

由图 2-2 可知，$H_s + H_d + \Delta z$ 为泵将液体提升的垂直高度，即几何扬程 H_g。$h_s + h_d$ 为吸入管路和排出管路水头损失之和，用 $\sum h$ 来表示，所以式（2-2）又可写为

$$H = H_g + \sum h \tag{2-3}$$

在同样的情况下，即 $p_1 = p_2 = p_b$，且 $v_1 \approx 0$，$v_2 \approx 0$ 时，经过演变，式（2-2）的扬程 H 也可用压力表和真空表的读数 P_v 和 P_z 来表示（m）

$$H = \Delta z + \frac{p_v}{\rho g} + \frac{p_z}{\rho g} + \frac{v_d^2 - v_s^2}{2g} \tag{2-4}$$

式（2-4）中的，v_s，v_d 为吸入管、排出管中的液体流速，可根据输液流量、吸入管、排出管的直径求出。

3. 功 率

（1）有效功率 P_u。

泵的有效功率是指单位时间内泵输送出的液体获得的有效能量，也称输出功率。

(2)轴功率 P_a。

泵的轴功率是指单位时间内由原动机传到泵轴上的功,也称输入功率,单位符号是 W 或 kW。

4. 效率

离心泵在实际运转中,由于存在各种能量损失,致使泵的实际(有效)压头和流量均低于理论值,而输入泵的功率比理论值高。反映能量损失大小的参数称为效率。

离心泵的能量损失包括以下 3 项。

(1)容积损失。

即泄漏造成的损失,无容积损失时泵的功率与有容积损失时泵的功率之比称为容积效率 η_v。闭式叶轮的容积效率为 0.85~0.95。

(2)水力损失。

由于液体流经叶片、蜗壳的沿程阻力,流道面积和方向变化的局部阻力,以及叶轮通道中的环流和旋涡等因素造成的能量损失。这种损失可用水力效率 η_h 来反映。额定流量下,液体的流动方向恰与叶片的入口角相一致,这时损失最小,水力效率最高,其值为 0.8~0.9。

(3)摩擦损失。

由于高速旋转的叶轮表面与液体之间摩擦,泵轴在轴承、轴封等处的机械摩擦造成的能量损失可用机械效率 η_m 来反映,其值为 0.96~0.99。

离心泵的总效率由上述 3 部分构成,即离心泵的效率与泵的类型、尺寸、加工精度、液体流量和性质等因素有关。通常,小型泵效率为 50%~70%,而大型泵可达 90%。

5. 转速

转速 n 为泵轴每分钟转动的次数,单位符号为 r/min。中小型泵一般均按异步电动机的转速计算,这样便于泵和电动机直接传动。常用的转速为 2 900 r/min,1 450 r/min,970 r/min,730 r/min。

6. 比转数

叶片式泵(离心泵、轴流泵、混流泵等)的叶轮有不同的形状。在泵的性能参数中有一个既反映泵的基本形状、又反映泵的基本性能(流量、扬程、转速)的综合参数——比转数 n_s,又称比转速,可用下式计算。

$$n_s = \frac{3.65n\sqrt{q}}{H^{\frac{3}{4}}} \tag{2-5}$$

式中　n——泵的转速,r/min;
　　　q——泵的流量,m³/s;
　　　H——泵扬程,m。

比转数是无量纲数。同一台泵,在不同工况下有不同的比转数。一般取最高效率工况时的比转数作为泵的比转数。

由比转数可大致知道泵的叶轮形状、性能及性能曲线的变化规律,如表 2-1 所示。

表 2-1 比转数和叶轮形状与性能曲线的关系

水泵类型	离心泵			混流泵	轴流泵
	低比转数	中比转数	高比转数		
比转数	50~80	80~150	150~300	300~500	500~1 000
叶轮简图					
尺寸比	$\frac{D_2}{D_0} \approx 2.5$	$\frac{D_2}{D_0} \approx 2.0$	$\frac{D_2}{D_0} \approx 1.8 \sim 1.4$	$\frac{D_2}{D_0} \approx 1.2 \sim 1.1$	$\frac{D_2}{D_0} \approx 0.8$
叶片形状	圆柱形叶片	进口处圆扭曲 出口处圆柱形	扭曲形叶片	扭曲形叶片	扭曲形叶片
工作性能曲线					

大流量小扬程的泵,比转数大;反之小流量大扬程的泵比转数小。比转数小的泵,叶轮出口宽度小,叶轮外径 D_2 大,D_2 与叶轮进口处直径 D_0 的比可以大到等于 3,叶轮中的流道狭长,流量小但扬程高。此时的叶片泵是离心泵。

当叶轮形状结构的变化达到 D_2/D_0 为 1.1~1.2,比转数为 300~500 时,这种叶片泵就成了混流泵。当 D_2/D_0 为 0.8 左右,比转数为 500~1 000 时,叶片泵则变为轴流泵。

7. 汽蚀余量

(1) 汽蚀。

汽蚀是液体汽化造成的对泵过流零部件(液流经过泵时所接触到的零部件)的破坏现象。

表 2-2 大气压力与海拔高度的关系

海拔高度/m	-600	0	100	200	300	400	500	600	700	800
大气压 $\frac{p_b}{\rho g}$/Pa	113 000	103 000	102 000	101 000	10 000	98 000	97 000	96 000	95 000	94 000

在一定温度下,液体开始气化的压力称为液体在这个温度时的饱和气压(Pa),水的气化压力(饱和蒸气压)与温度的关系如表 2-3 所示。

表 2-3 水的饱和蒸气压与温度的关系

温度 t/℃	0	6	10	20	30	40	50	60	70	80	90	100
水的饱和蒸气压 $\frac{p_v}{\rho g}$/Pa	610	931	1 226	2 334	4 240	7 380	12 180	19 900	31 200	47 400	70 500	101 325

泵中压力最低处在叶轮进口附近，当此处压力降低到该温度的饱和气压时，液体就开始气化，大量气泡从液体中逸出。当气泡随液体流至泵的高压区时，在外压的作用下，气泡骤然凝缩为液体。这时气泡周围的液体，即以极高的速度冲向原来是气泡的空间，并产生很大的水力冲击。

由于短时间内有许多气泡凝缩，于是就产生许多次很大的冲击压力。在这个连续的局部冲击负荷作用下，泵中过流零部件表面逐渐被疲劳破坏，出现很多剥蚀的麻点，随后连片呈蜂窝状，最终出现剥落的现象。除了冲击造成的损坏外，液体在气化的同时，还会析出溶于其中的氧气，使过流零部件氧化而腐蚀。

这种由机械剥蚀和化学腐蚀共同作用，使过流零部件被破坏的现象就是汽蚀现象。据有关资料介绍，即使对非金属材料，汽蚀也同样会发生。图 2-3 所示为受汽蚀破坏的叶轮。

在汽蚀现象发生的同时，还伴随着发生振动和噪声。并且由于气泡堵塞了泵叶轮的流道，使流量、扬程减少，效率下降。汽蚀现象对泵正常运行是十分有害的。

泵气蚀完全是由于泵叶轮吸入侧的压力过低所致。为此应设法减少吸入管路的损失，并合理确定泵的安装高度。

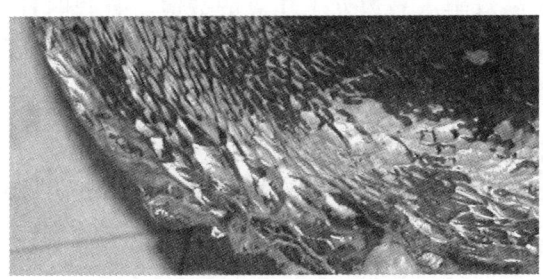

图 2-3　受汽蚀破坏的叶轮

（2）允许吸上真空高度。

泵在正常工作时吸入口所允许的最大真空度，叫作允许吸上真空高度，由于它用液体的液柱表示，故称其为高度。

允许吸上真空高度与泵的几何安装高度（泵中心至吸入液面的垂直距离）有关。

已知，标准大气压等于 101 325 P_a（曾用 760 mmHg 或 10.33×10^3 mm H_2O 表示）。如用泵来抽水，吸水池里的水是在大气压力的作用下被吸入泵内的，或者更确切地说是被大气压力"压入"泵内的。若泵的吸入口处为绝对真空，那么水泵最大吸水高度应为 10.33 m。但实际上，泵的吸入口处不可能绝对真空，并且水在流经底阀、弯头、直管段时都要产生水头损失。因此，在大气压下工作的水泵，不可能有这么高的吸水高度。这就说明，每一型号规格的水泵都存在着一个小于 10.33 m 的最大吸上真空高度 H_{sc}。

泵的吸上真空高度 H_{sc} 由试验求出。由于在 H_{sc} 下工作时泵仍有可能产生汽蚀，为保证离心泵在运行时不产生汽蚀，同时又有尽可能大的吸上真空高度，我国规定留 0.3 m 的安全量，即将试验得出的值减去 0.3 m 作为泵的允许最大吸上真空高度，又称允许吸上真空高度，以 H_s（m）表示。

在泵的性能表中，有时用汽蚀余量表示汽蚀性能，而不用允许吸上真空高度。汽蚀余量国外称为净正吸上水头。用 NPSH 表示。汽蚀余量分为有效汽蚀余量$(NPSH)_a$和必需汽蚀余量$(NPSH)_r$。有的资料把它们分别写为 Δh_a 和 Δh_r，一般泵性能表中只提供$(NPSH)_r$，即 Δh_r 的数据。

允许安装高度 = 标准大气压（10.33 m）− 必须气蚀余量 − 管道损失 − 安全量（0.3 m）

二、离心泵的选用

选用泵之前,应先由专业人员根据需求和管路特性给出最大流量 q_{max} 和最大扬程 H_{max}。另外,还要了解被输送的液体温度、密度以及工作地点的大气压力 P_b 数值。再把这些参数换算为标准状况下的流量和扬程,下面以离心水泵为例介绍两种选用方法。

1. 用水泵性能表来选择水泵

水泵生产厂家一般会提供水泵性能表来供用户选择水泵时使用。使用步骤如下:

(1)考虑到运行时的情况变化,保证使用要求,计算流量 q 比所需的流量 q_{max} 增大 5% 到 10%,计算扬程 H 应比所需的扬程 H_{max} 增大 10% 到 15%。

(2)按 q,H 计算比转数 n_s,以确定泵的类型。

(3)在确定的泵型中查泵性能表选出合适的泵的型号。

泵性能表一般列出 3 组流量、扬程数值,中间一组的流量、扬程处于最高效率点,左右两旁的流量、扬程数值为高效率区靠边处工作点的数值。查找时计算流量 q、计算扬程 H 与某型号泵最高效率点的流量、扬程一致,那么就应选用这个型号。如不一致,能在高效率区内工作的泵也可选用。

2. 用水泵综合性能图来选择水泵

水泵综合性能图是将一种形式不同型号的所有规格泵的性能曲线的工作部分都以四边形表示在一个图上。图 2-4 是 IS 泵的综合性能图。

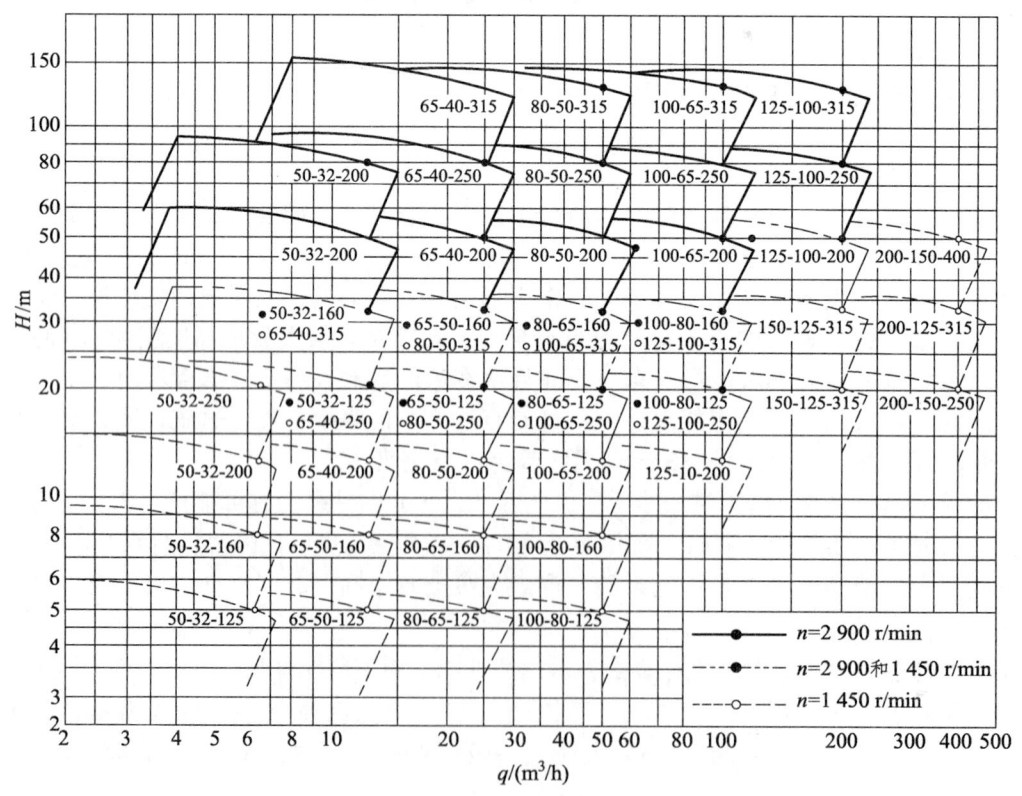

图 2-4 IS 泵综合性能图

下面用图 2-5 对四边形作一说明。图上横坐标为流量，纵坐标为扬程。图中曲线 1-2 和过 O 点曲线表示某型号泵的叶轮未经车削时的 q-H 曲线和 q-η 曲线，曲线 3-4 表示这一型号泵允许车削的最小叶轮时的 q-H 曲线。在曲线 1-2，3-4 之间还可做出这一型号不同叶轮直径的泵的一族 q-H 曲线。曲线 1-3，2-4 是两条等效率曲线。

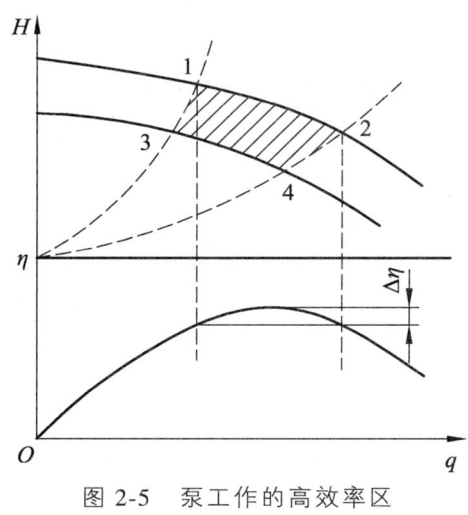

图 2-5　泵工作的高效率区

叶轮直径车削和未车削的同型号所有泵的等效率点都在等效率曲线上，曲线 1-3，2-4 是在最高效率点两边比最高效率低 7%的等效率曲线。这表示在两等效率曲线之间的区域就是高效率区。

在选用泵时，根据计算流量、计算扬程的数值，在综合性能图上找出这个坐标点。这个点落在哪个四边形内，就可选用标在此四边形中的这一型号泵。坐标点落在四边形上边线的，泵叶轮不必车削，落在四边形内其他位置的，叶轮可进行适当车削。

离心泵的正确选用，可以减少故障的发生。除了根据流量、扬程的指标来选用泵外，还应充分考虑吸入高度，工况的变化范围，吸入、排出管径和管路的布置以及功率消耗等方面的问题。

第三节　离心泵的基本方程及特性曲线

一、离心泵的基本方程

液体在叶轮中的流动是相当复杂的，为简化起见，假设：叶轮有无限多个叶片，且叶片厚度为无限薄；泵中的液流是压力、速度、密度都不随时间而变化的稳定流；泵所输送的液体是理想的不可压缩的液体，可不考虑液体的摩擦阻力。

液体在旋转叶轮的流道中流动，从叶轮处获得了能量，这种能量传递过程可用流体力学中的动量定理来推导，导出式（2-6）。

$$H_{T\infty} = \frac{1}{g}(u_2 c_{2u} - u_1 c_{1u}) \tag{2-6}$$

式中　$H_{T\infty}$——无限多叶片时的理论扬程，m；
　　　　g——重力加速度，m/s²；
　　　　u_1，u_2——叶轮进口、出口处的圆周速度，m/s；
　　　　c_{1u}，c_{2u}——进口、出口绝对速度的圆周分速度，m/s。

这就是泵的基本方程式，又称欧拉方程式。它不仅适用于离心式泵和轴流式泵，也适用于离心式和轴流式风机。

一般在离心泵中，液体沿径向进入叶轮，$\alpha_1 = 90°$，$c_{1u} = 0$，泵的基本方程式为

$$H_{T\infty} = \frac{1}{g}u_2 c_{2u} \tag{2-7}$$

由式（2-7）可知，叶轮所产生的扬程大小决定于 u_2 和 c_{2u} 的乘积，而由图 2-6 可以很容易地看出

$$c_{2u} = u_2 - c_{2r} \cot \beta_2 \tag{2-8}$$

式中　c_{2r}——出口绝对速度的径向分速度。
　　　　β_2——流动角。

所以式（2-7）写为

$$H_{T\infty} = \frac{u_2}{g}(u_2 - c_{2r} \cot \beta_2) \tag{2-9}$$

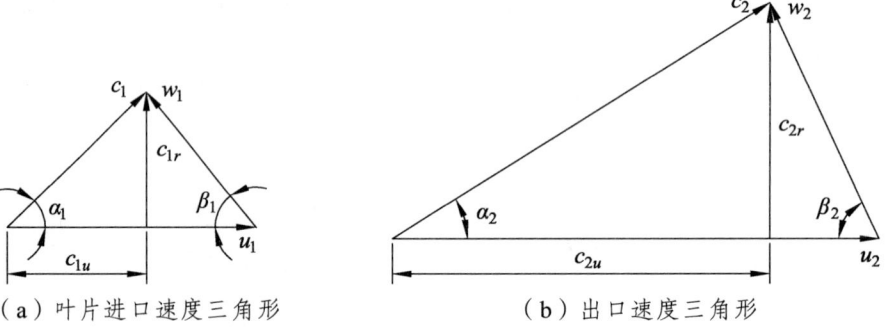

（a）叶片进口速度三角形　　　　（b）出口速度三角形

图 2-6　叶片进、出口速度三角形

$$u_2 = r_2 \omega = \frac{\pi D_2 n}{60} \tag{2-10}$$

理论扬程随叶轮圆周速度 u_2 的增大而增大，而根据公式（2-10），所以理论扬程随叶轮直径 D_2 和转速 n 的增大而增大。

如图 2-7 所示，假设有无限多叶片时，在相同的叶轮外形尺寸和相同的转速条件下：

当 $\beta_2 = 90°$ 时，叶片为径向出口，称径向叶片，有 $\cot \beta_2 = 0$，$H_{T\infty} = \dfrac{u_2^2}{g}$；

当 $\beta_2 < 90°$ 时，称后弯式叶片或后向叶片，有 $\cot \beta_2 > 0$，$H_{T\infty} < \dfrac{u_2^2}{g}$；

当 $\beta_2 > 90°$ 时，称前弯式叶片或前向叶片，有 $\cot \beta_2 < 0$，$H_{T\infty} > \dfrac{u_2^2}{g}$。

由此可见，随角 β_2 的增大，理论扬程 $H_{T\infty}$ 提高。但随着 β_2 的增大，绝对速度 c_2 也增大，使液体流动的阻力提高，反而降低了效率。为此，离心泵总是采用后弯式叶片，并且一般 $\beta_2 = 20° \sim 30°$。

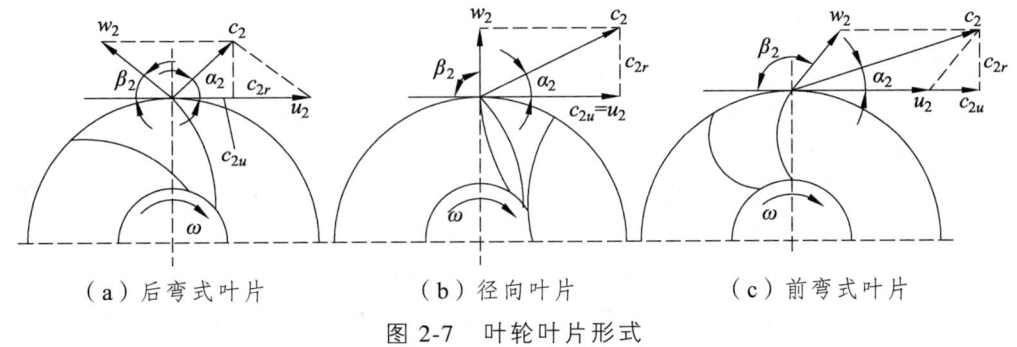

（a）后弯式叶片　　　（b）径向叶片　　　（c）前弯式叶片

图 2-7　叶轮叶片形式

二、离心泵的特性曲线

离心泵在工作时，当泵转速为某一定值，用来表示扬程、功率、效率和允许吸上真空高度（或汽蚀余量）与流量等相互之间关系的曲线叫作泵的性能曲线或特性曲线。

通常泵生产厂在样本中提供的特性曲线如图 2-8 所示，特性曲线是以流量为横坐标，以扬程、轴功率、效率和允许吸上真空高度或必需汽蚀余量等为纵坐标所绘出的曲线，分别叫作扬程曲线（q-H）、功率曲线（q-P_a）、效率曲线（q-η）和汽蚀特性曲线。

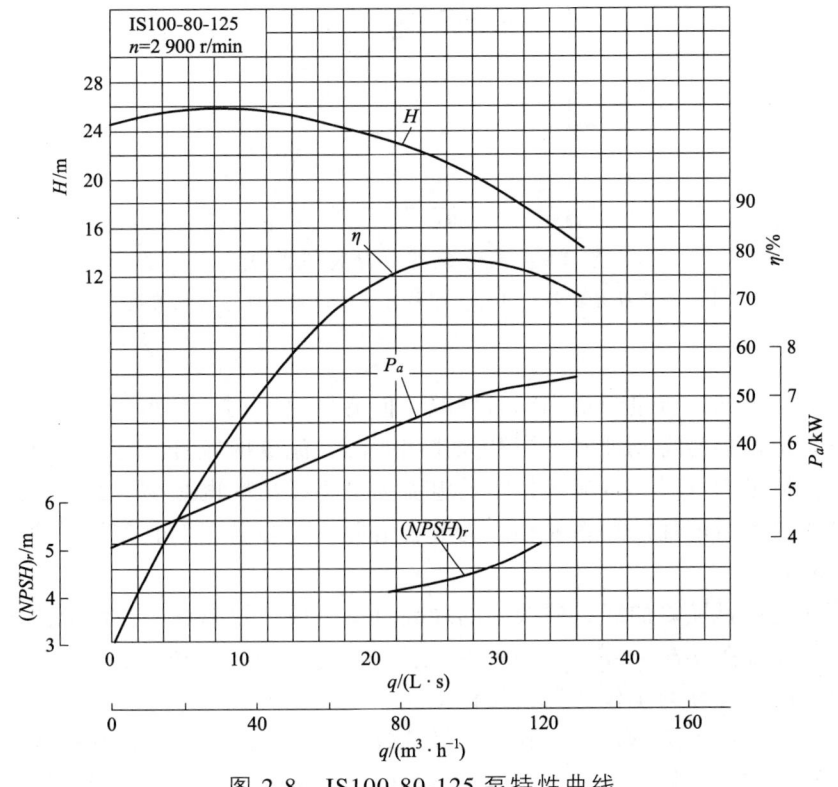

图 2-8　IS100-80-125 泵特性曲线

把这些曲线绘于同一直角坐标中,前三条曲线是基本特性曲线。利用这些曲线可以了解泵的性能,对于正确地选择和经济合理地使用泵都起着很重要的作用。

1. 对特性曲线的分析

(1) q-H 曲线。后弯叶片离心泵的曲线从形状上分有以下 3 种:

① 驼峰特性曲线。如图 2-9 中曲线 Ⅰ 所示,曲线具有中间凸起两边下弯的特点。比转数小于 80 的离心泵,其 q-H 曲线都是这样的。如果这类泵在极大值 A 点以左工作,会出现不稳定工况,应使泵在 A 点以右工作。

② 平坦特性曲线。如图 2-9 中曲线 Ⅱ 所示,比转数为 80~150 的离心泵都是这种特性曲线,这类泵适用于流量调节范围较大,而压头变化要求较小的输液系统中。

③ 陡降特性曲线。如图 2-9 中的曲线 Ⅲ 所示,一般比转数在 150 以上的泵,其 q-H 曲线都是这个形状。这类泵适用于流量变化不大时要求压头变化较大的系统中,或在压头有波动时要求流量变化不大的系统中。例如在油库中,一台泵为多个油罐分别输油,而各油罐之间距离和高度差较大时,可选用 q-H 曲线陡降的离心泵。

离心泵工作时,一般流量小时扬程高,当流量逐渐增加时,扬程逐渐降低。启动泵后排出阀门尚未打开时,压力表显示的压力较高,而此时的流量为 0,随着排出阀门慢慢开大,流量逐渐增大,压力表上显示的压力则逐渐减小。

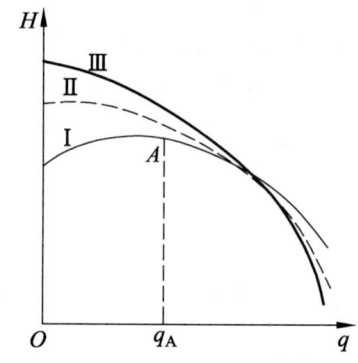

图 2-9 离心泵的 q-H 特性曲线

Ⅰ—驼峰特性曲线;Ⅱ—平坦特性曲线;Ⅲ—陡降特性曲线

(2) q-Pa 曲线。

从曲线的走向可知,流量与功率同时增减,但流量为 0 时,功率最小但不等于 0。这种现象在实际操作中很容易得到证实,当开大排出阀门,流量增加时,电流表指针上升,功率加大;关闭阀门流量为 0 时,电流表指示的电流为最小,功率也最小。由此可知,采用关阀启动比采用开阀启动所消耗的功率要小。为节省电能,离心泵应采取关阀启动。

(3) q-η 曲线。

一般效率曲线都是驼峰曲线,曲线上的最高点就是最高效率点。在性能曲线图上,取任意一个流量值,都可在 q-H,q-Pa,q-η 曲线上找到与它相对应的扬程、功率和效率值,通常把这一组相对应的参数称为工作状况,简称工况。

泵可以在各种工况下工作,但只有一个最佳效率的工况。过最高效率点作一条垂线,与各条曲线的交点,称为最佳工况点。最佳工况点的参数称为额定参数,常在铭牌上标出。

实际上泵很难刚好在最高效率点工作，况且工作中流量等参数经常变化，不可能始终工作在这个工况点上。由此，在 $q\text{-}\eta$ 曲线上最高效率点左右两边划出一段效率比最高效率降低不超过 6%~8%的范围，要求泵在此范围内工作。这个范围叫作泵的高效率区或称泵的工作范围。

2. 泵性能和特性曲线的改变

如果原来使用的泵因生产条件变化而不能适应生产需要，这时要想办法改变泵的性能。一般较为简单实用的办法有以下几种。

（1）改变转速。

若原泵的各参数为扬程 H_1、流量 q_1、必需汽蚀余量$(NPSH)_{r1}$ 功率 P_{a1} 和效率 η_1。当转速 n_1 变为 n_2 时，其余参数相应地变为 H_2，q_2，$(NPSH)_{r2}$，P_{a2} 和 η_2，则它们之间有如下的关系。

$$\frac{q_1}{q_2}=\frac{n_1}{n_2} \quad \frac{H_1}{H_2}=\left(\frac{n_1}{n_2}\right)^2 \tag{2-11}$$

$$\frac{(NSPH)_{r1}}{(NSPH)_{r2}}=\left(\frac{n_1}{n_2}\right)^2 \tag{2-12}$$

$$\frac{P_{a1}}{P_{a2}}=\left(\frac{n_1}{n_2}\right)^2 \tag{2-13}$$

$$\eta_1 \approx \eta_2 \tag{2-14}$$

式（2-11）~（2-14）称为离心泵的比例定律。按照这些关系，可以根据某一转速 n_1 时的特性曲线做出转速变为 n_2 时的特性曲线。

改变转速有一定的限制，若采用提高转速的办法来增加流量、扬程，则转速的提高不宜超过 10%，以免损坏泵体、叶轮等。若采用降低转速的办法来改变泵性能，则转速的降低以不超过 20%为宜，否则换算误差较大，特别是效率相差较大。

（2）车削叶轮外径。

若原泵叶轮外径为 D_{21}，在转数为 n 时的扬程、流量、轴功率分别为 H_1，q_1，P_{a1} 经车削后叶轮外径为 D_{22}，扬程、流量、轴功率分别为 H_2，q_2，P_{a2} 它们之间的关系如下：

对中高比转数（$n_s = 80 \sim 300$）泵，有：

$$\frac{q_1}{q_2}=\frac{D_{21}}{D_{22}} \tag{2-15}$$

$$\frac{H_1}{H_2}=\left(\frac{D_{21}}{D_{22}}\right)^2 \tag{2-16}$$

$$\frac{P_{a1}}{P_{a2}}=\left(\frac{D_{21}}{D_{22}}\right)^3 \tag{2-17}$$

对低比转数（$n_s = 35 \sim 80$）泵，则有：

$$\frac{q_1}{q_2} = \left(\frac{D_{21}}{D_{22}}\right)^2 \tag{2-18}$$

$$\frac{H_1}{H_2} = \left(\frac{D_{21}}{D_{22}}\right)^2 \tag{2-19}$$

$$\frac{P_{a1}}{P_{a2}} = \left(\frac{D_{21}}{D_{22}}\right)^4 \tag{2-20}$$

上述的关系称为车削定律。叶轮外径车削后，一般效率都要降低。为不使效率降低过多，对叶轮的车削量应加以限制。

车削后的叶轮，在叶片的背面或前面（工作面）适当锉去或切去部分金属，如图 2-10 所示，可部分或完全消除效率的下降。

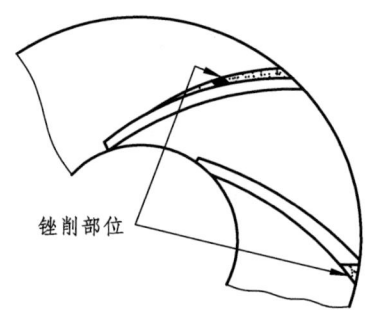

图 2-10　叶片锉去部位

第四节　离心泵的结构及轴向力

一、离心泵的分类

离心泵类型很多，一般根据用途、叶轮、吸入方式、压出方式、扬程、泵轴位置等来分类。

按离心泵的用途可分为清水泵、杂质泵、耐酸泵。

按叶轮结构可分为闭式叶轮离心泵、开式叶轮离心泵、半开式叶轮离心泵。

闭式叶轮离心泵，叶片左右两侧都有盖板，如图 2-11（a）所示，适用于输送无杂质的液体，如清水、轻油等。开式叶轮离心泵，叶片左右两侧没有盖板，如图 2-11（b）所示，适用于输送污浊液体，如泥浆等。半开式叶轮离心泵，叶轮在吸入口一侧没有盖板（前盖板），它只有后盖板，如图 2-11（c）所示，适用于输送有一定黏性、容易沉淀或含有杂质的液体。

按叶轮数目可分为单级、多级离心泵。

单级离心泵只有一个叶轮，扬程较低，一般不超过 50~70 m；多级离心泵，泵的转动部分（转子）由多个叶轮串联，如图 2-12 所示，泵的扬程随叶轮数的增加而提高，扬程最大可达 2 000 m。

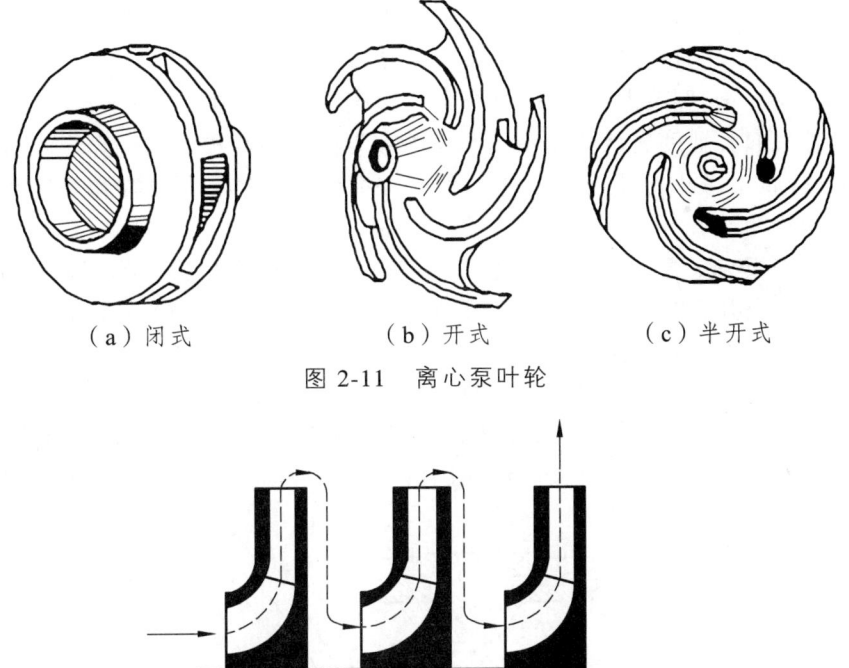

(a) 闭式　　　　　(b) 开式　　　　　(c) 半开式

图 2-11　离心泵叶轮

图 2-12　多级泵的串联叶轮简图

按泵的吸入方式可分为单吸式和双吸式离心泵。

单吸式离心泵液体从一侧进入叶轮，这种泵结构简单，制造容易，但叶轮两侧所受液体总压力不同，因而有一定的轴向推力。双吸式离心泵，液体从两侧同时进入叶轮，如图 2-13 所示，这种泵结构复杂，制造困难，主要的优点是流量大，轴向力平衡。

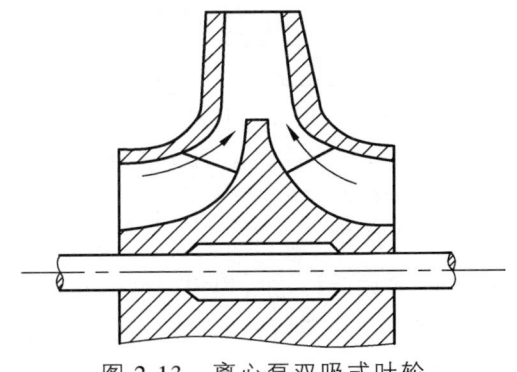

图 2-13　离心泵双吸式叶轮

二、离心泵的结构

1. IS 型离心泵

这是一种单级单吸轴向吸入离心泵，用于输送不超过 80 ℃ 的清水或类似清水的液体。这种泵的特点是扬程高、流量小、结构简单、耐用且维修方便。

IS 型离心泵共 33 个基本型号，近 100 个规格，但零件通用化程度却高达 91%，这么多规格的泵，只配用了 4 个尺寸规格的轴和 4 个悬架部件。

如图 2-14 所示，IS 型泵由泵壳 3、叶轮 4、泵壳后盖 5、轴 6、悬架部件 7 和托架 11 等组成，托架对悬架起着辅助支承的作用。泵壳内腔为截面逐渐扩大的蜗壳形流道，吸水室与泵壳铸为一面逐渐扩大的蜗壳形流道，吸水室与泵壳铸为一体。泵轴左端安装叶轮，右端通过联轴器与电动机相连。

叶轮的前后盖板与泵壳、泵壳后盖之间采用圆柱面式密封环 1，2 作间隙密封，将泵的吸入部分与排出部分隔开，叶轮的后盖板上开有平衡孔 a，用以平衡轴向推力。

泵轴由悬架部件内的两个滚动轴承支承。泵壳后盖的填料函中填上油浸石棉盘根 13，14 和填料环 9 进行密封。并用填料压盖 10 调整对石棉盘根的压紧至适合的程度。

泵轴上安装的橡胶挡圈 12 起着甩掉从填料压盖内孔处流出的液滴的作用，同时防止填料压盖调整太松或石棉盘根丧失弹性及润滑作用后造成的液体直接向滚动轴承处喷射的现象。

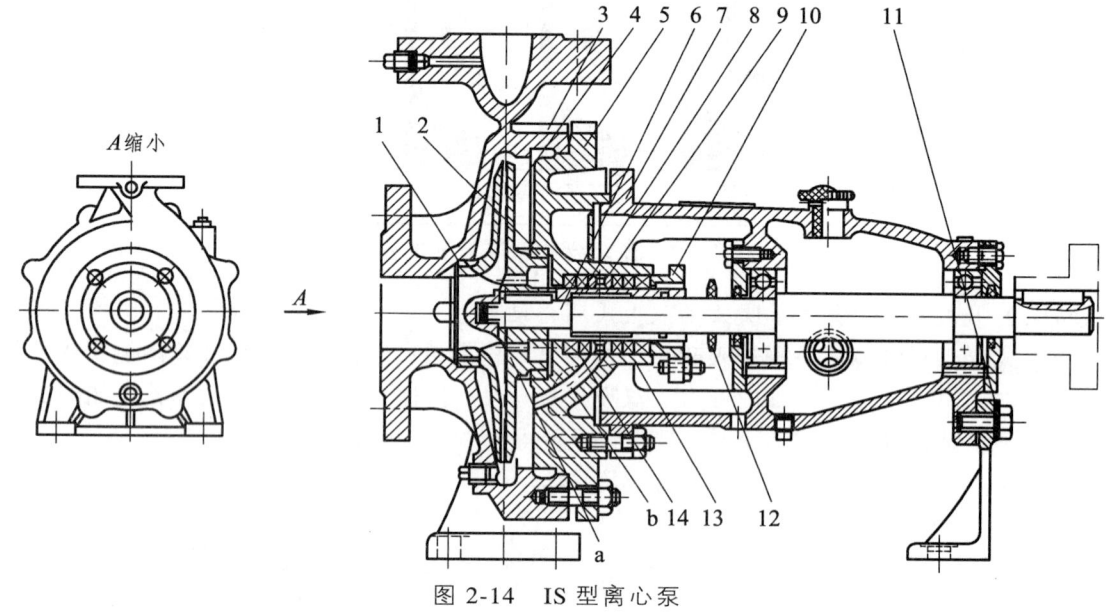

图 2-14 IS 型离心泵

1，2—密封环；3—泵壳；4—叶轮；5—泵壳后盖；6—轴；7—悬架部件；8—轴套；9—填料环；
10—填料压盖；11—托架；12—挡圈；13，14—油浸石棉盘根；
a—叶轮后盖上的平衡孔；b—后盖孔道

IS 型离心泵是根据 ISO 2858 等国际标准所规定的性能和尺寸设计的。从结构上看，它的优点是在拆下联轴器的中间连接件及托架后，不动泵壳、进出管路和电动机，就可拆出泵壳后盖、叶轮及悬架部件，进行维修或更换零件。

IS 型离心泵的型号意义如下所示：

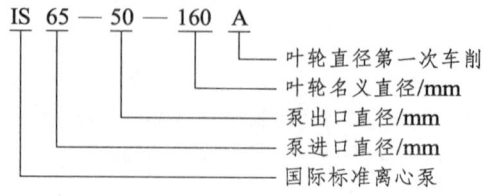

2. 单级双吸水平中开式泵

这是一种流量较大的泵，有两种类型：S 型和 Sh 型。

S 型泵的结构比 IS 型泵复杂些，如图 2-15 所示。S 型泵的吸入和压出短管均在泵轴心线下方，吸入口和排出口中心连线为水平方向，且与转动轴线成垂直位置。

泵壳沿轴心线的水平面上下分开（即水平中开），上半部称为泵盖，用双头螺栓固定在下半部分泵体上，这样的结构无须拆卸进出管路和电动机，便可检查泵内全部零件并进行维修。

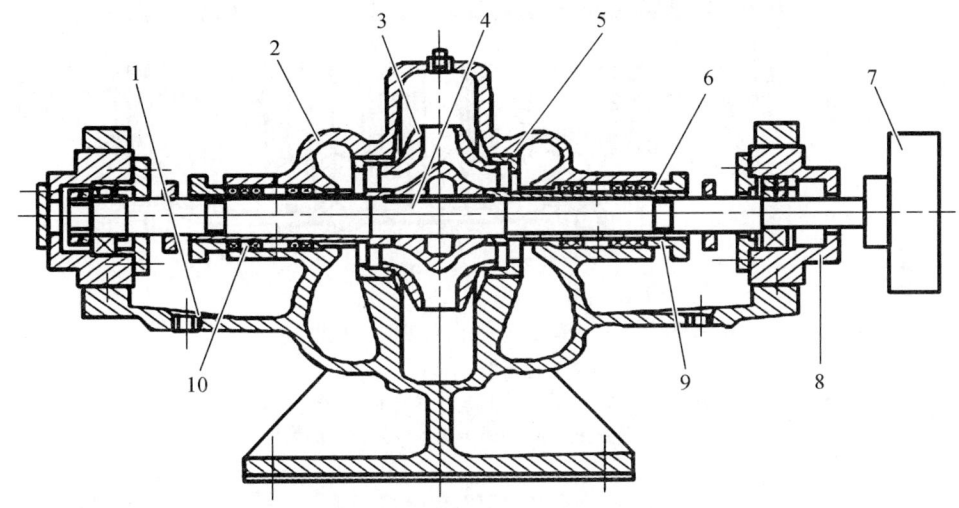

图 2-15 单级双吸水平中开式离心泵

1—泵体；2—泵盖；3—叶轮；4—轴；5—密封环（S 型）；6—轴套；7—联轴器；
8—轴承座；9—填料压盖；10—填料

S 型泵的型号含义如下：

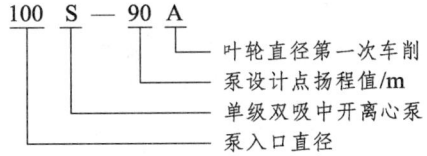

```
100 S — 90 A
                 ├── 叶轮直径第一次车削
             ├── 泵设计点扬程值/m
         ├── 单级双吸中开离心泵
     ├── 泵入口直径
```

3. 单吸多级离心泵

为了提高泵的扬程，可把几台泵串联起来使用，也可把几个叶轮串在一起制成多级泵。多级泵有两大类，即蜗壳式多级泵（水平中开式多级泵）和分段式多级泵。本节以 D 型分段式多级泵为例做介绍。

D 型泵结构如图 2-16 所示。泵是由一级吸入段，若干级中段和一级压出段用长螺栓将它们串联固接在一起组成的。泵的首级叶轮入口直径比后级叶轮大，因而液体在入口处流速较低，这样可提高泵的允许安装高度。

优点是中段各级的壳体均为单一的圆筒形，制造容易、可互换，且可根据所需扬程，选择不同级数。缺点是装拆麻烦，检修时需拆开连接管路。

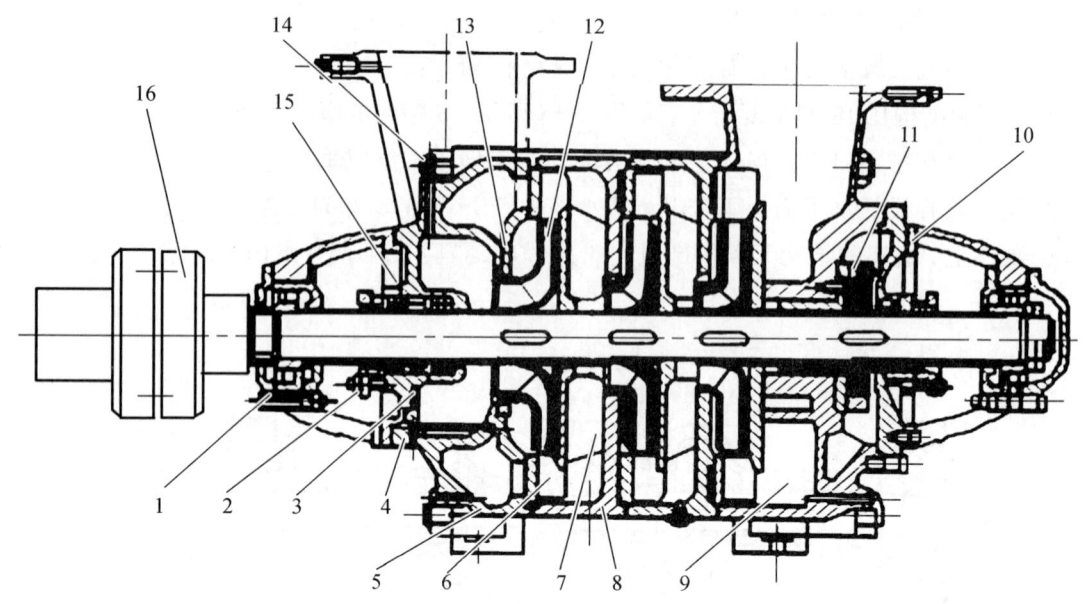

图 2-16　单吸多级离心泵（D 型）

1—轴承；2—填料压盖；3—盘根；4—水封管；5—吸入段；6—导叶；7—返水圈；8—中段；
9—压出段；10—平衡盘；11—平衡盘衬环；12—叶轮；13—密封环；
14—放气孔；15—填料环；16—联轴器

这种泵除末级（压出段）外，其余各级都没有螺旋形的压出室，而是以导叶代替，将液体导向下一级的吸入口。由于各级叶轮都同向排列，轴向力很大，一般都采取一些措施来平衡轴向力。

D 型泵的型号含义如下所示：

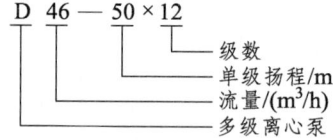

三、轴向力平衡装置

1. 轴向力产生的原因

泵在工作时，作用在叶轮等转子组件上的沿泵轴方向的分力，叫作轴向力。轴向力产生的原因主要分两种。

第一种轴向力产生于叶轮受力不平衡。单吸式离心泵在工作时由于叶轮两侧作用力不相等，产生了一个从泵腔指向吸入口的轴向推力。

在泵尚未工作时，泵内过流零部件上液体压力都一样，不会产生轴向推力。但当泵正常工作时，如图 2-17 所示，吸入口处液体压力为 p_1，叶轮出口处压力 p_2，液体除经叶轮出口排出外，尚有很少量的压力也等于 p_2 的液体流到泵壳与叶轮后盖板之间的空隙处。

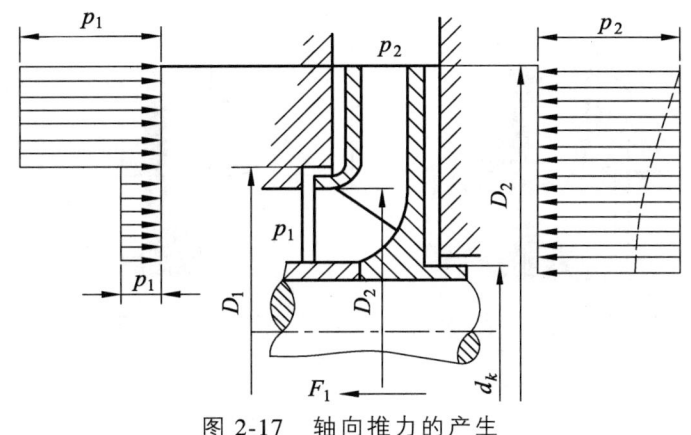

图 2-17 轴向推力的产生

从图中看出,叶轮两侧在密封环直径 D_1 以外的环形面积上压力分布是对称的,轴向作用力抵消,而在轮毂直径 d_h 与密封环直径 D_1 之间的吸入口处环形投影面积上却存在着压力差,于是便产生了轴向推力 F_1。实际上压力的分布如图 2-17 中的虚线所示的那样,是按抛物线分布的,越靠近轮毂越小。

第二种轴向力是反冲力,它是在泵刚启动时产生的。这时从吸入管流入泵内的液体作轴向流动,进入叶轮后转变为径向流动,由于流动方向的改变,产生了反冲力 F_2。

反冲力 F_2 与轴向力 F_1 方向相反,在泵正常工作时 F_2 与 F_1 相比数值很小,可以忽略不计。但在启动瞬间,由于泵的正常压力尚未建立,所以反冲力的作用较为明显,泵在启动时转子向后窜动就说明了这一点。为此,泵操作中应注意避免频繁进行启动。

对于立式水泵,转子的重力也是轴向的,用 F_3 表示,其方向指向下方叶轮入口。

在各种轴向力中,F_1 是最主要的轴向力。综上所述,总的轴向力为

$$F = F_1 - F_2 + F_3 \tag{2-21}$$

对卧式泵,由于转子重力方向与轴垂直,所以总轴向力为

$$F = F_1 - F_2 \tag{2-22}$$

2. 轴向力平衡装置

由于存在着轴向力,泵的转动部分会发生轴向窜动,从而引起磨损、振动和发热,使泵不能正常工作,因此必须用平衡装置来部分或全部平衡轴向力。

离心泵平衡轴向力的办法很多,单级泵和多级泵由于轴向力相差较大,采用的平衡装置也不同。

(1) 单级泵轴向力的平衡。

主要有 3 种办法:开平衡孔;设置平衡管;采用双吸叶轮。

如图 2-18(a)及图 2-14 中的 a 所示,在叶轮后盖板靠近轮毂处钻的孔就是平衡孔。

图 2-18(b)所示,在壳体外用一根管子将叶轮后盖板靠近轮毂处的液体引回到泵吸入口处,这根管子就是平衡管。这两种方法的目的是使叶轮后的压力等于叶轮前的压力,从而使轴向力平衡。为防止高压液体的内泄漏,保证叶轮后压力能降下来,采取如图 2-14 中件 2 的形式,在叶轮后盖板与泵壳后盖之间设置密封环。

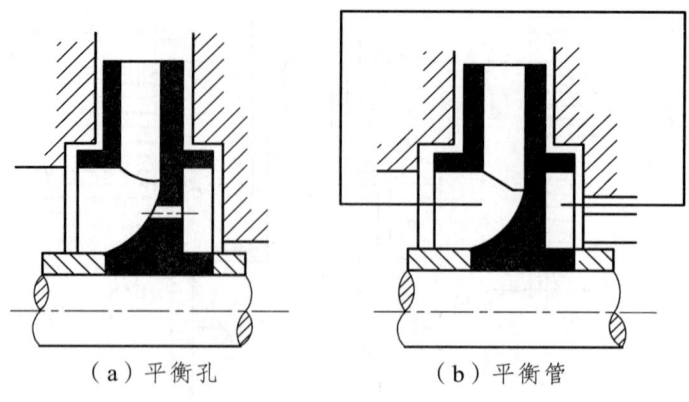

(a) 平衡孔　　　　　　　（b) 平衡管

图 2-18　平衡孔和平衡管

对于流量较大的单级离心泵和少数的多级泵上采用双面进水的叶轮，即双吸叶轮，轴向力由于结构的对称而得到平衡。

尽管采取了各种措施，轴向力仍难以全部平衡，轴承仍要承受一些轴向力，由此有的泵采用推力轴承。

（2）多级泵轴向力的平衡。

主要有叶轮对称布置和采用平衡盘、平衡鼓等方法。

将叶轮成对反向地装在同一根轴上，各叶轮轴向力相互抵消。这种方法对轴向力的平衡有较好的效果，但它存在着各级之间流道长且彼此重叠，使泵壳的铸造复杂，成本较高等缺点。所以只在 2~4 级离心泵上有运用。

在分段式多级离心泵上采用平衡盘平衡轴向力的办法，这种装置的简图如图 2-19 所示。平衡盘 1 装在末级叶轮 4 的后面，它与平衡环 2 一起形成了有着不变的径向间隙 δ_0 和可变的轴向间隙 δ_1 的平衡盘装置。

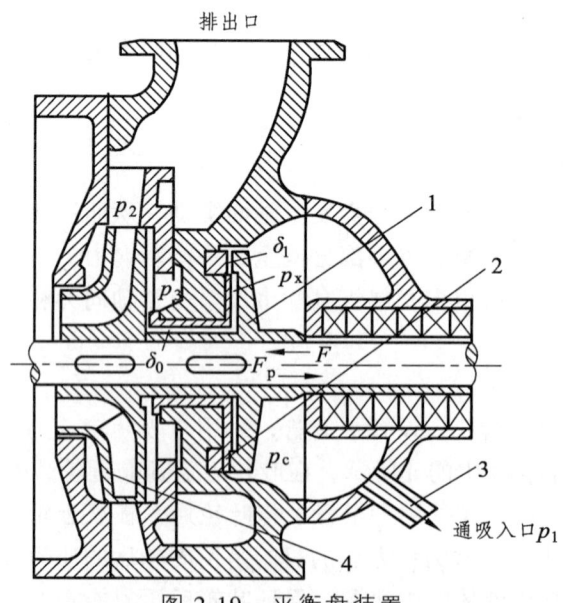

图 2-19　平衡盘装置

1—平衡盘；2—平衡环；3—回流管；4—末级叶轮；

泵工作时，液体在压力 p_3 的作用下，经间隙 δ_0 进入平衡盘前压力为 p_x 的环状室，然后通过间隙 δ_1 流入平衡盘后的平衡室，并由此经回流管 3 与第一级叶轮的吸入口（即多级泵的吸入口）相通。吸入口处压力 p_1 小于平衡室的压力 p_c。

当轴向力 F 增加时，平衡盘随同叶轮一起向左窜动，间隙 δ_1 减小，液体流动的阻力增加，泄漏量减小，环状室压力 p_x 上升，而平衡室压力有所降低。因此平衡盘两侧的压力差 $p_x - p_c = \Delta p_p$ 增加，Δp_p 乘以平衡盘的投影面积，即平衡力 F_p 也增加，由于这个自左向右的平衡力 F_p，大于自右向左的轴向力 F，迫使泵轴向右位移，直至 $F_P = F$ 为止。

反过来，若 $F < F_p$，泵轴向右窜动，δ_1 增大，则 Δp_p 减小，F_p 减小，泵轴向左移动，直至 $F_P = F$，泵轴停止在新的平衡位置上。

由于力 F_p 和力 F 的平衡是一种动态的平衡，所以泵轴始终是在某一平衡位置的左右窜动着的。

四、密封装置

泵体内液体压力较吸入口压力高，所以泵体内液体总会向吸入口泄漏，为防止这种内泄漏，采用了如图 2-14 中件 1、件 2 所示的间隙密封的密封环，这是第一种密封装置。

泵体和轴之间存在着间隙。为防止泵体内高压液体大量漏出，同时防止空气渗入泵内，在旋转的泵轴和静止的泵体之间必须装上旋转密封装置，这是第二种密封装置。

泵轴旋转密封装置的形式主要有填料密封、机械密封、浮动环密封和迷宫密封等。这里只简要地介绍轴旋转密封的前两种密封形式。

1. 填料密封装置

离心泵中用得最广泛的是填料密封。现以图 2-14 所示的 IS 型单级单吸泵为例加以说明。填料密封是在轴套 8 和与它对应的这部分泵体之间的空间-填料函内填充填料 14（油浸石棉盘根），并用填料压盖 10 轴向压紧，使填料径向胀大，靠静止的填料和旋转的轴套外圆表面的接触来实现密封。

填料函内充满填料，填料压盖应适当压紧，使经轴套与压盖间隙泄漏的液体呈滴状流出。

如压盖压得过紧，填料与轴套表面的摩擦将迅速增加，严重时有发热、冒烟现象，造成填料、轴套的明显磨损。如压盖压得过松，填料不能充分填满间隙，造成泄漏增加甚至形成连续液流流出，使泵效率降低。

从图 2-14 中看出，填料函里除填料外，还有一填料环 9（或称水封环）。它由两半拼合组成，如图 2-20 所示。从后盖孔道 b 引来的高压液体，通过环上的槽和孔渗入到填料处，起液封、润滑及冷却轴套的作用。

填料密封所用的填料，又称盘根，一般经编织并压成矩形断面，使用时按轴套圆周剪成适当长度，一圈圈地放进填料函。对于非金属的软填料，也有以多圈螺旋形式放入的。

填料的材料按使用条件不同，有软填料、半金属填料和金属填料等几种。

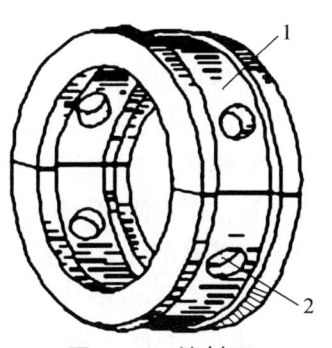

图 2-20 填料环
1—环圈空间；2—水孔

软填料就是由非金属材料制成的填料。它是用石棉、棉纱、麻等纤维经纺线后编结而成，再浸渍润滑脂、石墨或聚四氟乙烯树脂，以适应于不同的液体介质。这种填料只用于温度不高的液体。

半金属填料是由金属和非金属材料组合制成的。它是将石棉等软纤维用铜、铅、铝等金属丝加石墨、树脂编织压制成形的，这种填料一般用于中温液体。

金属填料则不含非金属材料。这种填料是将巴氏合金或铜、铝等金属丝浸渍石墨、矿物油等润滑剂压制而成的，一般为螺旋形。金属填料的导热性好，可用于温度低于 150 ℃、圆周速度小于 30 m/min 的场合。

2. 机械密封装置

机械密封是一种端面密封，其主要功能是将较易泄漏的轴向密封转化为较难泄漏的端面密封和静密封。

机械密封装置，具有摩擦力小、寿命长、不泄漏或少泄漏等优点。将原来用填料密封的离心泵根据需要改为机械密封而取得良好效果的情况并不鲜见。这里介绍一种 EX 型机械密封，其结构如图 2-21 所示。

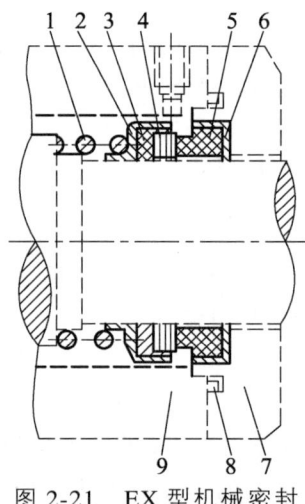

图 2-21　EX 型机械密封

1—弹簧；2—压板；3—动环密封圈；4—动环；5—静环；
6—静环密封圈；7—压盖；8—压盖密封圈；9—泵体

静环和动环是机械密封的最主要的两个元件。静环 5 及静环密封圈 6 装于压盖中并与泵体固定在一起，动环 4 及其组件则随轴旋转。

有些其他系列的机械密封为使静环可靠地与压盖或泵体固定在一起，采用防转销防止静环旋转；而为使动环组件能可靠地随轴旋转，常加上一个弹簧座，并用紧定螺钉将其固定在轴上。压盖密封圈和静环密封圈 6 都是静密封。它们使从泵体和轴间隙流出的液体无法从压盖和泵体端面泄漏。

动环密封圈 3 是轴上的静密封，用以防止液体沿轴表面泄漏。动静环之间的密封是旋转的端面密封，这里才是机械密封的密封处，动环靠弹簧 1 和液体压力的作用压紧静环，使两环端面紧密贴合，渗入端面间的一层液体薄膜起着平衡压力和润滑的作用。

另外，为防止高温对液膜的破坏及液体中所含固体颗粒对端面密封的破坏，还可从泵体或压盖处通入冷却液或冲洗液，对机械密封装置进行冷却或冲洗。

机械密封装置动、静环的材料，依被密封液体介质的不同而有不同的配对，机械密封装置的结构类型也有多种，所以应根据实际情况选用。

第五节　离心泵的运行调节

泵需要和阀门、管路一起构成系统才能工作，因此泵在工作时处于性能曲线上的哪一点与管路有关。这说明离心泵在一定的管路系统中工作时，实际的工况不仅取决于泵本身的性能曲线，还取决于整个装置的管路特性曲线。

一、管路特性曲线和泵的工作点

1. 管路特性曲线

管路中通过的流量与所需扬程之间的关系曲线，叫作管路特性曲线。

管路的总水头损失 $\sum h$ 与流速或流量的平方成正比，令 $\sum h = Rq^2$，则

$$H = H_g + Rq^2 \tag{2-21}$$

式中　R——管道系统的特性系数（或称阻力系数）。

从式（2-21）中看出，当流量变化时，所需的扬程也发生变化。式（2-21）就是泵输液的管路特性曲线方程，根据这个方程式所做出的是一条抛物线形状的管路特性曲线，如图2-22 的曲线Ⅱ，曲线的顶点在坐标 $H = H_g$ 的点上。

2. 泵的工作点

运行中的泵总是与管路系统联系在一起的，为确切地了解泵的工况，通常是将管道特性曲线与泵的性能曲线用同一比例绘制于一张图上，如图2-22所示，两条曲线的交点 A 就是泵的工作点。

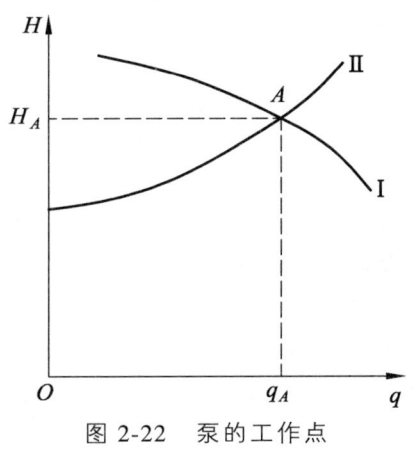

图 2-22　泵的工作点

工作点 A 是能量供给与需求的平衡点。过 A 点作垂直线与泵特性曲线 q-H，q-P_a，q-η，q-$H_{s\alpha}$ 或 q-$(NPSH)_r$ 相交，所得与 A 点相对应的 H_A，q_A，$P_{\alpha A}$，η_A，$H_{s\alpha A}$ 或 $(NPSH)_{rA}$ 等一组参数，就是泵运行时的工作参数或工况。当工作点对应于效率曲线的最高点时，称它为最佳工作点。

泵运行时应尽可能使工作点位于高效率区，否则不仅运行效率低，还可能引起泵的超载或发生汽蚀等事故。

二、离心泵的并联工作

两台泵并联工作，就是用两台泵同时向同一排出管路输送液体的工作方式。目的是增加输出流量。两台性能相同的泵并联工作时性能曲线的变化，如图 2-23 所示。

单台泵工作时的 q-H 曲线为 Ⅰ，管道特性曲线为 Ⅱ，两曲线的交点 A 就是工作点，此时流量为 q_A，扬程为 H_A，对应的效率为 η_A。

两台泵并联时，q-H 曲线是在扬程不变的条件下，将把流量加倍绘制而成的。图中的曲线 Ⅲ 就是两泵并联的 q-H 特性曲线。

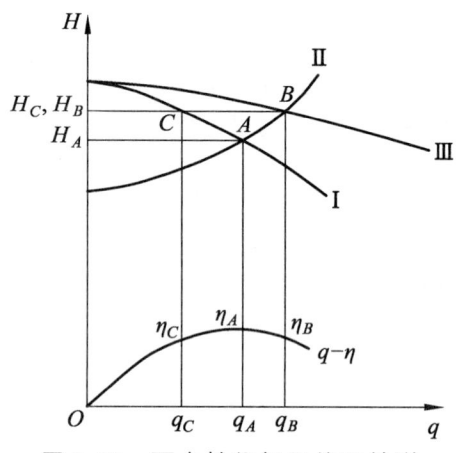

图 2-23 两台性能相同的泵并联

两泵并联时的管路，与单泵输液的管路相比，大部分输液管路是相同的，仅泵进出口处的管路有些不同，但这些管路很短，所以可认为管道特性曲线不变。这样 q-H 特性曲线 Ⅲ 与管道特性曲线 Ⅱ 的交点 B 就是两泵并联后的工作点。

两泵并联时每台泵的工作点既不是 A 点，也不是 B 点。这个工作点的扬程应与 B 点相同。所以由 B 点向左作一水平线与单泵 q-H 特性曲线交于 C 点。这就是两泵并联后每台泵的工作点。

从上面的分析看出：单台泵输液时工作点为 A 点，流量为 q_A，扬程为 H_A 且效率 η_A 处于最高效率点。

两台泵并联输液时工作点为 B 点，流量为 q_B，虽 $q_B > q_A$ 但 $q_B < 2q_A$，说明并联时流量并没有成倍增加。这是因为流量增大后，管道阻力也增大而造成的。B 点的扬程为 H_B，H_B 比 H_A 大，说明并联时扬程并非保持不变。

两泵并联后每台泵的工作点为 C 点，流量为 q_C。小于单泵输液时的 q_A，但 $q_C = 1/2\ q_B$。每台泵的扬程为 H_C，大于单泵输液时的 H_A，且 $H_C = H_B$。而此时的效率 η_C 小于单泵输液时的效率 η_A。

除了将两台泵并联在一起的工作方式外,还有一种是将两台同型号泵串联在一起工作的方式。这种工作方式就是把前一台泵的排出口与后一台泵的吸入口相接,以达到提高扬程一倍的目的。但是由于串联时泵受力较单独运转时大,易损坏,故很少采用。一般是选用多级泵来满足对扬程的需求的。

三、离心泵的调节

离心泵的调节是指泵在运行中的流量调节。流量的大小是由泵的工作点决定的,而工作点又受制于泵和管路的特性曲线。所以改变泵或管路任何一方的特性曲线,都可以改变流量。常用的方法有以下两种。

1. 节流调节

一般在泵的排出管路上都装有截止阀或闸阀等,靠开大或关小阀门进行节流调节。这种调节的实质是改变管路特性曲线。如图 2-24 所示,Ⅰ是泵的 q-H 特性曲线,Ⅱ、Ⅲ 分别是阀门全开、阀门关小时的管路特性曲线,A、B 两点分别是阀门全开、阀门关小时的工作点。阀门全开时流量为 q_A,扬程为 H_A,阀门关小时流量为 q_B,扬程为 H_B。

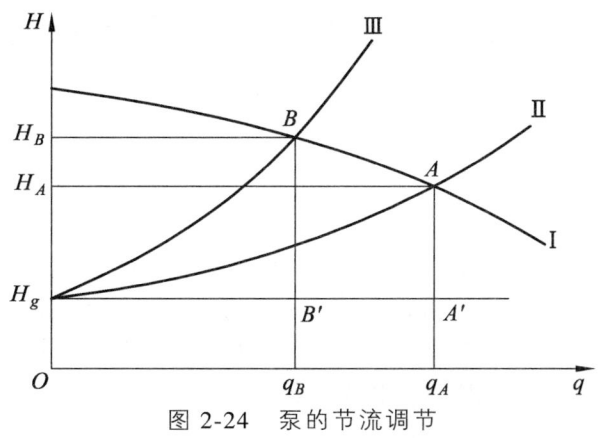

图 2-24 泵的节流调节

从图中可看出,$q_A > q_B$,说明阀门开得越大,流量也越大;还可看出,扬程除用于 H_g 外,其余为管路系统的总水头损失 $\sum h$。但由于 $H_B > H_A$,所以 B 工作点时的损失 BB' 大于 A 工作点时的损失 AA',多出的部分就是关小阀门时多消耗在阀门上的能量,因而节流调节是以增加能量损失的代价来换取调小流量的,经济性较差。但节流调节可以在生产现场及时方便灵活地进行流量调节。

2. 变速调节

靠改变泵转速来改变泵特性曲线位置的方法,称作流量调节。变速调节有无级变速和有级变速调节两种。

如图 2-25,管路特性曲线不变,转速 n_A,n_B,n_C 依次降低,转速高低变化,泵特性曲线位置高低也随着变化,相应的流量和扬程也发生高低变化。这种调节方法由于没有能量损失而显得经济性较好。

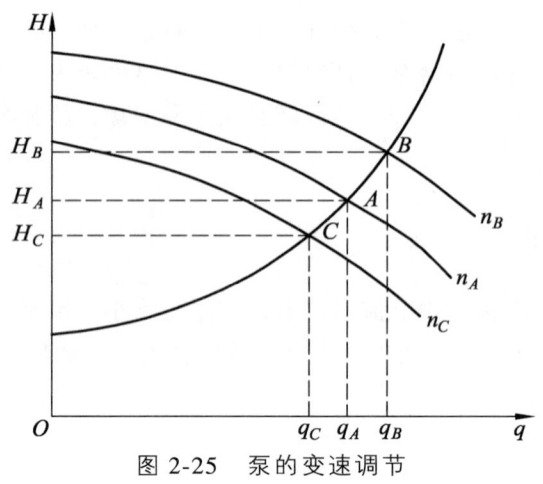

图 2-25 泵的变速调节

除此以外，用改变离心泵叶轮外径尺寸即车削叶轮外径的方法可减小泵的流量。用封闭叶轮几个流道的方法也可减少泵的流量。

第六节 轴流泵、深井泵和潜水泵

一、轴流泵

1. 轴流泵的工作原理

图 2-26 和图 2-27 所示为轴流泵，一般轴流泵为立式安装，当浸没在水中的叶轮旋转时，由于叶片与泵轴轴线成一定的螺旋角，推动它上面的水，边旋转边向上抬升，叶片下部因水的抬升而形成局部真空，池中的水在大气压力的作用下从进口的喇叭管被吸入泵中。这样，叶轮不断旋转，轴流泵就不断地吸入和排出液体。

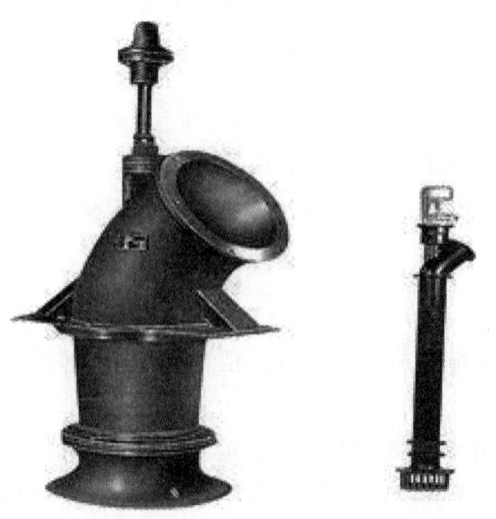

图 2-26 立式轴流泵

图 2-27 卧式轴流泵

2. 轴流泵种类和结构

轴流泵根据泵轴安装位置分为立式、斜式和卧式 3 种,其内部结构基本相同。
图 2-28 所示的立式轴流泵主要由泵体、叶轮、导叶装置和进出口管等组成。

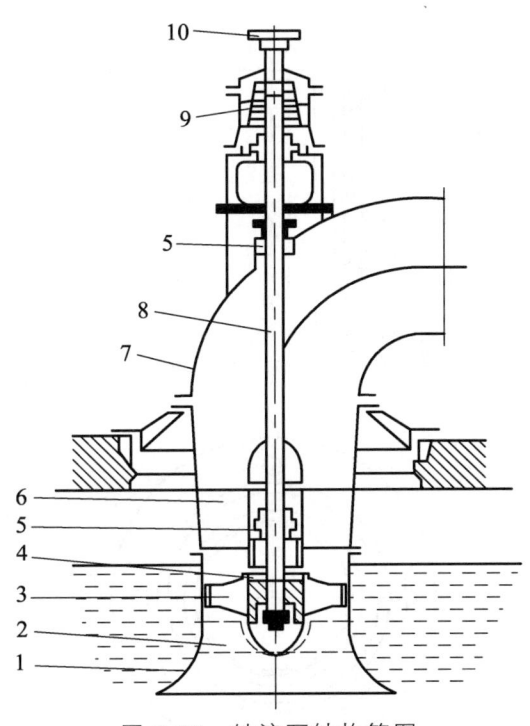

图 2-28 轴流泵结构简图

1—喇叭管;2—进口导叶;3—叶轮;4—轮毂;5—橡胶轴承;6—出口导叶;
7—出水弯管;8—轴;9—推力轴承;10—联轴器

叶轮一般由 3～6 片断面为机翼型并带有扭曲的叶片和轮毂组成。叶片与泵轴轴线的螺旋角可以是固定的,也可以是可调的。半调节式泵在改变螺旋角时需停机把叶片松开用手工调整角度,全调节式泵是在不停机情况下通过一套专门的机械或随动机构来改变叶片的角度,大型轴流泵的叶片多为全调节式的。

轮毂用来安装叶片和叶片调节机构,有圆柱形、圆锥形和球形 3 种,球形轮毂使叶片在任意角度下与轮毂只有一较小的固定间隙，与圆柱形、圆锥形的轮毂相比可以减少间隙泄漏的损失。

叶轮有 –4°，–2°，0°，2°，4°五个安装角度位置。当工况变化时改变叶轮角度，可使泵的性能曲线发生变化，以保持高效率的运行。

轴流泵中一般都装有 6~12 片出口导叶，其作用一是把从叶轮流出的带有旋转运动的水流转变为轴向运动的水流，避免液体由于旋转而造成的冲击和旋涡损失；二是在导叶体的圆锥形壳体中，使液体降速增压。有的轴流泵在进口处设置进口导叶，其目的也是为了减少能量损失。

在出口导叶的中心处即导叶毂内，装有橡胶轴承，橡胶轴承用来对泵轴径向定位，并承受一定的径向力。这是一种以水润滑和冷却的滑动轴承，它是经过硫化处理的硬橡胶浇注在铸铁套筒内而成型的，如图 2-29 所示。套筒的内圆表面车有上下两段方向相反的螺纹，使橡胶轴承能牢固地附在套筒内壁而不会随轴转动。在泵轴穿过出水弯管处也装有一个橡胶轴承，泵启动前必须从注水管对轴承注水润滑，泵启动后由于有了泵内输送的水润滑冷却而应停止注水。

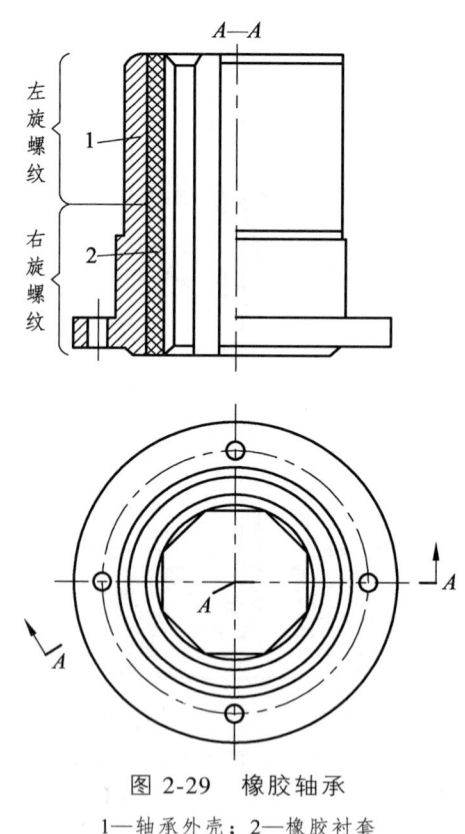

图 2-29 橡胶轴承
1—轴承外壳；2—橡胶衬套

二、深井泵

深井泵也是一种离心泵，结构如图 2-30 所示，由井下工作部分，传动轴、扬水管部分和地面上的泵座、电动机 3 大部分组成。

吸水管 1 下部钻有许多滤水圆孔，用以防止水中杂物进入叶轮或阻塞水泵，吸水管上部用来引导水流平顺地进入泵体叶轮，其长度为直径的 4~10 倍。

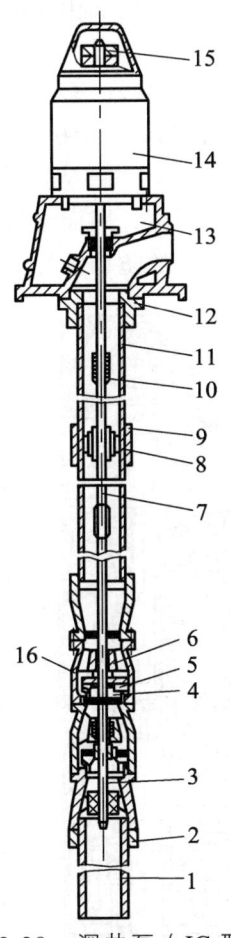

图 2-30　深井泵（JC 型）

1—吸水管；2—防松圈；3—叶轮轴；4—壳体；5—叶轮；6—橡胶轴承；7—传动轴；
8—轴承支架；9—联管器；10—联轴器；11—扬水管；12—进水法兰；
13—泵座；14—电动机；15—调整螺母；16—锥套

泵叶轮装在壳体 4 内，叶轮 5 用锥套 16 固定在叶轮轴 3 上，橡胶轴承 6 用水润滑。深井叶轮 5 和壳体 4 的数量，一般取 2~24 级。叶轮采用 n_s 在 200~375 的半开式叶轮。扬水管 11 由若干个管段组成，各管的连接处装有橡胶轴承的轴承支架 8，并用联管器 9 把它固定在中间。传动轴 7 由若干个轴段组成，它们之间用有内螺纹的短套管形联轴器 10 连接。泵座 13 起着支承井下部件重量的作用，泵座下面与进水法兰 12 相接。电动机 14 固定在泵座上，并用联轴器与传动轴连接。在转轴的顶部，一般都有能将泵转子挂住的调整螺母 15，拧动这个螺母可使转子升高或下降，以调整泵的流量或排除杂物。

三、潜水泵

潜水泵和深井泵都用于把深井中的水抽吸到地面上来，但潜水电泵的电动机和泵的工作部分直接连接形成一体，并潜入水下工作，它没有深井泵那样的长传动轴，所以体积小、质量小，便于移动和安装，不需要机房和基础。

潜水电泵由水泵、电动机、扬水管等组成。由于电动机在水中工作，所以要采取特殊的措施对电机绕组进行绝缘。

图 2-31 所示为 QJ 型潜水泵。水泵为单吸、多级、导流壳式离心泵，泵的上部出口处设置有逆止阀，水倒流时阀盖下落，关闭出口。电动机为湿式充水型立式笼型三相异步电动机，电动机内部预先充满水，转子在清水中运转，散热性好，这种泵的密封装置，主要用于防砂，不像干式或充油式对密封装置的要求那样高，因而结构大为简化。但这种泵对电动机定子所用绝缘导线、水润滑轴承所用材料和部件的防锈蚀性能均有较高要求。

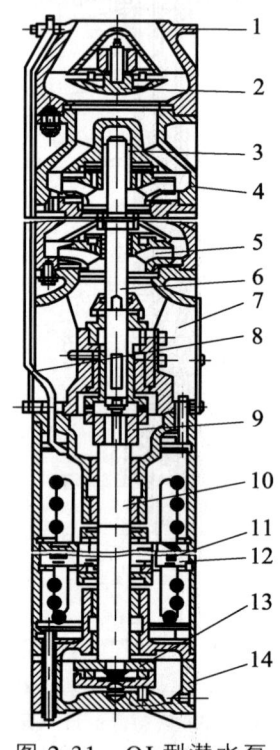

图 2-31 QJ 型潜水泵

1—阀体；2—阀盖；3—轴套；4—上壳；5—叶轮；6—泵轴；7—进水壳；8—电缆；
9—联轴器；10—电机轴；11—转子；12—定子；13—止推盘；14—底座

第七节　离心泵的常见故障及排除

一、离心泵常见故障

离心泵的结构并不复杂，在电动机和管道配套合适、安装正确并按规程操作和维护保养的情况下，一般不容易发生故障。但若选泵不当、机组制造质量不好、配套安装不合理、不注意维护或机件使用多年磨损老化，就可能常出故障。

离心泵的常见故障及可能原因和处理方法如下所述。对于选型或设计不合理造成的故障，应从根本上来解决，改型或更改设计。

1. 泵不输出液体

（1）泵内或吸入管内留有空气，需要重新灌泵或抽真空，排除空气。
（2）泵吸上高度过高或阻力过大，需要降低泵的安装高度，减少吸入管的阻力。
（3）灌注高度不够或吸入压力小，接近气化压力，需要增加灌泵高度，提高进口压力。
（4）管路或仪表漏气，需要检查并拧紧管路。
（5）叶轮旋转方向不对，需要检查电机接线是否正确。
（6）系统扬程与泵扬程不符，需要调整系统阻力或系统扬程要求，重新选择泵。
（7）底阀没有打开或吸入管堵塞，需要打开底阀或清理管路。

2. 泵流量扬程不够

造成泵流量扬程不够的可能原因与泵不输出液体的原因基本一致，不同之处在两个方面，一是泵入口密封环磨损；二是泵转速过低。

3. 泵消耗功率过大

（1）泵转速过高，需要检查电机转速或电源频率。
（2）系统扬程与泵扬程不符，需要调整系统阻力或系统扬程要求，重新选择泵。
（3）泵轴与电机轴同轴度超差，需要检查调整。
（4）转动部分发生碰擦，需要检查调整。
（5）轴承损坏，需要更换。
（6）密封环磨损过多，需要更换。
（7）填料选用或安装不当造成阻力大，需要重新选用安装。
（8）轴承内润滑油脂过多或太脏，需要减少润滑油脂至规定量或清理、更换轴承。

4. 泵发生振动及噪声

（1）泵内或吸入管内留有空气，需要重新灌泵或抽真空，排除空气。
（2）泵吸上高度过高或阻力过大，需要降低泵的安装高度，减少吸入管的阻力。
（3）灌注高度不够或吸入压力小，接近气化压力，需要增加灌泵高度，提高进口压力。
（4）流量过大或过小，需要调整流量。
（5）泵轴与电机轴同轴度超差，需要检查调整。
（6）转动部分发生碰擦，需要检查调整。
（7）轴承损坏，需要更换。
（8）转动部分不平衡引起振动，需要检查消除。
（9）轴承内润滑油脂过多或太脏，需要减少润滑油脂至规定量或清理、更换轴承。
（10）底阀没有打开或吸入管堵塞，需要打开底阀或清理管路。
（11）泵底座与基础的紧固螺栓松动，需要检查并拧紧。

5. 填料函泄漏过多

（1）泵轴与电机轴同轴度超差，需要检查调整。

（2）填料选用或安装不当造成阻力大，需要重新选用安装。

（3）转动部分不平衡引起振动，需要检查消除。

6. 泵不吸水

（1）泵内或吸入管内留有空气，需要重新灌泵或抽真空，排除空气。

（2）泵吸上高度过高或阻力过大，需要降低泵的安装高度，减少吸入管的阻力。

（3）灌注高度不够或吸入压力小，接近气化压力，需要增加灌泵高度，提高进口压力。

（4）管路或仪表漏气，需要检查并拧紧管路。

（5）底阀没有打开或吸入管堵塞，需要打开底阀或清理管路。

7. 轴承发热或填料函发热

（1）流量过大或过小，需要调整流量。

（2）泵轴与电机轴同轴度超差，需要检查调整。

（3）轴承损坏，需要更换。

（4）填料选用或安装不当造成阻力大，需要重新选用安装。

（5）转动部分不平衡引起振动，需要检查消除。

（6）轴承内润滑油脂过多或太脏，需要减少润滑油脂至规定量或清理、更换轴承。

二、离心泵安装的常见问题

吸入管道经常出现安装不合理的现象，下面以单级双吸水平中开式泵为例进行说明。图 2-32 所示为正确和错误的吸入管道安装方法。

吸入水管的弯头不应直接与泵吸入口相接，而应在中间加接一段长度约为 3 倍管径的直管，使水流转弯后产生的紊流平顺后再进入泵内，如图 2-32（a）所示。为减小吸入管路的损失，常选用比泵口径还要大的吸入管，这样在泵的吸入口和吸入水管之间须加一段异径接管，这段管应采用偏心异径接管并按图 2-32（b）所示的正确方位安装才能使吸水管内在正常工作时没有空气。图 2-32（c）说明吸入水管的安装应向泵的方向向上倾斜，否则空气也将积存在管中，影响泵的正常工作。吸入水管端部的底阀应浸入液池一定深度，它与池壁、池底之间也应有足够的距离，该距离一般不应小于图 2-32（d）所示的尺寸，才能保证底阀及其滤网的正常工作。

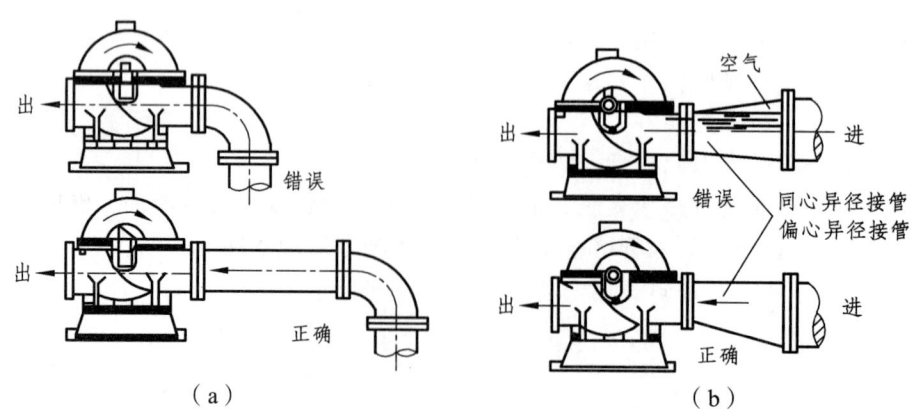

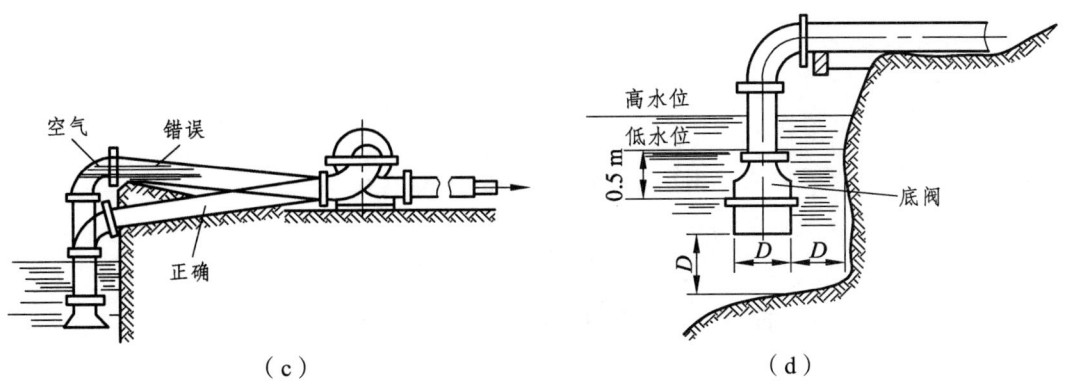

图 2-32 正确和错误的吸入管道安装方法

第三章 通风机

第一节 离心通风机工作原理

一、离心通风机工作原理

风机是各类企业普遍使用的机械设备，它是将原动机的机械能转变为气体的压力能和动能的一种机械。离心通风机是一种常见的风机，如图3-1所示。

如图3-2所示，离心通风机工作时，电动机带动叶轮旋转，使叶轮叶片间的气体在离心力的作用下由叶轮中心向四周运动，气体获得一定的压力能和动能。当气体流经蜗壳时，由于截面逐渐增大，流速减慢，部分动能转化为压力能，气体从出风口进入管道。

在叶轮中心处，由于气体被甩出，形成一定的真空度（负压），吸入口空气被吸入风机（实质是被大气压力压入风机）。这样，随着电动机的旋转，空气源源不断地被吸入风机，然后从排出口排出，完成送风的任务。

图 3-1 离心通风机

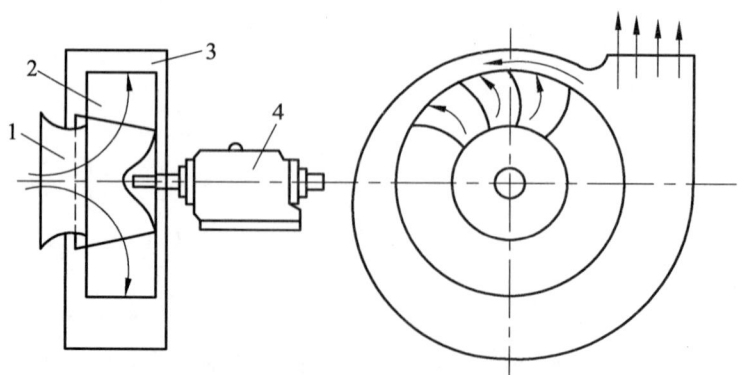

图 3-2 离心通风机工作原理

1—集流器；2—叶轮；3—机壳；4—电动机

二、通风机的主要性能参数

风机性能是指风机在标准进气状态下的性能。

1. 流量（或称风量）q

单位时间内从进口处吸入气体的容积，称为容积流量，单位符号为 m^3/h 或 m^3/min，计算时用 m^3/s。

2. 通风机的全压（或称全风压、风全压）p

通风机的全压为单位体积气体流过风机叶轮所获得的能量，即通风机出口截面上的总压与进口截面上的总压之差。气体在某一点或某一截面上的总压等于该点或截面上的静压与动压之和。

$$p = p_2 - p_1 = (p_{j2} + p_{d2}) - (p_{j1} + p_{d1}) \tag{3-1}$$

式中　p——通风机的全压，Pa；

　　　p_2，p_{j2} 和 p_{d2}——通风机出口截面上的总压、静压和动压，Pa；

　　　p_1，p_{j1} 和 p_{d1}——通风机进口截面上的总压、静压和动压，Pa。

3. 通风机的动压 p_d

通风机出口截面上气体动能所表征的压力，称为通风机的动压。

$$p_d = p_{d2} = \rho_2 \frac{c_2^2}{2} \tag{3-2}$$

式中　p_d——通风机动压，Pa；

　　　p_{d2}——通风机出口截面上的动压，Pa；

　　　ρ_2——通风机出口截面上的气体密度，kg/m^3；

　　　c_2——通风机出口截面上的气流速度，m/s。

4. 通风机的静压 p_j

通风机的全压减去通风机的动压称为通风机的静压。

$$p_j = p - p_d = [(p_{j2} + p_{d2}) - (p_{j1} + p_{d1})] - p_{d2} = (p_{j2} - p_{j1}) - \rho_1 \frac{c_1^2}{2} \tag{3-3}$$

式中　ρ_1——通风机进口截面上的气体密度，kg/m^3；

　　　c_1——气体速度，m/s。

5. 通风机的转速 n

通风机转速指叶轮每分钟的旋转圈数，单位符号为 r/min。

6. 通风机的功率

（1）通风机的有效功率。

通风机在输送气体时，单位时间从风机所获得的有效能量，称为通风机的有效功率。

当通风机的压力用全压表示时，通风机的全压有效功率 P_e（kW）为

$$P_e = \frac{pq_e}{1\,000} \tag{3-4}$$

式中 p——全压，Pa；
　　　q_e——流量，m³/s。

当风机的压力用静压表示时，通风机的静压有效功率 P_{ei}（kW）为

$$P_{ei} = \frac{p_j q_e}{1\,000} \tag{3-5}$$

式中 p_j——通风机静压，Pa。

一般风机中，静压占全压的 80%~90%。在高压风机中，静压在全压中所占比例更大。所以使用风机时，主要是利用它产生的静压 p_j，因而静压有效功率也能说明通风机的性能。

（2）通风机的内功率 P_{in}。

通风机的内功率 P_{in} 等于全压有效功率 P_e，加上通风机的内部流动损失功率 ΔP_{in}（kW）。

$$P_{in} = P_e + \Delta P_{in} \tag{3-6}$$

通风机的轴功率 P_a 等于通风机的内功率 P_{in}，加上轴承和传动装置的机械损失功率 ΔP_m（kW）。

$$P_a = P_{in} + \Delta P_m = P_e + \Delta P_{in} + \Delta P_m \tag{3-7}$$

通风机的轴功率又称通风机的输入功率或所需功率。当通风机为直联传动（不通过传动带或联轴器传动）时，就是原动机的输出功率。

7. 通风机的效率

（1）通风机的全压内效率 η_{in}、静压内效率 η_{jin}。分别指全压有效功率、静压有效功率与内部功率的比值，都表征通风机内部流动过程的好坏。

$$\eta_{in} = \frac{P_e}{P_{in}} = \frac{P_e}{P_e + \Delta P_{in}}$$

$$\eta_{jin} = \frac{P_{ei}}{P_{in}} \tag{3-8}$$

（2）通风机的全压效率指全压有效功率与轴功率的比值。

$$\eta = \frac{P_e}{P_a} = \frac{P_e}{P_e + \Delta P_{in} + \Delta P_m} \tag{3-9}$$

因通风机的机械效率为内功率与轴功率之比，即

$$\eta_m = \frac{P_{in}}{P_a} \tag{3-10}$$

而全压效率又可写为

$$\eta = \frac{P_e}{P_a} = \frac{P_e}{P_{in}} \cdot \frac{P_{in}}{P_a} = \eta_{in} \eta_m \tag{3-11}$$

即全压效率等于内部效率与机械效率的乘积。

8. 通风机配用电动机功率 P 的确定

为安全起见，通风机配用电动机都应有容量储备，在计算式中用一个大于 1 的系数 k 表示，k 称为电动机容量储备系数（功率储备系数）。

第二节　离心通风机结构

一、离心通风机的结构组成

离心通风机的结构如图 3-3 所示，主要分为过流部件、传动部件和支撑部件。

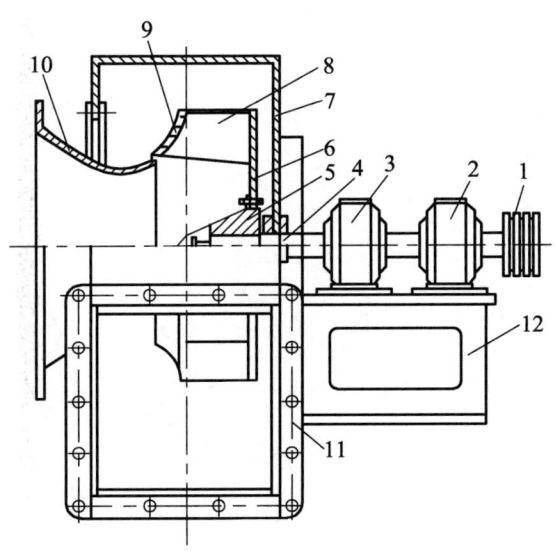

图 3-3　离心通风机结构示意图

1—带轮；2，3—轴承座；4—主轴；5—轴盘；6—后盘；7—蜗壳；8—叶片；
9—前盘；10—集流器；11—出风口；12—底座

过流部件指主气流流过的部件，包括集流器（进风口）、叶轮、蜗壳、出风口等。叶轮部件由轴盘 5、后盘 6、前盘 9 和叶片 8 组成，而集流器 10、蜗壳 7 和出风口 11 则组成机壳部件。传动部件由主轴 4、轴承及带轮 1 等组成。支撑部件由轴承座 2，3，底座 12 等组成。除此之外，在大型离心通风机的进口集流器前，一般还装有进气箱或进口导流器。

二、过流部件的结构

1. 叶　轮

叶轮是把机械能转换为流体能量（静压能和动能）的部件，其流体流道的形状和尺寸大小，直接影响到风机的性能和效率，是风机上最主要的部件。

由于叶轮的后盘为平板并与轴盘用铆钉固接，所以叶轮的结构形式主要指前盘形式的变化，如图 3-4 所示。叶轮的几种形式中，从气流流动情况看，弧形前盘为最好，锥形前盘次之，平前盘最差。但从制造角度看，平前盘最简单，弧形前盘麻烦，锥形前盘居中。

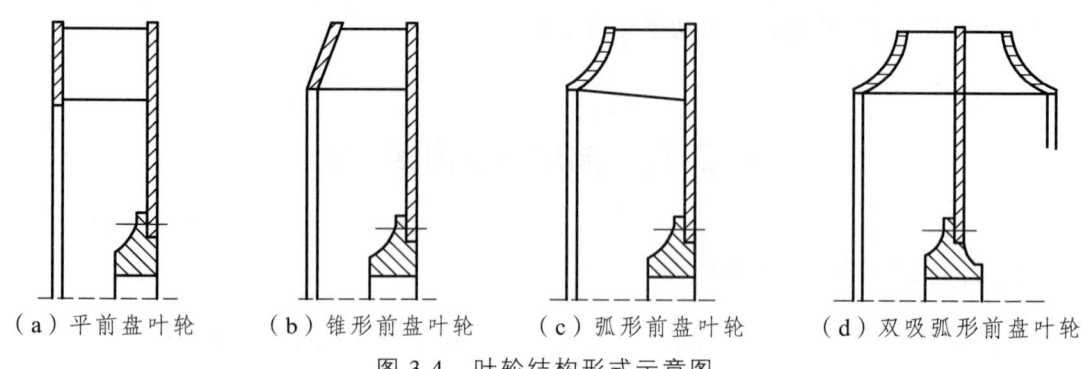

（a）平前盘叶轮　　（b）锥形前盘叶轮　　（c）弧形前盘叶轮　　（d）双吸弧形前盘叶轮

图 3-4　叶轮结构形式示意图

叶片是叶轮中的主要零件，与离心泵一样，叶片出口安装角 β_{2q} 对风机性能的影响极大。出口安装角 $\beta_{2q} > 90°$ 时，称前弯（前向）叶片；$\beta_{2q} = 90°$ 时，称径向叶片；$\beta_{2q} < 90°$ 时，称后弯（向后）叶片，如图 3-5 所示。

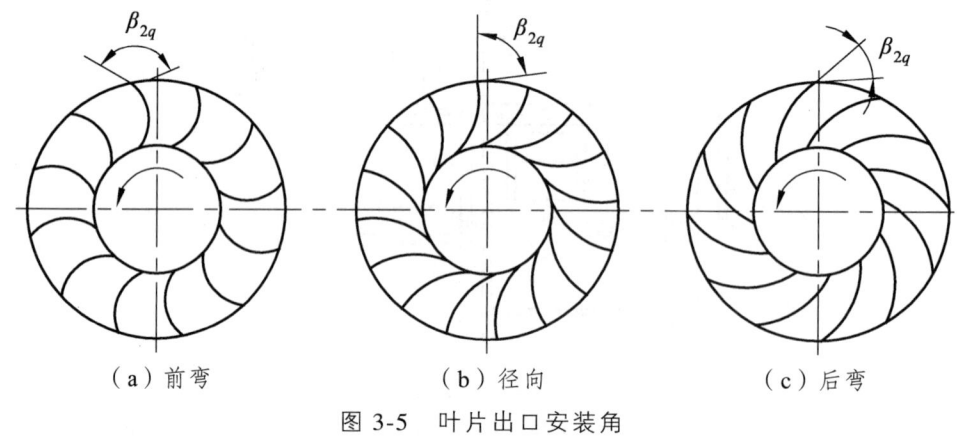

（a）前弯　　　　　　　（b）径向　　　　　　　（c）后弯

图 3-5　叶片出口安装角

3 种不同出口安装角的叶片形式对风机全压 p、叶轮外径 D_2 和效率 η 的影响不同。当转速、叶轮外径和流量相同时，3 种形式的叶片中，前弯叶片的全压最大，后弯叶片全压最小。当转速、流量及全压都相同时，前弯叶片叶轮的外径尺寸最小，后弯的最大。前弯叶片叶轮的风机效率较低，后弯叶片叶轮的效率较高，径向叶片叶轮效率居中。

3 种叶片形式的叶轮，现在都有应用，但老式产品中，前弯叶片用得很多，如 8-18，9-27，9-35，9-57 型风机，其特点是尺寸小、价格便宜。但近年对通风机的效率、节能要求提高，故后弯叶片用得较多，如 4-72，4-73，5-47，5-48 型通风机，特别在大功率的通风机上，几乎都采用后弯叶片叶轮。

现代前弯叶片叶轮的风机与老式产品相比，效率已有显著提高，所以应用仍很广泛，如用于高压小流量场合的 9-19，9-26 型风机和用于低压大流量场合的前弯多翼叶风机等。

离心通风机叶片可制成平板形、圆弧形和机翼形，如图 3-6 所示。平板形叶片制造容易。现代风机中圆弧形叶片的应用较多。前弯叶轮都采用圆弧形叶片。中空机翼形叶片制造工艺复杂，并且在输送含尘浓度大的气流时，容易磨损。当叶片磨穿后，杂质进入中空叶片内部，使叶轮失去平衡而产生振动。但它具有良好的空气动力性能、强度高、刚度大、通风机效率高。后弯叶轮的大型通风机都采用机翼形叶片，如 4-72，4-73 型离心通风机。

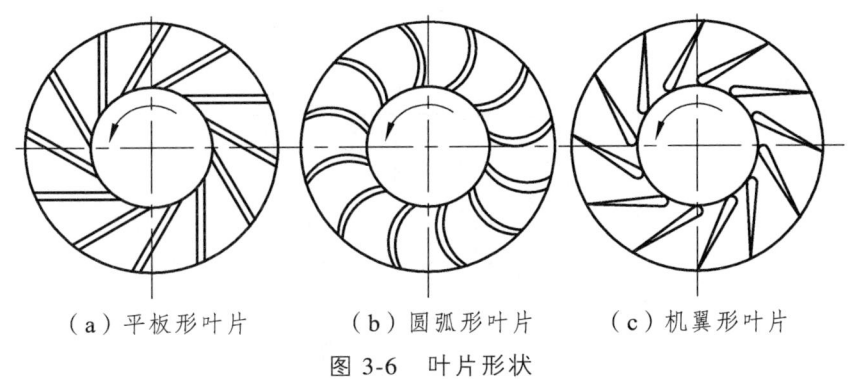

（a）平板形叶片　　（b）圆弧形叶片　　（c）机翼形叶片

图 3-6　叶片形状

2. 蜗壳和出风口

蜗壳的作用是收集从叶轮中流出的气体并引导气体的排出，同时使高速气流速度降低，将气体的部分动能转变为静压。蜗壳与叶轮匹配好坏对离心通风机的性能有很大的影响。

为防止气体在蜗壳内的循环流动，离心通风机蜗壳出口附近设有蜗舌。蜗舌有深舌、短舌和平舌 3 种，如图 3-7 所示。深舌多用于低比转数通风机，效率高，效率曲线陡，但噪音大；短舌多用于大比转数通风机，效率曲线较平坦，噪声较低；平舌多用于低压低噪音通风机，但效率有所降低。

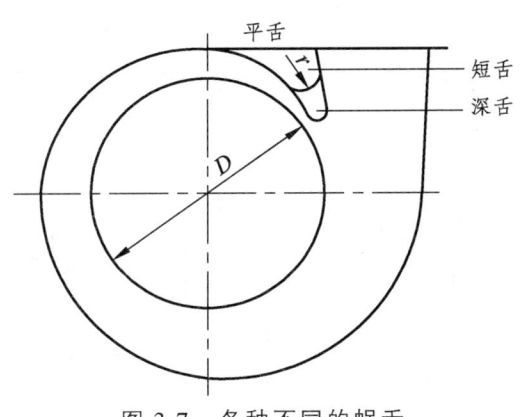

图 3-7　各种不同的蜗舌

蜗壳断面沿叶轮转动方向逐渐扩大，在出风口处断面最大。但有的风机的速度在出风口处仍很大，为进一步降低风速，提高静压，可以在蜗壳出风口后增加扩压器，如图 3-8 所示。扩压器应沿着蜗舌的一边扩展效果较好。其扩张角取 6°～8°为宜，有时为缩短扩压器长度，取扩张角为 10°～12°。

中小型风机蜗壳都制成不能拆开的整体式，叶轮从蜗壳侧面进行装拆。大型风机的蜗壳通常做成二开式或三开式。二开式是沿中分水平面将蜗壳分为上下两部分。三开式是将二开式的上半部再沿中心线垂直分成两部分。

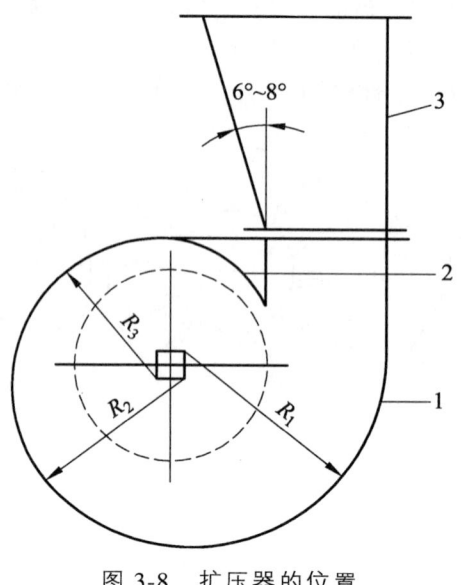

图 3-8 扩压器的位置
1—蜗壳；2—蜗舌；3—扩压器

3. 集流器

集流器又称进口集流器，通俗的说法叫进风口，它的作用是保证气流均匀地充满叶轮进口，减小流动损失，提高叶轮效率和降低进口涡流噪声。

集流器的形式如图 3-9 所示有圆筒形、圆锥形、圆弧形及由圆锥形、圆弧形和圆筒形组合的锥筒形、弧筒形，另外还有一种锥弧形。从气体流动方面看，集流器是圆锥形的比圆筒形的要好，圆弧形的比圆锥形的要好，组合形的比非组合形的要好，4-72型高效离心通风机采用的是先锥形后圆弧形的集流器。

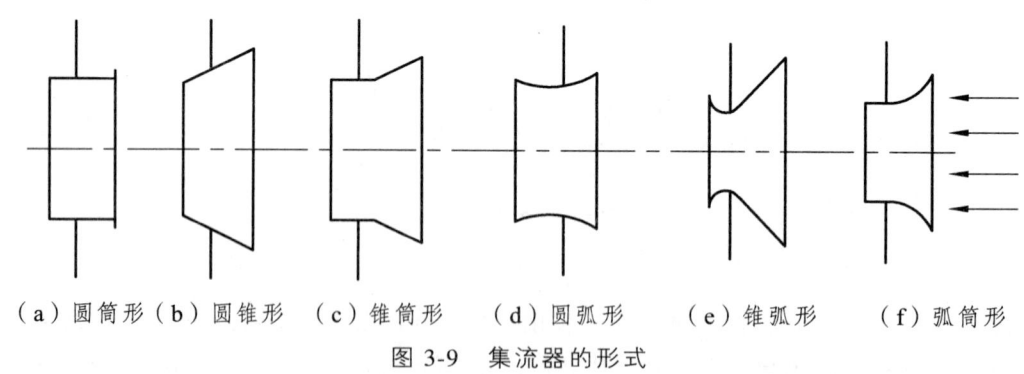

（a）圆筒形　（b）圆锥形　（c）锥筒形　（d）圆弧形　（e）锥弧形　（f）弧筒形
图 3-9 集流器的形式

集流器与叶轮之间的间隙可以是轴向间隙[见图 3-10（a）]和径向间隙[见图 3-10（b）]。采用径向间隙时气体的泄漏不会破坏主气流的流动状况，所以设计时采用径向间隙较好。试验表明，当间隙与叶轮外径之比为 0.05/100～0.5/100，且分布均匀时，可提高风机效率 3%～4%，并使噪声降低。

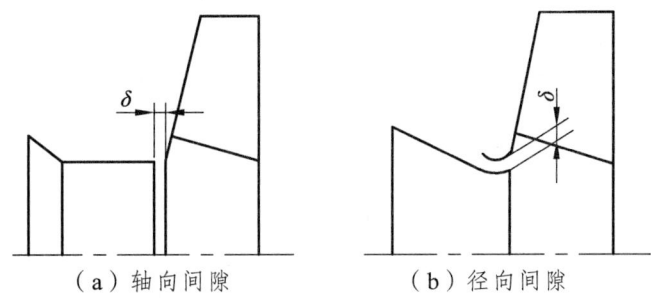

(a)轴向间隙　　　　　　（b）径向间隙

图 3-10　集流器与叶轮之间的间隙形式

4. 进气箱

有时由于工艺或设备及管网布置上的原因，在通风机进口之前需接一弯管，这时因气流转弯，致使叶轮进口截面上的气流分布很不均匀，为改善这种状况，在大型离心通风机的进口集流器之前一般都装有进气箱。

图 3-11（a）为普通进气箱结构，图 3-11（b）为较好的进气箱结构，图 3-11（a）所示的进气箱会在底端形成涡流区，一般应按图 3-11（b）把进气箱的截面制成收敛形，且进气箱底部与集流器口对齐。

从效率的角度看，最好不用进气箱。试验结果表明，在有效工作范围内，通风机有进气箱时效率会下降 4%～8%，若进气箱设计不当，效率将下降更多。然而在双支承的大型风机中，特别是双进气的离心通风机中，仍不得不采用进气箱。

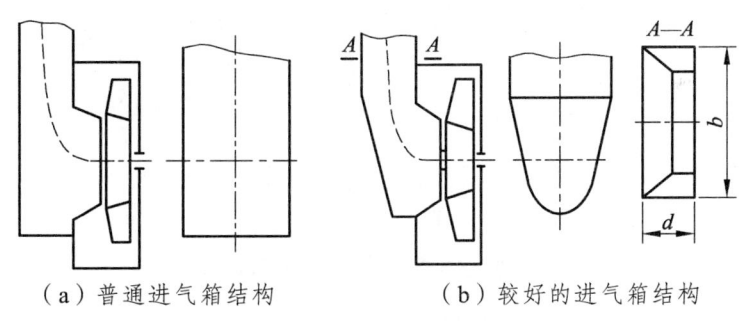

（a）普通进气箱结构　　　　（b）较好的进气箱结构

图 3-11　进气箱形状

5. 进口导流器

为了扩大大型离心通风机的使用范围和提高调节性能，在集流器前或进气箱内还装有进口导流器，如图 3-12 所示。导流器叶片数一般为 8～12 片。

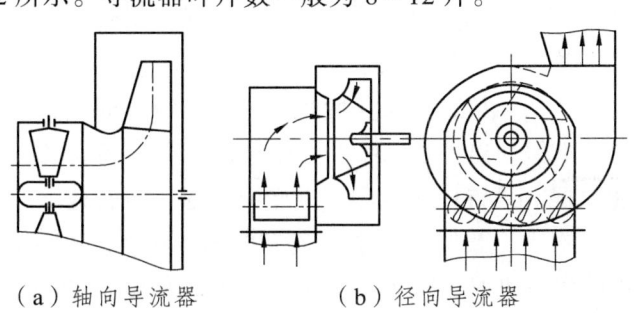

（a）轴向导流器　　　　　　（b）径向导流器

图 3-12　进口导流器

使用时，改变导流器叶片的开启角度，可调节进气大小及进口处气流的方向。导流器叶片可做成平板形、弧形或机翼形，平板形叶片因使用效果良好，采用较多。

第三节　离心通风机的运行和调节

一、风机特性

用来表示通风机的主要性能参数（如风量 q、风压 p、功率 P_a 及效率 η）之间关系的曲线称为风机特性曲线或风机性能曲线。为了使用方便，将 p-q 曲线、P_a-q 曲线、η-q 曲线画在同一图上。图 3-13 为 4-72 N$_o$5 离心式通风机在转速 2 900 r/min 时的特性曲线。

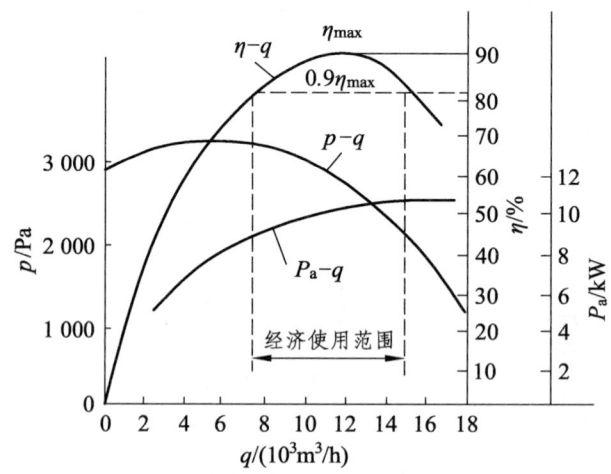

图 3-13　4-72N$_o$5 离心式通风机特性曲线

在通风除尘系统工作的风机，即使转速相同时，在不同阻力的系统中它所输送的风量也可能不相同。系统阻力小时，要求风机的风压低，输送的风量大；反之，系统阻力大，要求的风压高，输送的风量小。因此，用一种工况下的风量和风压，来评定风机的性能是不够的。例如，风压为 1 000 Pa 时，4-72N$_o$5 风机可输送风量 18 000 m^3/h；当风压增到 3 000 Pa 时，输送的风量就只有 1 000 m^3/h。为了全面评定风机的性能，就必须了解在各种工况下风机的风压和风量，以及功率、效率与风量的关系。

通风机制造工厂对生产的风机，根据实验预先做出其特性曲线，以供用户选择风机时参考。有些风机产品样本，不但列出特性曲线图，而且还提供性能表格。表 3-1 列出了 4-72 离心式通风机的部分性能数据。从特性曲线图可以看出，在一定转速下，风机的效率随着风量的改变而变化，但其中必有一个最高效率点，最高效率（η_{max}）下的风量、风压和轴功率称为风机的最佳工况。在选择风机时，应使其实际运行效率不低于 $0.9\eta_{max}$，此范围称为风机的经济使用范围。表 3-1 中列出的 8 个性能点（工况点），均在风机的经济使用范围内。

表 3-1　4-72 型离心式通风机性能表（摘录）

转速/(r/min)	性能点	风压/Pa	风量/(m³/h)	效率/%	轴功率/kW	电动机功率/kW
2 900			No4A			
	1	2 000	4 020	85.2	2.62	5.5
	2	1 960	4 510	87.7	2.80	
	3	1 901	4 990	87.9	3.00	
	4	1 813	5 480	87.6	3.15	
	5	1 705	5 970	85.7	3.30	
	6	1 597	6 450	84.2	3.40	
	7	1 480	6 940	81.0	3.45	
	8	1 313	7 420	78.5	3.45	

二、管路特性曲线和风机的工作点

流体力学给出了管路系统压力损失与流量之间的关系方程式。

$$p = R q_v^2 \tag{3-12}$$

式中　p——管路系统所需全压，Pa；

R——管路系统的阻力系数；

q_v——管路中的流量，m³/s。按式（3-12）所做出的是一条抛物线形状的管路特性曲线，如图 3-14 所示。

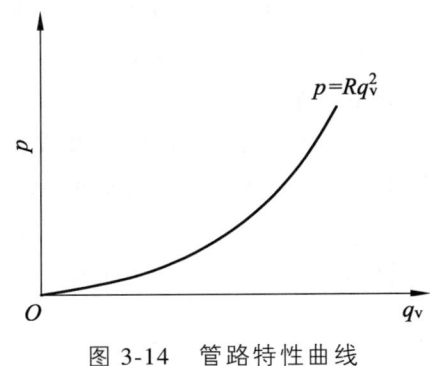

图 3-14　管路特性曲线

与离心泵一样，管路特性曲线与通风机性能曲线的交点，就是通风机的工作点，这一点是风机和管道供与需的平衡点。

三、通风机的稳定和非稳定工作区

通风机并不是在风机特性曲线的任何一点上都能稳定地工作。如图 3-15 所示，通风机的 q_v-p 特性曲线为一驼峰曲线，管路特性曲线与它的交点 B 即工作点在驼峰的右侧。若管路因某种原因受到干扰阻力突然增大，管路特性曲线从 OR_1 变为 OR_1'，管路中通过的流量减少，而所需的全压增加，管路中突然变化的情况，使工作点移到了 B' 点，此时风机进入 B' 点运行。

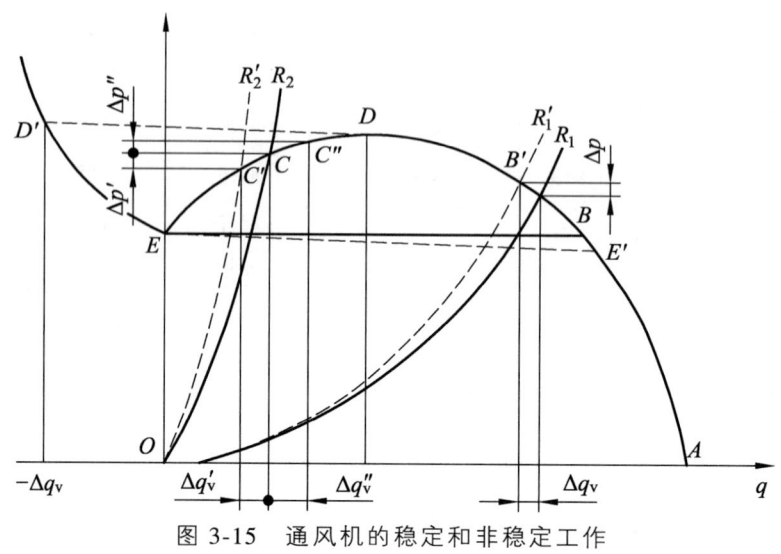

图 3-15 通风机的稳定和非稳定工作

输出流量减少 Δq_v，从风机特性曲线看，当流量减少 Δq_v 时风压随着升高 Δp，这与管路特性曲线的变化是一致的。当干扰消失后，管路特性恢复原状，风机又恢复到 B 点工作。在驼峰右侧的这一区间工作时，通风机的工作状态能自动地与管路的工作状态保持平衡，稳定地工作，所以称这一区间为通风机稳定工作区。

如果通风机原来的工作点在 q_v-p 曲线驼峰左侧的 C 点，若管路受到干扰阻力增大，流量减少，此时管路特性曲线从原来的 OR_2 移到 OR_2'，风机特性曲线的交点也从 C 点移到 C' 点。从图 3-15 上看出流量相应地减小了 $\Delta q_v'$，全压也减小了 $\Delta P'$。而全压的减小，与管路受到干扰阻力增大，全压必须加大的需求相矛盾。

当工作点在左侧远离峰值点 D，且风机特性曲线上升段斜率较大时，风机的工作是沿着图中曲线 $E'DD'E$-$E'DD'E$ 循环进行的，出现周而复始的一会儿风机输出风量，一会儿又向内部倒流的叫作"喘振"的极不稳定的工作状态。并非在风机特性曲线驼峰左侧的工作点都必然喘振，风机工作在靠近驼峰、特性曲线又较平坦的工作点时，虽不稳定，还不至于喘振。

喘振时，风机运行声音发生突变，风压风量急剧波动，机器与管道强烈地振动甚至造成机器严重的破坏，所以应尽量避免在通风机 q_v-p 特性曲线驼峰左侧的非稳定区工作，并绝对禁止喘振的发生。

四、通风机的并联、串联工作要点

在确定通风机和管路系统时，应尽量避免采用通风机并联或串联工作。当不可避免时，应选择同型号、同性能的通风机参加联合工作。当采用串联时，第一级通风机到第二级通风机间应有一定的管长。为将气体输送到工作装置中，通风机应有足够的克服管道阻力所需的静压。

为使工作装置达到要求的压力、流量，一般都要对通风机进行调节。调节的方法有多种，都以改变工作点为出发点。

1. 出口节流调节

出口节流调节是在风机出口安装调节阀门来调节风机流量。图 3-16 是通风机出口节流调节系统示意图。出口调节特点是经济性差，但调节方法简单，适合小型风机。

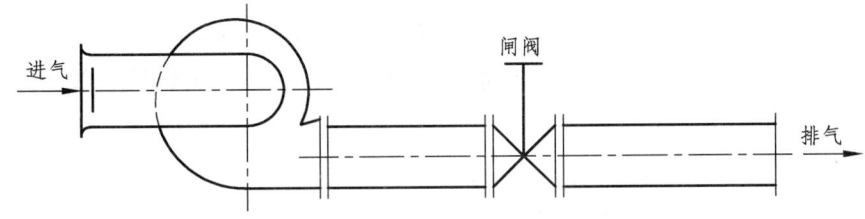

图 3-16 通风机出口节流调节系统示意图

图 3-17 为出口节流调节的特性曲线，图中曲线 1 为离心通风机的 q_v-p 特性曲线，曲线 2 和 3 为管路特性曲线，正常运行时的工作点为 s_0。若工作装置阻力减小，使管路特性曲线变到曲线 3，工作点则为 s_1，工况参数 q_{v1}，p_1。如果工艺上要求气体流量和压力保持不变。则可关小闸阀使管路特性曲线恢复到曲线 2，工作点保持在 s_0 点上。

出口节流调节方法的实质是改变管路的特性曲线，以关小闸阀增大管路的损失来抵消工作装置阻力的减小使工作点稳定在 s_0 点上的。

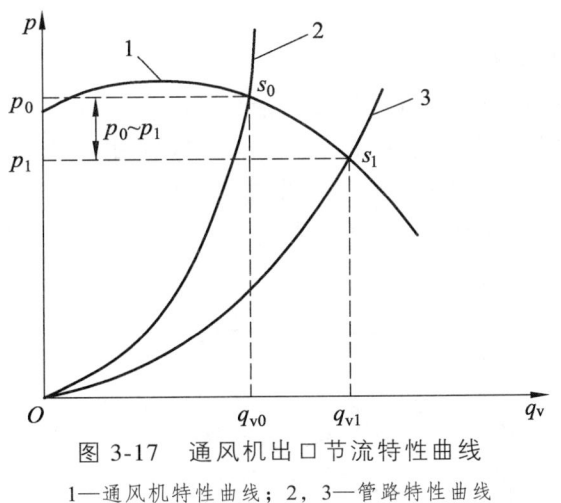

图 3-17 通风机出口节流特性曲线
1—通风机特性曲线；2，3—管路特性曲线

2. 进口节流调节

进口节流调节是通过调节风机进口节流门（或蝶阀）的开度，如图 3-18 所示，改变通风机的进口压力，使通风机特性曲线发生变化，以适应工作装置对流量或压力的特定要求。进口节流调节的经济性比出口节流调节好。

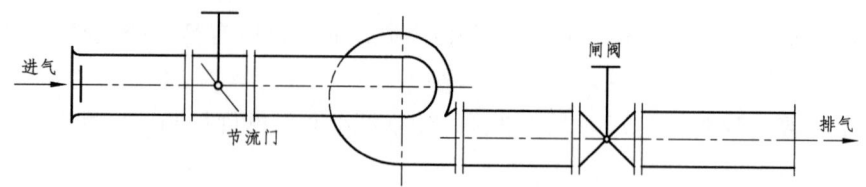

图 3-18 通风机进口节流调节系统示意图

图 3-19 是通风机进口节流调节的特性曲线,正常运行时工作在 s_0 点。当管路或装置阻力增加时,管路特性曲线 4 移到曲线 5 的位置,工况点为 s_1。若工艺要求流量改变时压力必须稳定不变,在这种情况下对通风机进行进口节流调节,关小通风机进口节流门的开度,改变通风机进口状态参数(即进口压力)。这时通风机的特性曲线从曲线 1 变到曲线 2 的位置,工作点为 s_2,工况参数 q_{v2},p_0。虽然流量从 q_{v0} 减少到 q_{v2},但压力 p_0 保持不变,满足了工艺要求,实现了等压力的调节。

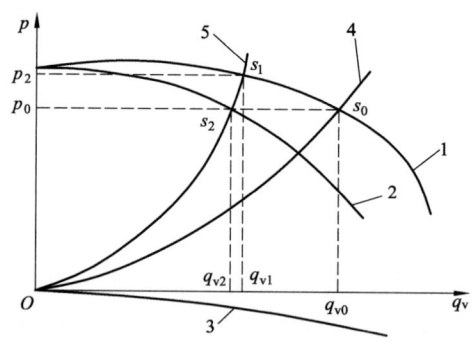

图 3-19 通风机进口节流调节特性曲线

1,2—通风机特性曲线;3—通风机进口特性曲线;4,5—管路特性曲线

3. 改变通风机转速的调节

也可以通过调节风机转速的高低来调节风量和风压。

如图 3-20 所示,通风机原以转速 n_1 工作时,工作点为 s_1。若工艺要求减少流量,可将通风机的转速由 n_1 减小到 n_2,这时管路特性曲线 $p=Rq_v^2$ 仍保持不变。从图中可看出转速 n_2 时的工作点为 s_2,工况参数符合工艺减少流量的要求。

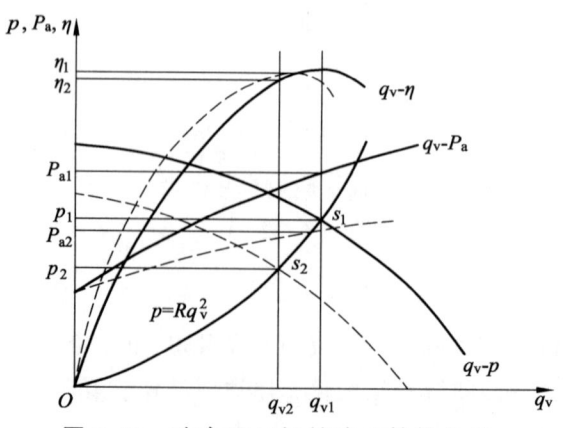

图 3-20 改变通风机转速的特性曲线

4. 改变风机进口导流叶片角度的调节

图 3-21 所示为导流器调节特性曲线。导流器叶片角度为 0°时，叶片全部开启，管路特性曲线 $P = Rq_v^2$ 与风机压力曲线 q_v-p 的交点即工作点为 1 点，这时的压力曲线 q_v-p、功率曲线 q_v-P、效率曲线 q_v-η 都用粗实线表示。

当导流器叶片角度由 0°到 30°，60°时，各特性曲线均下降，它们分别用虚线和点划线表示，工作点分别为 2 点和 3 点，流量则由 q_{v1} 减少至 q_{v2}，q_{v3}。

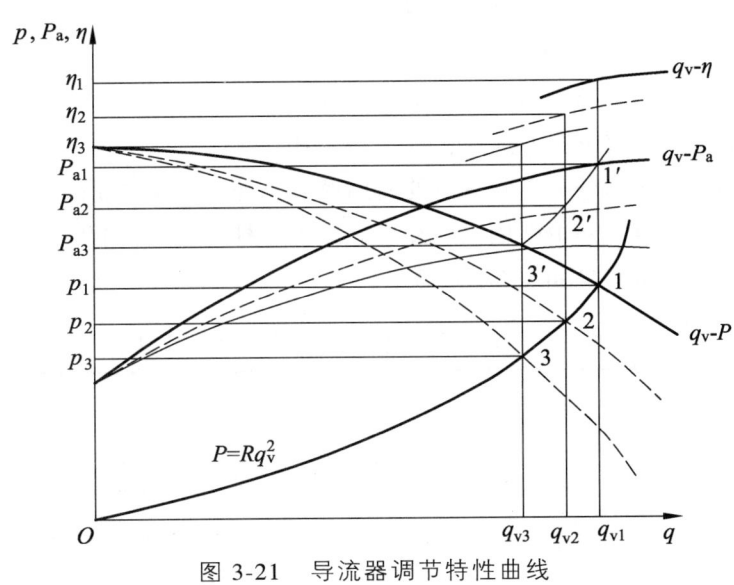

图 3-21　导流器调节特性曲线

从图 3-21 中可以看出，进口导流器叶片角度的这种变化，还使通风机的功率沿着曲线 1′→2′→3′下降。和调节进口节流门增大阻力减少流量的方法相比，这种调节所消耗的功率明显也要少，因此它是一种比较经济的调节法。但导流器调节会使通风机的效率降低，与改变转速的调节方法相比，经济性要差一些。

由于导流器结构简单、使用可靠，所以在通风机调节中得到比较广泛的应用。

第四节　离心通风机的分类、型号编制和选择

一、离心通风机的分类

离心通风机是离心式风机中的一种，其全压小于或等于 15 kPa，另外两种离心式风机是离心式鼓风机和离心式压缩机，它们的全压比离心式通风机要大得多。

1. 按离心式通风机风压大小分类

（1）低压离心通风机在标准状态下，全压小于或等于 1 kPa。

（2）中压离心通风机在标准状态下，全压为 1～3 kPa。

（3）高压离心通风机在标准状态下，全压等于 3～15 kPa。

这3种离心通风机从结构上看，有很多不同之处：以叶轮进口处直径来做比较，低压的最大，中压的居中，高压的最小。叶轮上的叶片数目一般随压力的大小和叶轮的形状而改变。压力越高，叶片数越少，叶片也越长。一般低压离心通风机的叶片为48~64片。

2. 按离心式通风机比转数大小、叶轮结构分类

（1）多叶式离心通风机 $n_s = 50 \sim 80$。

（2）前弯（前向）离心通风机 $n_s = 7 \sim 40$。

（3）径向离心通风机 $n_s = 20 \sim 65$。

（4）后弯（后向）单板离心通风机 $n_s = 30 \sim 90$。

（5）后弯（后向）机翼形离心通风机 $n_s = 30 \sim 90$。

离心通风机还可按用途分类，除一般的通用通风机外，还有防腐通风机、防爆通风机、矿井通风机、锅炉通风机、锅炉引风机、高温通风机、排尘通风机和空调通风机等。不同风机的特征及典型结构风机型号如表3-2所示。

表3-2 不同风机的特征及典型结构风机型号

形式	流量/（m³/h）	压力/Pa	特征	典型结构
多叶式离心通风机	~100×10⁴	空调用~600 工业用~7 500	在离心通风机中，这种风机小型、廉价，压力系数最高，效率低约为70%，装置噪声较小	11-62型离心通风机
前弯离心通风机	~12×10⁴	~16 000	压力系数很高（仅次于多叶式通风机），效率一般低于80%	9-19，9-26，M9-26，M10-13，MF9-11型离心通风机
径向离心通风机	~15×10⁴	~10 000	压力系数高，效率略低于后弯通风机，适用于磨损严重的地方	C6-48，10-31型离心通风机
后弯单板离心通风机	~100×10⁴	~7 000	在离心通风机中，效率高，适用于风量需求范围宽广的场合	4-2×721，F4-62，W5-47，BB24，W4-80$^{11}_{12}$型离心通风机
后弯机翼形离心通风机	~200×10⁴	~7 000	与后弯单板离心通风机比效率更高	4-72，B4-72，C4-73，Y4-73，Y4-2×73，K4-73-02，FW4-68，BK4-72型离心通风机

二、离心通风机的型号编制和全称

1. 离心通风机的型号编制

离心通风机系列产品的型号用形式表示，单台产品型号用形式和品种表示。型号组成的顺序见表3-3。

表 3-3 型号组成顺序

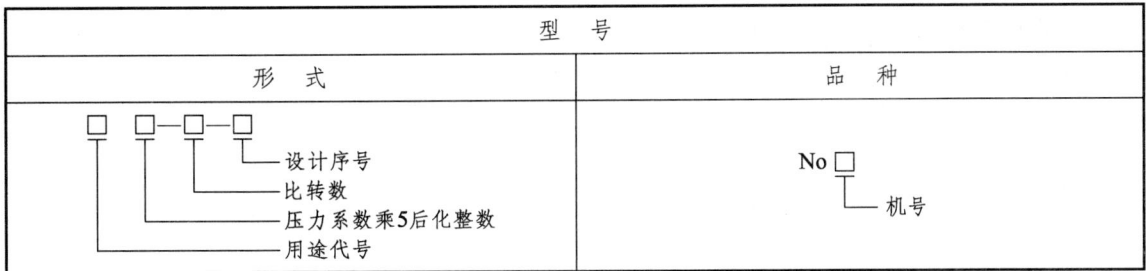

（1）用途代号按表 3-4 规定。
（2）用途代号后的数字由通风机压力系数乘 5 后取整数得到。
（3）比转数采用两位整数，若采用单叶轮双吸入结构或二叶轮并联结构，则用 2 乘比转数表示。
（4）若通风机形式中有派生型时，则在比转数后加注罗马数字Ⅰ、Ⅱ等表示。
（5）设计序号用数字 1、2 等表示，供对该型产品有重大修改时用。
（6）机号用叶轮直径的分米（dm）数表示。

表 3-4 通风机用途汉语拼音代号

序号	用途类别	代号		序号	用途类别	代号	
		汉字	拼音简写			汉字	拼音简写
1	一般通用通风换气	通风	T（省略）	18	谷物粉末输送	粉末	FM
2	防爆气体通风换气	防爆	B	19	热风吹吸	热风	R
3	防腐气体通风换气	防腐	F	20	隧道通风换气	隧道	SD
4	排尘通风	排尘	C	21	烧结炉通风	烧结	SJ
5	高温气体输送	高温	W	22	高炉鼓风	高炉	GL
6	煤粉吹风	煤粉	M	23	转炉鼓风	转炉	ZL
7	锅炉通风	锅通	G	24	空气动力用	动力	DL
8	锅炉通风	锅引	Y	25	柴油机增压用	增压	ZY
9	矿井主体通风	矿井	K	26	煤气输送	煤气	MQ
10	矿井局部通风	矿局	KJ	27	石油炼厂气体输送	化气	HQ
11	纺织工业通风换气	纺织	FZ	28	化工气体输送	油气	YQ
12	船舶用通风换气	船通	CT	29	天然气输送	天气	TQ
13	船舶锅炉通风	船锅	CG	30	降温凉风用	凉风	LF
14	船舶锅炉引风	船引	CY	31	冷冻用	冷冻	LD
15	工业用炉通风	工业	CY	32	空气调节用	空调	KT
16	工业冷却水通风	冷却	L	33	电影机械冷却烘干	影机	YJ
17	微型电动吹风	电动	DD	34	特殊场所通风换气	特殊	TE

2. 离心通风机的全称

对离心通风机,平时只用压力系数、比转数和机号来表示,如 4-73 No8,这是一种简略的型号,但在订货时必须写出全称。

离心通风机的全称除名称、型号、机号外,还包括传动方式,旋转方向和风口位置,共由 6 个部分组成。

(1) 传动方式有 6 种,其代号及简图如图 3-22 所示。

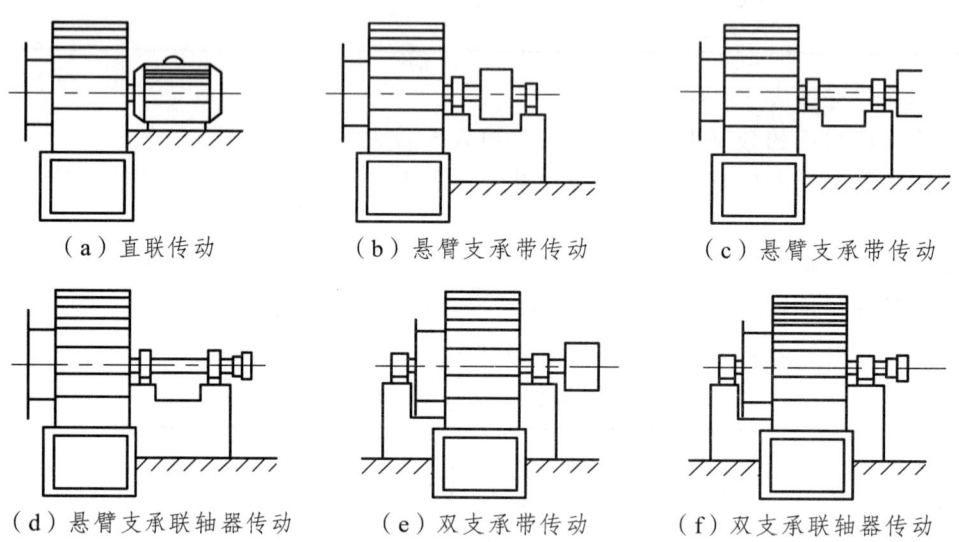

图 3-22 离心通风机的传动方式简图

(2) 旋转方向的规定为从电动机的位置看风机叶轮的旋转方向,顺时针旋转的称为右旋,用"右"表示;逆时针旋转的称为左旋,用"左"表示。

(3) 风口位置是指出风口的位置,结合旋转方向用右或左若干角度表示,如图 3-23 所示。

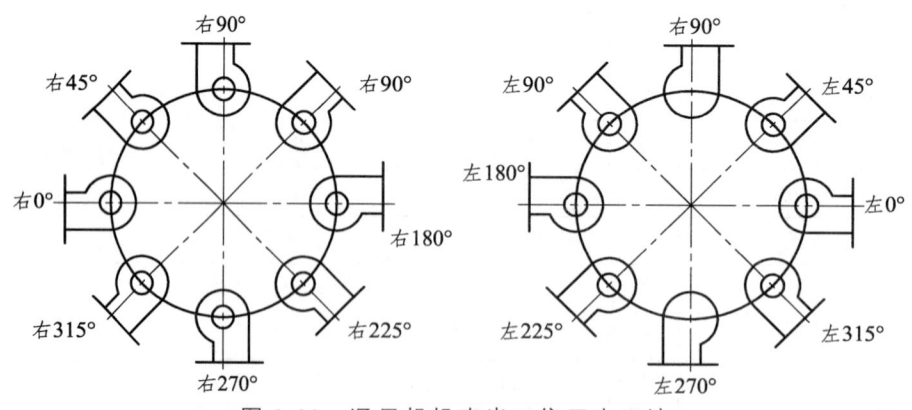

图 3-23 通风机机壳出口位置表示法

例如有一风机,其全称为 4-72No10C 右 90°,它表示的内容是:该风机是一般通风的离心通风机;压力系数为 0.8;比转数为 72;机号为 10 号,指风机叶轮直径为 1 m(10 dm);传动方式为 C 型,说明风机为悬臂支承,带轮在轴承外侧;叶轮旋转方向指从电动机一端看去为顺时针方向,即右旋;出风口位置在 90°处。

三、离心通风机的选型

通风机的流量和全压通常是由专业人员进行实测或理论计算求得的。但考虑到测试和计算的误差及运行时工况的变化等。所以选型的计算流量、计算全压比最大所需流量、全压还应大些,以留有一定的储备。一般取

$$q_\text{v} = (1.05 \sim 1.10) q_\text{max}$$
$$p = (1.10 \sim 1.1515) p_\text{max} \tag{3-13}$$

式中,q_v,p 分别为计算流量、计算全压,q_max,p_max 分别为最大所需流量、全压。流量的单位符号为 m³/s,全压的单位符号为 Pa。

通风机产品样本上的参数是指标准状态即干净空气在 $T = 293\ \text{K}$($20\ ℃$),大气压 Pa = 101 325 N/m²,相对湿度为 50%,空气密度 $\rho = 1.2\ \text{kg/m}^3$ 时的值。

若输送的气体温度、密度及使用地点的大气压与标准状态不同,必须把实际的流量、压力和功率等参数,都换算成标准状态时的值,才能进行选型。

换算公式如下:

对于通风机

$$\left.\begin{array}{l} q_1 = q_2 \\ p_1 = p_2 \dfrac{101\ 325}{p_\text{b}} \cdot \dfrac{t+273}{293} \\ P_{1\text{a}} = P_{2\text{a}} \dfrac{101\ 325}{p_\text{b}} \cdot \dfrac{t+273}{293} \end{array}\right\} \tag{3-14}$$

式中 q_1——样本中标准状态下的流量,m³/s;

p_1——样本中标准状态下的风压,Pa;

$P_{1\text{a}}$——样本中标准状态下的轴功率,kW;

q_2——风机在使用条件下(通风、引风)的风量,m³/s;

p_2——风机在使用条件下的风压,Pa;

$P_{2\text{a}}$——风机在使用条件下的轴功率,kW;

p_b——当地大气压,Pa;

t——使用条件下风机进口处气温,℃。

离心通风机的选型可用如下几种方法。

1. 用风机性能表选择风机

(1)按式(3-14)和式(3-13)确定计算流量和全压。

(2)根据用途,查风机性能表选出合适型号的风机和它的参数(包括叶轮直径、转速、功率等)。

2. 用风机选择曲线选择风机

图 3-24 所示为锅炉离心通风机 G4-73 系列性能选择曲线。它把相似的有着不同叶轮直径 D_2 的风机的流量、全压、转速和功率都绘于一张图纸上,图中的曲线为风机特性曲线的工作范围,一般规定为最高效率的 90% 的一段。图中还有 3 组等值线,即等 D_2(外径)线、等 n(转速)线和等 P(功率)线。由于采用对数坐标,所以 3 组等值线均为直线。

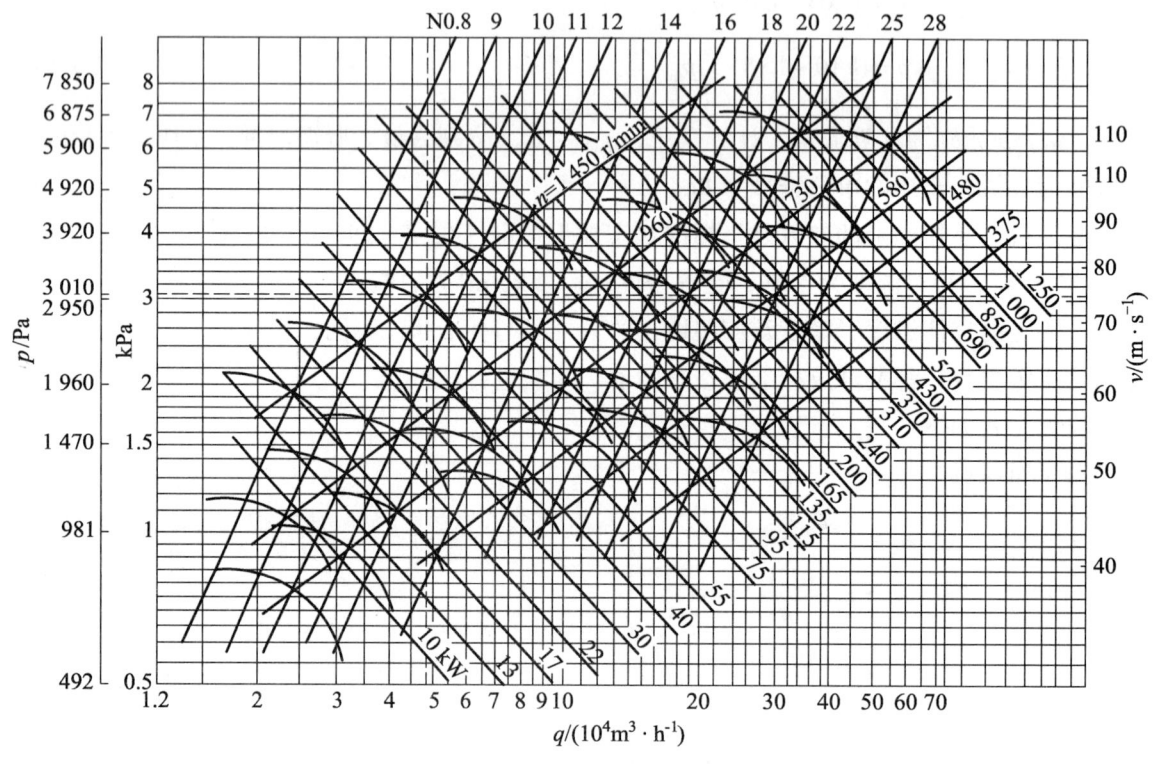

图 3-24 锅炉离心通风机 G4-73 系列性能选择曲线

等 D_2 和等 n 线通过每条性能曲线中间位置是风机的效率最高点。等 D_2 线所通过的几条性能曲线表示同一机号但不同转速时的性能曲线。图中任意一条性能曲线上的各点,其转速和叶轮外径都相等,其值等于效率最高点的等 D_2 线和等 n 线对应的叶轮直径和转速。

等 P 线上的各点功率都相等。性能曲线上每一点的功率都不相等,可在两条等 P 线之间近似地估算出该点位置的功率,并经过密度换算,得出工作状况下的功率。

用选择曲线选择风机的步骤如下:

(1) 确定计算流量和计算全压。

(2) 根据已定的流量和压力参数的坐标点,即可选择风机的机号、转速和功率。

如果坐标点不刚好落在性能曲线上,如图 3-25 中的 1 点。此时可采取保持流量不变的作法,通过点 1,在图上垂直向上找到最接近的性能曲线上的点 2 或 3。选得两台通风机,校核风机的工作点是否处于高效率工作区。一般应选取点 3 所在特性曲线决定的风机,转速为 n_1,叶轮直径为 D_2。这是因为风机的流量向小的方向调节时,其工作点将由 3 点沿特性曲线向左移动，仍能落在特性曲线 3 的高效率工作区的线段范围内。而工作在曲线 2 时，当流量稍有减小，工作点便落到特性曲线线段之外，说明效率低，不在高效率工作范围内。

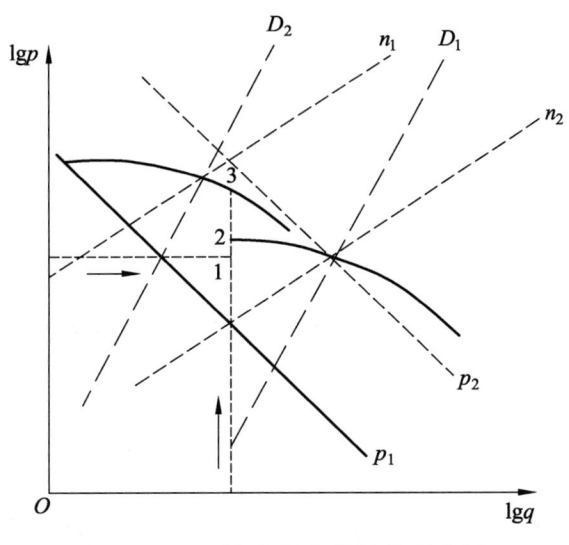

图 3-25 风机选择曲线的使用方法

第五节 离心通风机典型故障及排除

一、离心式通风机转子不平衡引起的振动

（1）离心式通风机叶片被腐蚀或磨损严重，需要修理或更换。

（2）风机叶片总装后不运转、由于叶轮和主轴本身重量、使轴弯曲，需要重新检修，总装后如长期不用应定期盘车以防止轴弯曲。

（3）叶轮表面不均匀的附着物，如铁锈、积灰或沥青等，需要清除附着物。

（4）运输、安装或其他原因，造成叶轮变形，引起叶轮失去平衡，需要修复叶轮，重新做动静平衡试验。

（5）叶轮上的平衡块脱落或检修后未找平衡，需要找平衡。

二、离心式通风机的固定件引起共振

（1）水泥基础太轻或灌浆不良或平面尺寸过小，引起风机基础与地基脱节，地脚螺栓松动，机座连接不牢固使基础刚度不够。需要加固基础或重新灌浆，紧固螺母。

（2）风机底座或蜗壳刚度过低。需要加强刚度。

（3）与风机连接的进出口管道未加支撑和软连接。需要加支撑和软连接。

（4）邻近设施与风机的基础过近，或其刚度过小。需要增加刚度。

三、离心式通风机轴承过热

（1）离心式通风机主轴或主轴上的部件与轴承箱摩擦，需要检查哪个部位摩擦，然后加以处理。

（2）电机轴与风机轴不同心，使轴承箱内的内滚动轴承别动，需要调整两轴同心度。

（3）轴承箱体内润滑脂过多。需要减少油脂到箱体空间的 1/3～1/2。

（4）轴承与轴承箱孔之间有间隙而松动，轴承箱的螺栓过紧或过松，需要调整螺栓。

四、离心式通风机轴承磨损

（1）离心式通风机滚动轴承滚珠表面出现麻点、斑点、锈痕及起皮现象，需要修理或更换。

（2）筒式轴承内圆与滚动轴承外圆间隙超过 0.1 mm，应更换轴承或将箱内圆加大后镶入内套。

五、离心式通风机润滑系统故障

（1）油泵轴承孔与齿轮轴间的间隙过小，外壳内孔与齿轮间的径向间隙过小。应检修，使间隙达到要求的范围。

（2）齿轮端面与轴承端面和侧盖端面的间隙过小，应调整间隙

（3）润滑油质量不良，黏度大小不合适或水分过多，应更换离心式通风机润滑油。

六、风量降低

（1）转速降低，应检查电源电压。

（2）管路堵塞，应疏通清理管路。

（3）密封泄漏，修理或更换密封。

七、风压降低

（1）系统阻力过大，应修正系统的设计使之更合理。

（2）介质密度有变化，应对进口的叶片进行调整。

（3）叶轮变形或损坏，应更换损坏的叶轮。

八、振　动

（1）基础不牢、下沉或变形，应修复并加固基础。

（2）主轴弯曲变形，应更换主轴。

（3）出口阀开度太小，应对阀门进行适当调整。

（4）对中找正不好，重新找正。

（5）转子不平衡，应对转子作动平衡或更换。

（6）管路振动，应加固管路或调整配管。

九、轴承温度高

（1）轴承损坏，应调整更换轴承。
（2）润滑油或润滑油脂选型不对，应重新选型并更换合适的油品。
（3）润滑油位过高或缺油，应调整油位。
（4）冷却水量不够，应增加冷却水量。
（5）电机和风机不同一中心线，应找径向、轴向水平。
（6）转子振动，应对转子找平衡。

第四章 空气压缩机

第一节 活塞式空压机型号参数

一、活塞式空压机的类型

1. 按气缸排列方式分

有立式、卧式、角度式，分类详见表 4-1。

表 4-1 活塞式空压机的基本类型

分类方法	基本形式	简图	说明	分类方法	基本形式	简图	说明
按气缸的排列	立式		气缸均为竖立布置	按气缸的排列	对称平衡式 M形		电动机置于机身一侧
	卧式		气缸均为横卧布置		H形		气缸水平布置并分布在曲轴两侧，相邻两列的曲拐轴为180°，电动机在机身中间
	角度式 L形		相邻两气缸中心线夹角为90°，而且分别为垂直与水平布置	按活塞动作	单作用（单动）		气体在活塞的一侧进行压缩（多为移动式空气压缩机）
					双作用（复动）		气体在活塞的两侧均能进行压缩
	角度式 V形		同一曲拐上两列的气缸中心线夹角可为 90°、75°、60°等	按排气量	微型		排气量小于 1 m³/min
					小型		排气量在 1~10 m³/min
					中型		排气量在 10~100 m³/min
					大型		排气量在 100 m³/min 以上
	角度式 W形		同一曲拐上相邻的气缸中心线夹角为60°	按工作压力	低压		工作压力 0.2~1 MPa
					中压		工作压力 1~10 MPa
					高压		工作压力 10~100 MPa
					超高压		工作压力 100 MPa 以上

（1）立式压缩机。

立式压缩机的气缸轴线与地面垂直。特点是：气缸表面不承受活塞重量，活塞与气缸的摩擦和润滑均匀，活塞环的工作条件较好，磨损小且均匀；活塞的重量及往复运动时的惯性垂直作用到基础，振动小，基础面积较小，结构简单；机身形状简单，结构紧凑重量轻，活塞拆装和调整方便。

（2）卧式压缩机。

卧式压缩机的气缸轴线与地面平行，按气缸与曲轴的相对位置的不同，又分为两种：一般卧式，气缸位于曲轴一侧，运转时惯性力不易平衡，转速低，效率较低，适用于小型压缩机；对称平衡型，如表4-1中的M形和H形，气缸水平布置并分布在曲轴两侧，因惯性力小，受力平衡，转速高，多用于中大型压缩机。

（3）角度式压缩机。

角度式压缩机的相邻两气缸的轴线保持一定角度，根据夹角的不同，可分为L形、V形和W形。其特点是机身受力均匀、运转平稳、转速较高、结构紧凑、制造容易、维修方便、效率较高。

2. 按气缸容积的利用方式分

按气缸容积的利用方式分为单作用式、双作用式和级差式压缩机。单作用式压缩机活塞往复运动时，吸、排气只在活塞一侧进行，在一个工作循环中完成排气，如图4-1（a）所示。

双作用式压缩机活塞往复运动时，其两侧均能吸、排气，在一个工作循环中完成两次排气，如图4-1（b）所示。

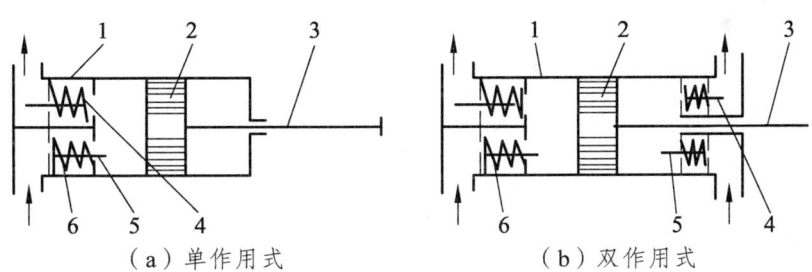

（a）单作用式　　　　　（b）双作用式

图4-1　活塞式空压机

1—气缸；2—活塞；3—活塞杆；4—排气阀；5—进气阀；6—弹簧

二、活塞式空压机的主要参数

活塞式空压机的主要参数分为热力性能参数和结构参数两类。

1. 热力性能参数

活塞式空压机的热力性能参数主要是指排气量、排气压力、排气温度、功率、效率和容积比能。

（1）排气量。

排气量指由单位时间内，压缩机最后一级排出的气体容积换算成压缩机在吸气条件下的气体容积，单位符号为 m^3/min。

（2）排气压力。

排气压力指最终排出压缩机的气体压力，单位符号为 Pa 或 MPa。多级压缩机末级以前各级的排气压力，称为级间压力，或称该级的排气压力。前一级的排气压力就是下一级的进气压力。

（3）排气温度。

排气温度指压缩机每一级排出气体的温度，通常在各级排气管或阀室内测量。排气温度不同于气缸中压缩终了温度，因为在排气过程中有节流和热传导，排气温度要比压缩终了温度低。

（4）功率。

功率是指压缩机在单位时间内所消耗的功。有理论功率和实际功率之分，理论功率为压缩机理想工作循环周期所消耗的功率，实际功率是理论功率与各种阻力损失功率之和。

轴功率指压缩机驱动轴所消耗的实际功率，驱动功率指原机输出的功率，考虑空压机实际工作中其他原因引起负荷增加，驱动功率应留有10%～20%的储存量，称为储备功率。

（5）效率。

压缩机的效率是压缩机理想功率和实际功率之比，是衡量压缩机经济性的指标之一。

（6）容积比能。

容积比能是指排气压力一定时，单位排气量所消耗的功率，其值等于压缩机的轴功率与排气量之比。

2. 结构参数

活塞式压缩机的主要结构参数是指活塞的平均速度、活塞行程与缸径比、曲轴转速，三者是压缩机结构及工作完善程度的标志。

（1）活塞的平均速度。

活塞的平均速度反映活塞环、十字头等的磨损情况和气流流动损失的情况，它关系到压缩机的经济性及可靠性，单位符号为 m/s。

（2）曲轴转速。

曲轴转速指压缩机工作时曲轴的额定转速，单位符号为 r/min。它不仅决定压缩机的几何尺寸、重量、制造的难度、成本，并对磨损、动力特性以及驱动机的经济性及成本等产生影响。

（3）活塞行程。

活塞行程指活塞在往复运动中，上、下止点之间的距离，单位符号为 mm。

（4）活塞行程与缸径比。

活塞行程与第一级气缸直径之比直接影响压缩机外形尺寸、重量，机件的应力和变形，气阀在气缸的安装位置及气缸中进行的工作过程。

（5）气缸缸数。

气缸缸数指同一级压缩缸的个数。空压机的排气量与同级缸数成正比。

（6）级数。

压缩机级数指空气在排出压缩机之前受到压缩的次数，级数影响排气压力和空压机效率。只受一次压缩的称为单级压缩，受到两次压缩的称为两级压缩，两级以上的称为多级压缩。

三、活塞式压缩机的型号

活塞式压缩机型号由大写汉语拼音字母和阿拉伯数字组成，其表述如下：

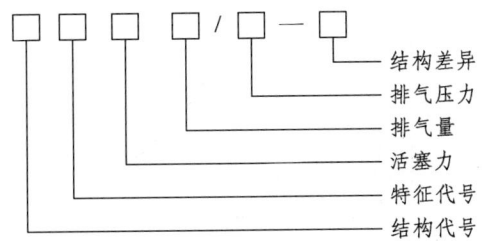

结构代号表示气缸的排列方式。V 表示 V 形，W 表示 W 形，Z 表示 Z 形，X 表示星形，L 表示立式，P 表示卧式，M 表示 M 形，H 表示 H 形，D 表示两列对称平衡型。

特征代号表示具有附加特点。F 表示风冷固定式，Y 表示移动式，W 表示无润滑，WJ 表示无基础，D 表示低噪声罩式。

活塞力是压缩机在运行中，活塞所承受的气体压力、气缸壁与活塞之间的摩擦力、运动部件的惯性力等各种力的总和，单位符号 t。

排气量是活塞式空压机末级排出的单位时间内的制取压缩空气量，单位符号 m^3/min。

排气压力是末级排气的压力，单位符号 100 kPa。

型号举例：

（1）L_2-10/8。

表示气缸排列成 L 形立卧结合的结构，活塞力为 2 t，排气量为 10 m^3/min，排气压力为 800 kPa，往复活塞式压缩机。

（2）H_{22}-165/320。

表示气缸排列为 H 型对称平衡式结构，活塞力为 22 吨，排气量为 165 m^3/min，排气压力为 32 kPa，往复活塞式压缩机。

第二节　活塞式空压机原理

一、活塞式空压机的工作过程

活塞式空气压缩机（简称活塞式空压机）压缩空气的过程，是通过活塞在气缸内不断往复运动，使气缸工作容积产生变化实现的。活塞在气缸内每往复移动一次，依次完成吸气、压缩、排气 3 个过程，即完成一次工作循环，如图 4-2 所示。

1. 吸气过程

当活塞向右移动时气缸左边的容积增大，压力下降；当压力降到稍低于进气管中空气压力（即大气压力）时，管内空气顶开进气阀 3 进入气缸，并随着活塞的向右移动继续进入气缸，直到活塞移至右端为止。该端点称为内止点，根据气缸排列形式的不同，又可称为后止点或下止点。

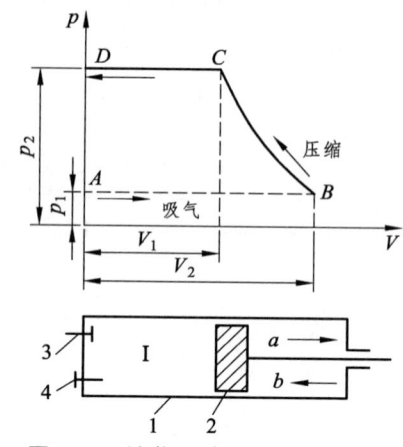

图 4-2　单作用空压机工作过程
1—气缸；2—活塞；3—进气阀；4—排气阀

2. 压缩过程

当活塞向左移动时，气缸左边的容积开始缩小，空气被压缩，压力随之上升。由于进气阀的止逆作用，使缸内空气不能倒流回进气管中。同时，因排气管内空气压力又高于缸内空气压力，空气无法从排气阀口排出缸外，排气管中空气也因排气阀的止逆作用而不能流回缸内，这时气缸内形成一个封闭容积。当活塞继续向左移动时，缸内容积缩小，空气体积也随之缩小，压力不断提高。

3. 排气过程

随着活塞的不断左移并压缩缸内空气，当压力稍高于排气管中空气压力时，缸内空气顶开排气阀而排入排气管中，这个过程直到活塞移至左端为止。该端点称为外止点，又可称为前止点或上止点。

此后，活塞又向右移动，重复上述的吸气、压缩、排气这3个连续的工作过程。

二、空压机理论工作循环

1. 理论工作循环

空压机的理论工作循环是指在理想条件下进行的循环：气缸中没有余隙容积，被压缩气体能全部排出气缸；进、排气管中气体状态相同（即无阻力、脉动和热交换）；气阀启闭及时，气体无阻力损失；压缩容积绝对密封、无泄漏。

2. 理论工作循环示功图

图 4-2 给出了理论工作循环示功图，当活塞 2 按 a 方向向右移动时，气缸 I 内的容积增大，压力稍低于进气管中空气压力时，进气阀 3 打开，吸气过程开始。设进入气缸的空气压力为 p_1，则活塞由外止点移至内止点时所进行的吸气过程，在示功图中，可以用直线 AB 表

示。线段 AB 称为吸气线，它说明：在整个吸气过程中，缸内空气的压力 p_1 保持不变、体积 V_1 不断地增加；V_2 为吸气终了时体积。

当活塞按 b 方向向左移动时，缸内 I 的容积缩小，同时进气阀关闭，空气开始被压缩，随着活塞的左移，压力逐渐升高。此过程为压缩过程，在示功图中用曲线 BC 表示，称为压缩曲线，在压缩过程中，随着空气压力的提高，其体积逐渐缩小。

当缸内空气的压力升高到稍大于排气管中空气的压力 P_2 时，排气阀 4 被顶开，排气过程开始。在示功图中用直线段 CD（称为排气线）表示。在排气过程中，缸内压力一直保持不变，容积逐渐缩小。当活塞移到气缸外止点时，排气过程便结束，此时，压缩机完成一个工作循环。

当活塞在外止点改向右移时，缸内压力下降，吸气过程又重新开始。缸内空气压力从 P_2 降到 P_1 的过程，在示功图中以垂直于 V 轴的直线段 DA 来表示。

在理论示功图中，以 AB，BC，CD 线为界的 ABCD 图形的面积，表示完成一个工作循环过程所消耗的功，也就是推动活塞所必需的理论压缩功。其面积越小，则所消耗的理论功越少。

三、空压机实际工作循环示功图

空压机实际工作循环所测得的示功图如图 4-3 所示。

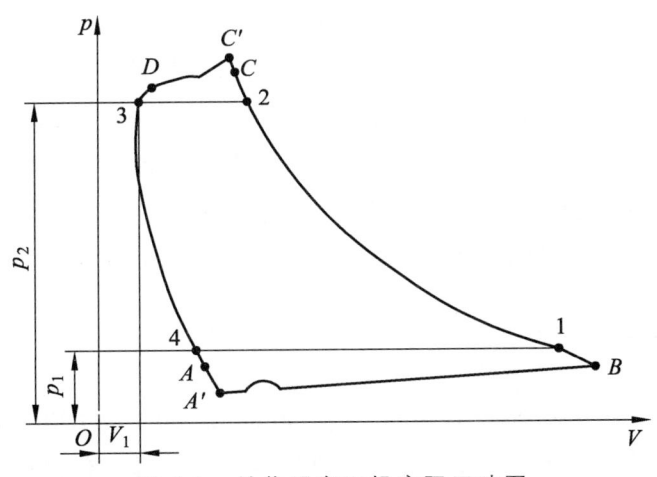

图 4-3 单作用空压机实际示功图

与图 4-2 理论示功图对比有很大的差异，其特征主要表现为以下几点。

（1）一次工作循环中除吸气、压缩和排气过程外，还有膨胀过程（剩余气体的膨胀降压），用气体膨胀线 DA 表示。

（2）吸气过程线 AB 值低于名义吸气压力线 p_1，排气过程线 CD 值高于名义排气压力线 p_2，且吸、排气过程线呈波浪形。

（3）压缩、膨胀过程曲线的指数值是变化的。

理论与实际示功图差别较大，是因为压缩机在实际工作过程中受到余隙容积、压力损失、气流脉动、空气泄漏及热交换等多种因素的影响。

第三节　活塞式空压机结构

一、基本结构

空压机由主机和附属装置组成，主机一般有以下几大部分。

机体是空气压缩机的定位基础构件，由机身和曲轴箱等部分构成。

传动机构由离合器、带轮或联轴器等传动装置以及曲轴、连杆、十字头等运动部件组成。其作用是将原动机的旋转运动转变为活塞的往复直线运动。

压缩机构由气缸、活塞组件，进、排气阀等组成。

润滑机构由油泵、注油器、油过滤器和冷却器等组成。油泵由曲轴驱动，向运动部件提供低压润滑油。注油器由曲轴或单独的小电动机驱动，通过柱塞或滑阀的压油作用，为各级气缸及填料箱提供所需的高压气缸油，供油量和压力均可调节。

冷却系统包括风冷和水冷两种方式。风冷式的主要由散热风扇（用曲轴经带轮驱动）和中间冷却器等组成。水冷式的由各级气缸水套、中间冷却器、阀门等组成。系统中通以冷却水，水流带走压缩空气和运动部件所产生的热量。

操纵控制系统包括减荷阀、卸荷阀、负荷（压力）调节器等调节装置，安全阀、仪表，润滑油、冷却水与排气的压力和温度等声光报警与自动停机的保护装置，自动排油水装置等。

附属装置主要包括空气过滤器、盘车装置、冷却器、缓冲器、油水分离器、储气罐、冷却水泵、冷却塔、各种管路、阀门、电气设备及保护装置等，有的还设有压缩机轻载启动和控制冷却水通断的电磁阀，以及压缩空气的净化装置和干燥装置等。

二、L形空压机

常见 L 形空压机有 L_2-10/8，$L_{3.5}$-20/8，$L_{5.5}$-40/8，L_8-60/8 和 L12-100/8 型等定型系列。通常为二级双缸、双作用水冷固定式，有十字头结构，一般都设有润滑油冷却器。排气量在 20 m^3/min 以下的通常为带传动，40 m^3/min 以上的采用直接传动，即电动机转子直接装在曲轴端部或与联轴器连接。

图 4-4 为 $L_{3.5}$ 型空压机的剖面图。从图中可以看出：一级气缸为立列，二级气缸为卧列，两气缸呈 L 形布置。一级吸气口前部装有减荷阀，开机前将其关闭，可做无负荷启动。活塞为整体空心锥盘形，其内外侧同时工作。

在一、二级气缸内，各对称配置进、排气阀两组，气阀室外和气缸壁外为冷却水套，气阀均为环状阀，十字头为整体闭式结构，用螺纹同活塞杆连接，由调节螺纹调整活塞与气缸的止点间隙。

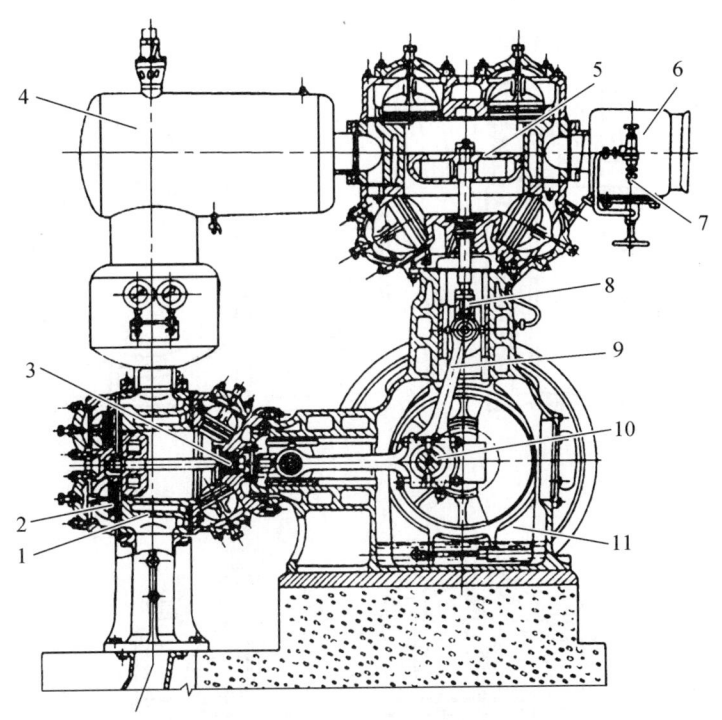

图 4-4 L 形空压机剖面图

1—气缸；2—气阀；3—填料箱；4—中间冷却器；5—活塞；6—减荷阀；
7—负荷调节器；8—十字头；9—连杆；10—曲轴；11—机身

三、空压机主要零、部件结构

空压机的主要零、部件有机体、气缸、活塞组件、曲轴、轴承、连杆、十字头、填料箱、气阀等。此外，还有润滑机构、冷却系统和调节装置等辅助部件。

1. 机 体

图 4-5 为有十字头的 L 形机体。机座两端为安装两个滚动轴承的主轴承孔。要求与曲轴的轴线平行，才能保证十字头滑道与气缸的同轴度。机体顶部（卧列为端部）有气缸定位孔，使气缸与十字头滑道同轴。曲轴箱的侧面和一、二级十字头滑道的正、反面都开有窗口，便于连杆、十字头、活塞杆、填料等的装拆及活塞止点的调整和观察运动部件的运转情况。机身上铸有十字头滑道，还开设了能使机体内部与大气相通的呼吸窗，起降低油温、平衡机身内外压力的作用。

2. 气 缸

风冷式气缸的结构简单，由曲轴带动风扇向铸有散热片的气缸外壁扇风，冷却效果较差，排气温度很高，设备效率较低，一般只用于低压、小型或微型移动式空压机。

水冷式气缸的结构较复杂，制造难度大，但冷却效果好，能降低排气温度和提高设备效率，故大、中型空压机都采用这种气缸。气缸由缸盖、缸体和缸座 3 部分组成。大、中型气缸为分段铸造，小型气缸一般为整体铸造。图 4-6 是排气量为 $10~m^3/min$ 或 $20~m^3/min$ 的 L 形空压机一级气缸结构图。气缸由 3 个铸铁件缸盖 1，缸体 4 和缸座 6 用双头长螺栓连接而成。

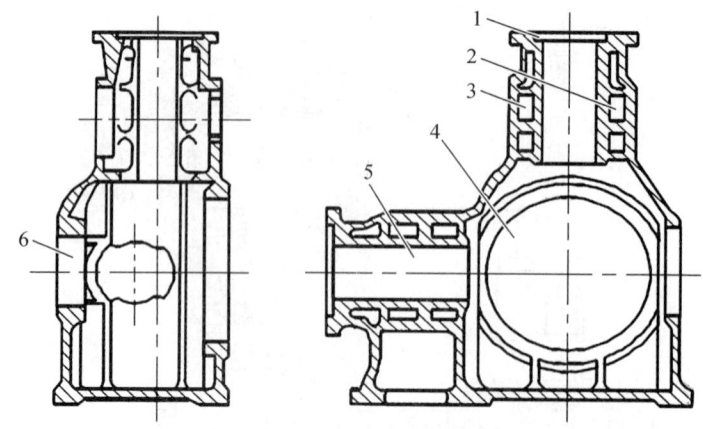

图 4-5 L 形机体

1—立列结合面；2，5—十字头滑道；3—冷却水套；4—曲轴箱；6—滚动轴承孔

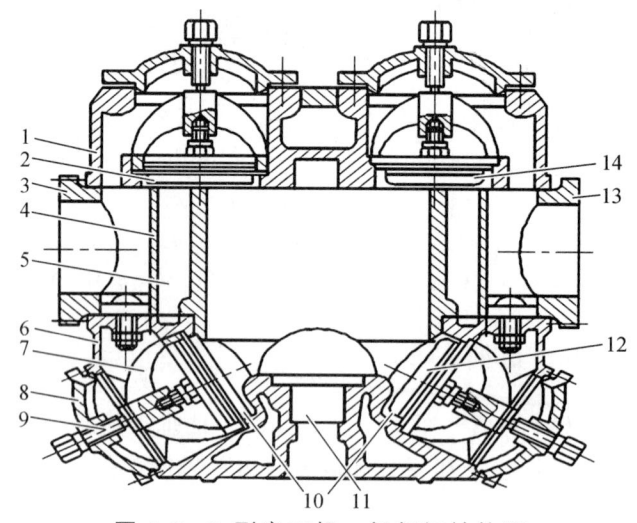

图 4-6 L 形空压机一级气缸结构图

1—缸盖；2，10—排气阀；3—排气口法兰；4—缸体；5—冷却水套；6—缸座；7—制动器；
8—气阀盖；9—气阀压紧螺钉；11—填料室；12，14—进气阀；13—进气口法兰

3. 活塞组件

活塞组件由活塞、活塞环、活塞杆等部分组成。

（1）活塞。

活塞按气缸的形式，可分为筒形活塞、盘形活塞和级差式活塞等。

图 4-7 所示为小型空压机常用的筒形活塞。顶部装有活塞环 2，靠曲轴箱一端装刮油环 3。活塞的下部称为裙部，与气缸壁紧贴，起导向和将侧向力传给气缸的作用。在裙部有活塞销孔，用来安装活塞销和传递作用力。活塞销在销孔内和连杆小头孔内都不固定，称浮动销，通常用弹簧圈 6 将活塞销卡在销孔内，以防止它的轴向位移。

图 4-8 为盘形活塞，用于中、低压气缸中与十字头相连而不承受侧向力。这种活塞除铝质外，一般铸成空心以减轻重量。活塞两端面用加强筋连接增加刚度，为避免受热变形，加强筋不应与四壁相连。两筋之间开清砂孔，清砂后须采取能防漏、防松的封闭，并做水压试验。

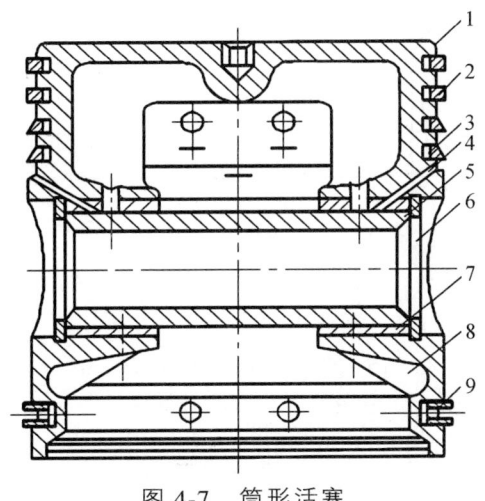

图 4-7 筒形活塞

1—活塞体；2—活塞环；3—刮油环；4—回油孔；5—活塞销；6—弹簧圈；
7—衬套；8—加强筋；9—布油环

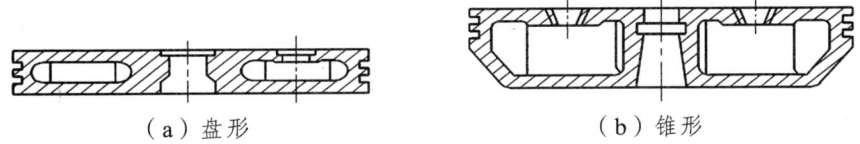

（a）盘形　　　　　　　　　（b）锥形

图 4-8 盘形活塞

（2）活塞环。

气缸工作表面与活塞之间的密封零件，同时起布油和散热的作用。活塞环上有一开口，称为切口。自由状态下，活塞环的外径大于气缸的内径，环的内径小于活塞外径。当套在活塞环槽上装入气缸后，环体收缩，切口处留有供环热膨胀的间隙。

活塞环有一定的张力，靠此张力使环的外圆能紧压在气缸工作表面上。切口的形式有直切口、斜切口（成 45°或 60°）、搭接口 3 种，以 45°的斜切口用得较多。

每个活塞需装活塞环的数量与气体压力成正比。

活塞环一般用铸铁制成。但在高压活塞上，为了延长环的使用寿命和防止气缸被"拉毛"，常在铸铁环上镶嵌青铜或轴承合金，或者镶填聚四氟乙烯。

在单作用的活塞上，为了防止窜油，均装有锋口朝向曲轴箱的刮油环，并在活塞上设有回油孔，如图 4-7 所示。

（3）活塞杆。

活塞杆一般采用优质碳素钢或合金钢制成，其一端与十字头连接，另一端与活塞连接。活塞杆与活塞的连接方式有两种。

① 圆柱凸肩连接：运转时，活塞杆的圆柱凸肩和锁紧螺母同时传递活塞力，活塞螺母的连接要紧密牢固并有防松装置，活塞轴线与活塞杆轴线的同轴度，靠圆柱面的加工精度来保证，故活塞与凸肩的支承表面在加工时要配磨，以保证接触良好。

② 锥面连接：如图 4-9 所示，这种连接形式的特点是拆装方便，连接处的接触面积大、摩擦力增大而使连接更可靠，但锥度的配合要求高，加工难度也较大。

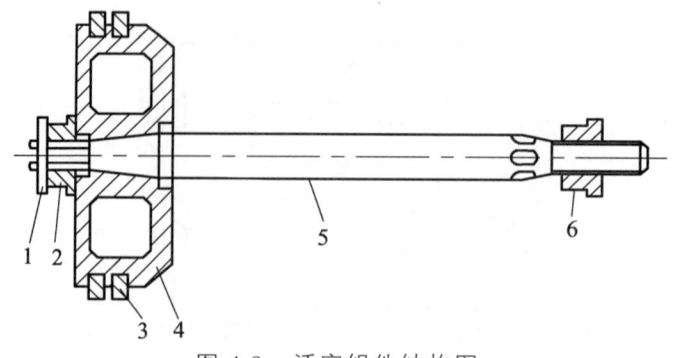

图 4-9 活塞组件结构图

1—开口销；2,6—螺母；3—活塞环；4—活塞；5—活塞杆

4. 十字头和连杆部件

（1）十字头。

十字头是连接连杆与活塞杆的零件，按其与连杆的连接方式的不同，可分为开式和闭式两种。开式连杆小头的叉形位于十字头体的两侧。该结构常用于立式空压机。闭式连杆小头位于十字头体内。十字头与滑板的连接有整体式和剖分式。整体式结构简单，重量轻，用于高速小型空压机。如图 4-10 所示剖分式可调整十字头和活塞杆的同轴度，也可调整十字头和滑道的径向间隙，用于大型空压机。

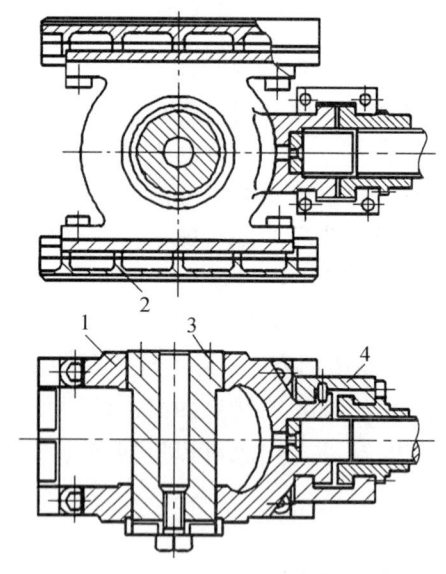

图 4-10 剖分式十字头结构

1—十字头体；2—滑板；3—十字头销；4—连接器

（2）连杆部件。

如图 4-11 所示，连杆由大头，小头和杆体组成。大头为开式，嵌有巴氏合金瓦，大头的盖子用连杆螺栓与曲柄组装在一起，大头的轴瓦间隙可以用垫片调节。小头为整体式，在小头内镶有整圆的铜套，穿入十字销与十字头相连。杆体截面有圆形、环形、矩形、工字形等，

- 144 -

其材料通常为球墨铸铁，杆体内有贯穿大小头的油孔，该孔把润滑油输送到十字头，使曲柄销和连杆，连杆和十字头销之间的相对运动部分得到润滑。

连杆的大头与曲轴一起转动，连杆的小头和十字头一起做往复运动，连杆本身做平面摆动，其主要作用是变旋转运动为往复运动。

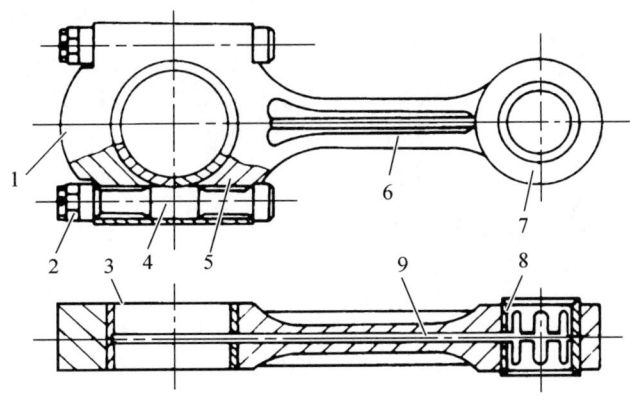

图 4-11　连杆结构

1—大头盖；2—连杆螺母；3—大头轴瓦；4—连杆螺栓；5—大头；6—杆体；
7—小头；8—小头轴瓦；9—杆体油孔

（3）曲轴。

曲轴的结构如图 4-12 所示，空压机的曲轴传递电动机的扭矩。曲轴的外伸端有锥度，可以方便地拆装皮带轮。在曲轴后端接有传动齿轮油泵的小轴，并经过小轴上的蜗轮蜗杆机构传动柱塞油泵。曲轴上钻有油孔，以使齿轮油泵排出的润滑油通过曲轴瓦，十字头销瓦等摩擦面进行润滑。

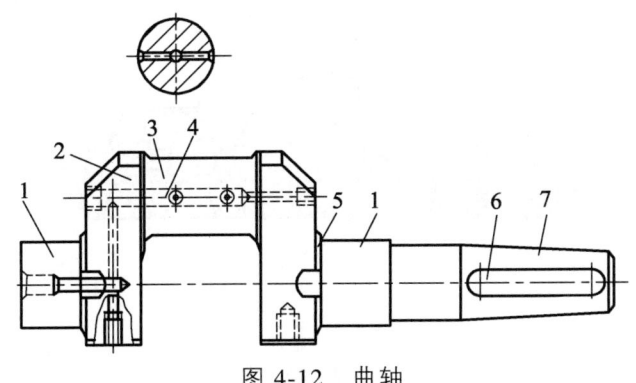

图 4-12　曲轴

1—曲轴颈；2—曲柄（曲臂）；3—曲拐径（曲柄销）；4—通油孔；
5—过渡圆角；6—键槽；7—轴端

（4）轴承。

轴承有滚动轴承和滑动轴承两大类。滚动轴承使用维护方便，机械效率和标准化程度高。滑动轴承的结构紧凑，制造、安装方便。滚动轴承的精度分为 C、D、E、F 和 G 级。C 级精度最高，G 级精度最低。压缩机一般用 G 级。

滑动轴承一般都制成可分式,如图 4-13 所示。卧式和对称平衡压缩机的轴瓦制成两瓣,如图 4-13(a)所示。卧式压缩机的轴瓦分成四瓣如图 4-13(b)所示。轴瓦按相对壁厚,又分为薄壁瓦和厚壁瓦。

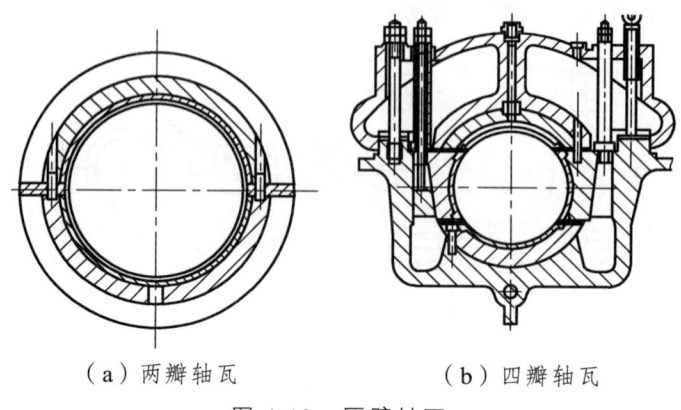

(a)两瓣轴瓦　　　　(b)四瓣轴瓦

图 4-13　厚壁轴瓦

5. 气　阀

原理是利用气阀两侧的气压差和弹簧的作用力使阀片及时自动地开启和关闭,让空气能顺利地吸入和排出气缸。

气阀按其功能只有进气阀和排气阀两种,按气流特点又分为回流阀和直流阀两大类。回流阀中,以环状阀的应用最为普遍。环状阀如图 4-14 和 4-15 所示,它由阀座、阀片、弹簧、阀盖、连接螺栓和螺母等组成。进、排气阀结构的不同在于进气阀只能向气缸内开启,排气阀只能向气缸外开启。

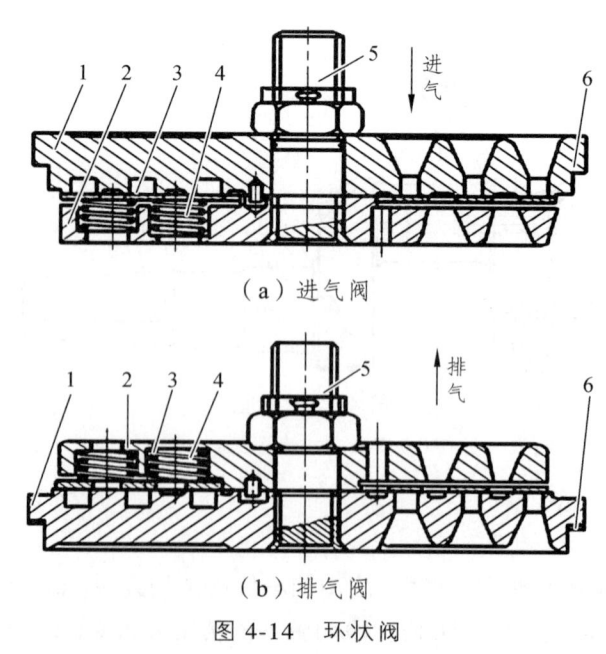

(a)进气阀

(b)排气阀

图 4-14　环状阀

1—阀座;2—阀盖;3—阀片;4—弹簧;5—螺栓;6—密封圈

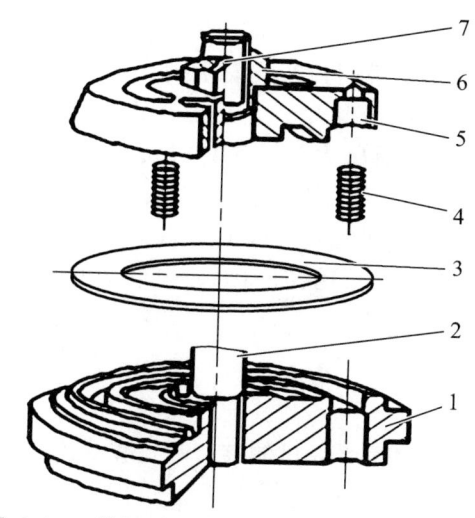

图 4-15 单阀片环状排气阀的分解立体图。
1—阀座；2—螺栓；3—阀片；4—弹簧；5—阀盖；6—螺母；7—开口销

组合阀结构是将进排气阀制成一个整体，这样就能增大气体的流通面积和扩大气阀的通用性。分为低压和高压两种。低压组合阀的进气与排气容积之间为无冷却的结构，排出的高温气体会加热吸进的气体，使吸气量减少，故多用于小型单作用压缩机。高压组合阀通常将高压排气通道设在气缸容积外或缸盖中，不但减小了气流波动，还能改善气缸受力和简化气缸结构。

直流阀如图 4-16 所示，它由阀片和兼有阀座与升程限制作用的阀体组成。气阀关闭时，阀片紧贴阀座上，开启时，阀片反贴到升程限制的圆弧面上。由于阀片质量轻、阻力小、气体流速较高，故适宜高转速、高活塞速度的低压压缩机。但该阀结构复杂、精度要求高，阀片密封性差，故应用不多。

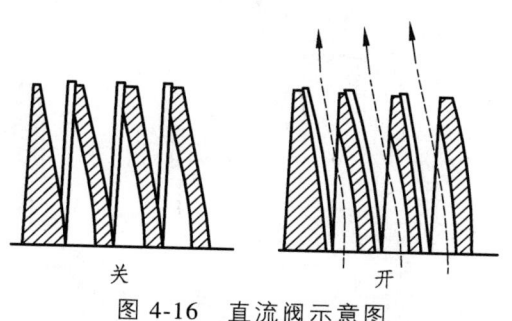

图 4-16 直流阀示意图

6. 安全阀

安全阀是空压机上最重要的安全保护装置之一。当负荷调节器失灵，排气压力超过规定的安全压力时，安全阀就自动开启，排出过量气体而释压，当压力降到规定值时则自动关闭，保证了空压机的正常运行。安全阀常用的有弹簧式、重锤式和脉冲式 3 种。

图 4-17 为弹簧式安全阀结构图。弹簧式安全阀的阀瓣与阀座的密封是靠弹簧力作用的。当气体压力超过弹簧作用力时，阀自动开启，卸压后，阀瓣在弹簧力作用下关闭。

弹簧式安全阀的结构简单，调整方便，可直立安装在任何场合，应用较广，低压空压机多采用弹簧式安全阀。

通常规定安全阀的开启压力值不得大于空压机工作压力值的 110%，允许偏差 ±3%；关闭压力值为工作压力值的 90%～100%，启闭压差一般应≤15%工作压力值。

实际应用中，常将两级压缩空压机安全阀的开启压力规定为：一级在排气压力值上加 20%、二级加 10%，一、二级的关闭压力都为额定排气压力值。

四、空压机的附属装置

附属装置包括润滑系统、冷却系统、过滤器、储气罐等。

1. 润滑系统

空压机需要润滑的部位有气缸、填料箱、曲轴轴颈、连杆大小头以及十字头滑道等。图 4-18 是 L 形空压机的润滑系统。

（1）气缸和填料箱的润滑。

气缸和填料箱是用注油器进行润滑的，柱塞 22 由注油器凸轮 20 带动上下运动，将润滑油从注油器油池 17 中吸入，经过吸入口和排出口两个单向阀 19 后，送入气缸和填料箱。

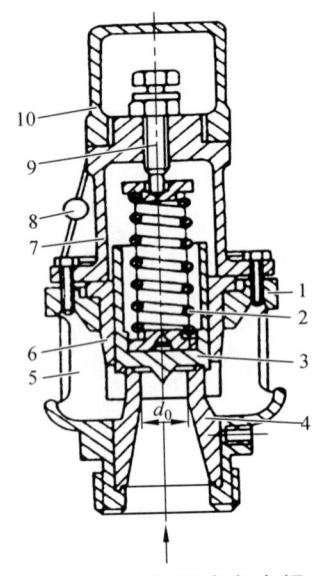

图 4-17　弹簧式安全阀

1—阀体；2—弹簧；3—阀瓣；4—阀座；
5—排气口；6—阀套；7—上体；
8—铅封；9—压力调节螺钉；
10—上盖

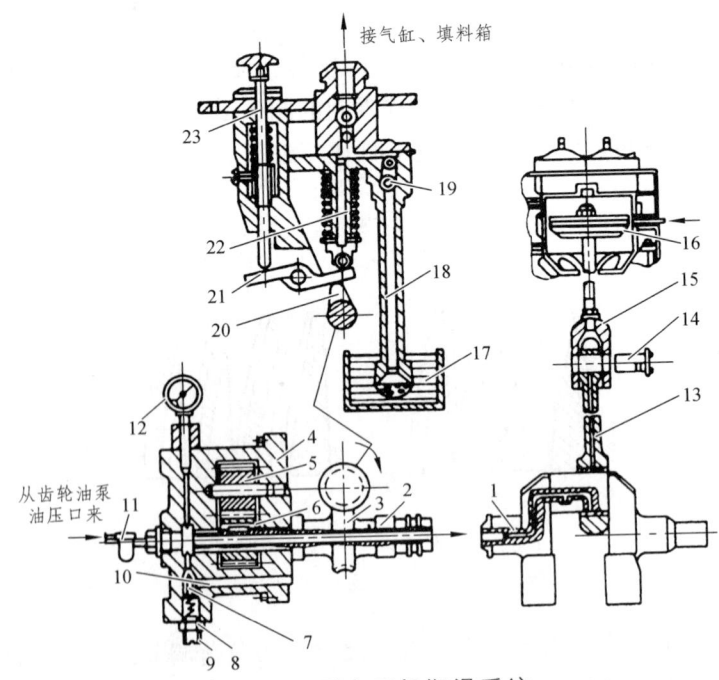

图 4-18　L 形空压机润滑系统。

1—曲轴；2—空心轴；3—蜗杆副；4—齿轮泵外壳；5—从动齿轮；6—主动齿轮；7—油压调节阀；8—螺母；
9—调节螺钉；10—回油管；11—滤油器；12—压力表；13—连杆；14—十字头销；15—十字头；
16—活塞；17—注油器油池；18—注油器吸油管；19—单向阀；
20—注油器凸轮；21—杠杆；22—柱塞；23—顶杆

油量的多少可通过旋转顶杆 23 改变柱塞行程来调节，顶杆伸长油量减少。顶杆还可以作为空压机启动前的手动供油把手。

（2）运动机构的润滑。

齿轮泵由曲轴 1 通过空心轴 2 驱动，将润滑油从油池中吸入，并按齿轮油泵压油口→滤油器 11→空心轴 2 中心孔→曲轴中心孔→曲轴轴颈→连杆大头→连杆小头→十字头销→十字头滑道的油路压送至各运动部分进行润滑。油压大小可用油压调节阀 7 调节。

（3）润滑油。

选用 GB/T 3141—1994 规定的几种牌号的空压机油。

2. 冷却系统

空压机在工作过程中压缩空气会发热、润滑油会升温都需要进行冷却。空压机的冷却系统由水池、水泵、中间冷却器、后冷却器，润滑油冷却器、气缸水套、冷却塔和管路组成，如图 4-19 所示。当水温过高时，可启动备用泵，增加冷却水流量，降低温度。

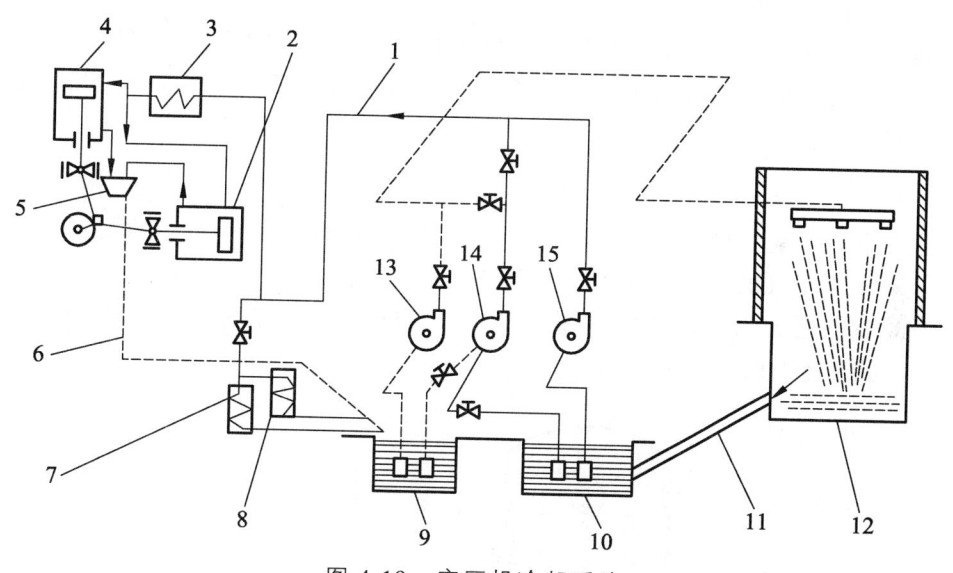

图 4-19 空压机冷却系统

1—总进水管；2，4—二级气缸；3—中间冷却器；5—回水漏斗；6—回水管；7—后冷却器；
8—润滑冷却器；9—热水池；10—冷水池；11—水管；12—冷却塔；
13—热水泵；14—备用泵；15—冷水泵

冷却器是冷却系统中的重要部件，按其在系统中的位置分为中间冷却器和后冷却器。L 形空压机中间冷却器如图 4-20 所示，它由外壳、冷却水管芯、油水分离器等组成。冷却水管芯 2 由无缝钢管与散热片组成。

冷却水在管内流动，压缩空气在管外沿垂直管芯方向冲刷，进行热交换，使高温的压缩空气冷却下来，冷却后的压缩空气经油水分离器 3 分离油水后，再进入二级气缸压缩，分离出来的油水可定期由排水阀 4 排出。

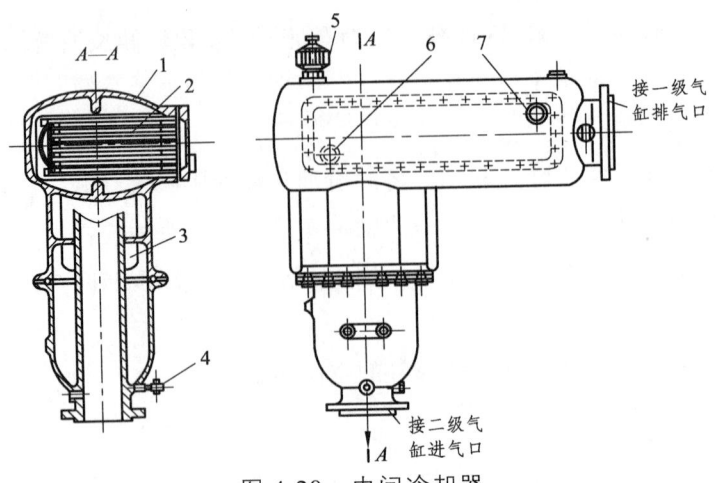

图 4-20 中间冷却器

1—外壳；2—冷却水管芯；3—油水分离器；4—排水阀；5—安全阀；
6—冷却水进口；7—冷却水出口

3. 空气过滤器

空气过滤器的作用是清除空气中的灰尘和杂质，保护气缸和阀门。空气由空气过滤器进气口吸入后经过滤芯的过滤再进入气缸。滤芯有金属网状的、纸质的、织物的、塑料的等多种材料和不同结构。

4. 储气罐

储气罐的作用主要有以下几点：稳定压力，消除空压机周期性排气造成的压力脉动。分离油水，提高压缩空气的质量。储备压缩空气，维持供需平衡。

空压机的储气罐如图 4-21 所示。储气罐上开有进气口 3、排气口 6、安全阀接口 1，压力表接口 2、油水排泄阀 4 和检修孔 5。

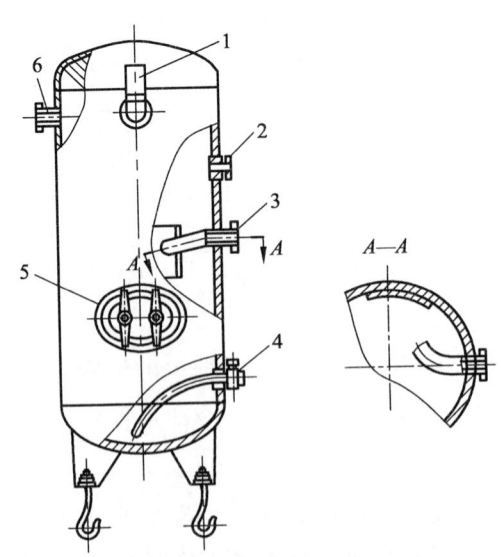

图 4-21 储气罐

1—安全阀接口；2—压力表接口；3—进气口；4—油水排泄阀；5—检修孔；6—排气口

进气口内接有一段呈弧形而出口倾斜并弯向罐壁的进气管,使空气进入罐内沿罐壁旋转,利用离心和重力分离压缩空气中的油和水。分离出来的油和水落入罐的底部,借助压缩空气中的压力,由伸入罐底的油水排泄管经油水排泄阀 4 排出。检修孔是供内部检查和清扫修理用的。底部短支脚放在水泥基础上,用地脚螺钉固定。

第三节 活塞式空压机运行调节

活塞式空压机在运行中常见排气量、进排气压力与设计的额定值不符的情况,称为压缩机的非额定工况。

空压机的选用一般是根据最大耗气量来决定。在使用中所消耗的气量是变化的,用气量多于空压机排气量时,系统中的压力就会降低;用气量少于空压机的排气量时,系统中的压力就会升高。要使系统中压力基本保持不变,必须调节空压机的排气量,使排气量与用气量相对平衡。

一、转速调节法

空压机的排气量与转速成正比。改变空压机的转速,就可达到调节排气量的目的。转速调节时,排气量按转速成比例地下降,功率也成比例地下降。

转速调节一般是利用储气罐压力的变化,操纵调节电机转速或原动机的油门以改变转速而改变压缩机的转速。

这种方法调节精度不高,转速只能在 60%～100% 变动,多用于小型、微型移动式、内燃机驱动的空压机。

二、空压机停转调节法

空压机停转调节法由于启停电动机频繁,故多用于需长时间停止工作,并由电动机驱动的微型和少数小型空压机。多机运转的压缩空气站,也用启、停部分空压机的方法进行调节。

空压机采用图 4-22 所示的压力调节继电器实现停转调节。压力调节继电器与储气罐相连,并控制排气阀的开闭。当罐压升到额定值时,膜片 11 变形内凹推动推杆 13 带动杠杆 10 顺时针摆动,微动开关 9 常闭触点断开,切断电动机电路而自动停机,并使放气阀打开。当罐压降低到一定值时,弹簧力使触点闭合,接通电路关闭放气阀。空压机停转时的压力通过调节螺钉 8 调整弹簧的预紧力来控制。

三、控制进气调节法

控制进气调节分为节流进气调节法和切断进气调节法。常用的是切断进气调节法,它是隔断空压机进气通路,使空压机空转而使排气量等于零的调节方法。其调节装置由图 4-23 所示的减荷阀和图 4-24 所示的负荷调节器两部分组成,负荷调节器安装在减荷阀的侧壁上(见图 4-4)。

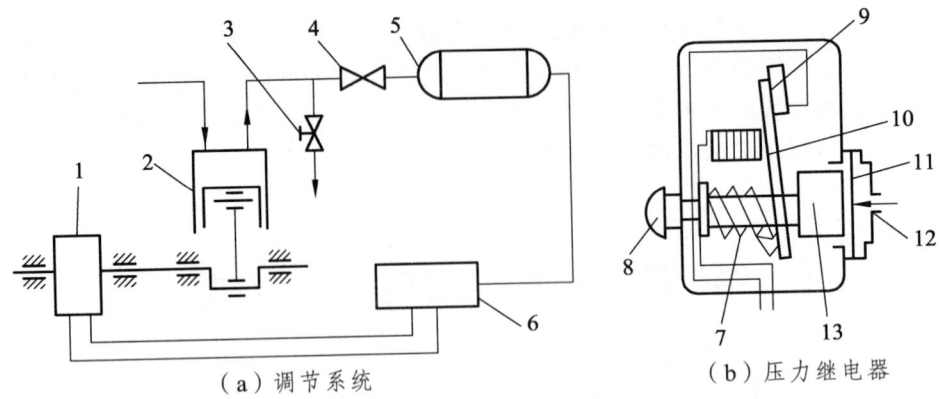

(a) 调节系统　　　　　　(b) 压力继电器

图 4-22　停转调节装置

1—电动机；2—压缩机；3—放气阀；4—止回阀；5—储气罐；6—压力继电器；7—弹簧；
8—调节螺钉；9—微动开关；10—杠杆；11—膜片；12—进气口；13—推杆

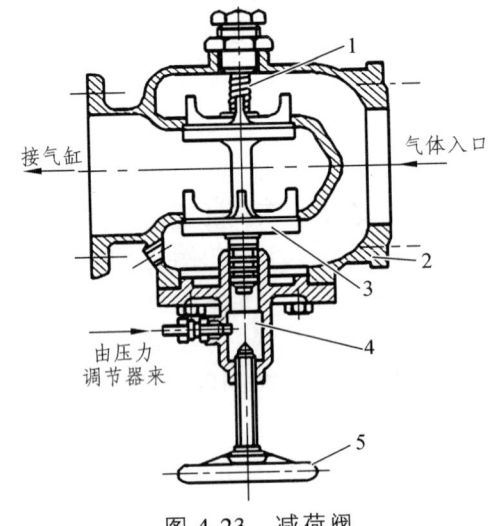

图 4-23　减荷阀

1—弹簧；2—阀体；3—双层阀芯；4—气缸；5—手轮

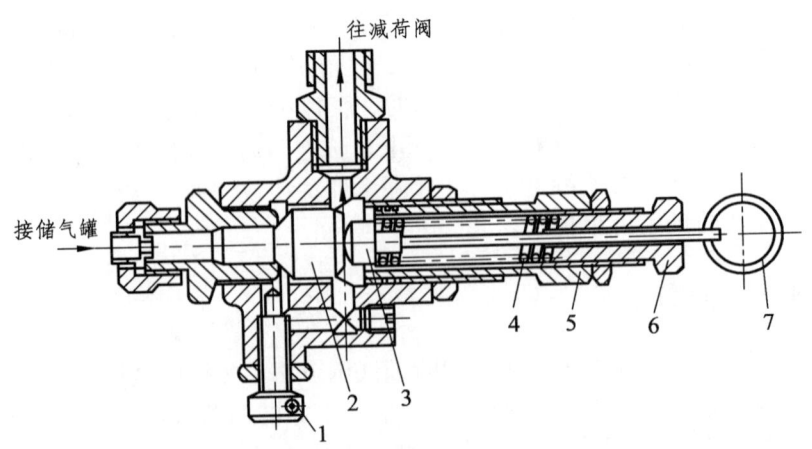

图 4-24　负荷调节器

1—节流螺钉；2—阀芯；3—拉杆；4—弹簧；5—外调节套；6—调节螺套；7—拉环手柄

当储气罐中的压力高于标定值时，储气罐中的压缩空气经管路进入负荷调节器，推动阀芯，打开通向减荷阀的通路，使压缩空气经接管进入减荷阀的活塞缸，推动小气缸的活塞上行，使双层阀芯向上移动与阀体密切贴合，隔断空气进入一级气缸的通路，空压机处于空转状态而不再排气。

当储气罐中的压力下降到规定值时，负荷调节器中的弹簧把阀芯顶回，切断压缩空气通往减荷阀的通路，减荷阀活塞缸内的压缩空气便从负荷调节器中弹簧腔一侧开通的气路排到大气中，减荷阀上的阀芯在弹簧作用下重新打开，空压机恢复吸、排气。减荷阀的开启压力可分别通过调节减荷阀上弹簧的调节螺母和负荷调节器上的调节螺套来实现。

拉动负荷调节器上的拉环手柄，通过拉杆可使弹簧压缩，从而打开阀芯，接通减荷阀实现手动调节。

操作减荷阀上的手轮，推动活塞上移，使阀芯与阀体贴合，关闭进气口，可人工空载启动空压机；启动完毕，再反转手轮把阀打开，进入正常运转。

四、气阀调节法

气阀调节法是利用压开装置，将进气阀强行打开，将进气行程吸入的空气再由进气阀排出，没有压缩过程，此时压缩机泄漏量最大，排气量为零。

若在活塞部分行程压开进气阀，排气量则由进气阀被强制压开的时间而定，通过改变压缩机泄漏量来实现调节排气量，可实现连续或分级调节。

五、余隙调节法

余隙调节法就是使气缸和补助容积（余隙缸或余隙阀）连通，加大余隙容积，气缸吸气时，余隙中的残留气体膨胀，导致工作容积减少，降低排气量。若补助容积的大小可连续变化，排气量也可连续调节。若补助容积为若干固定容积，则可分级调节。图4-25为分级调节装置的示意图。

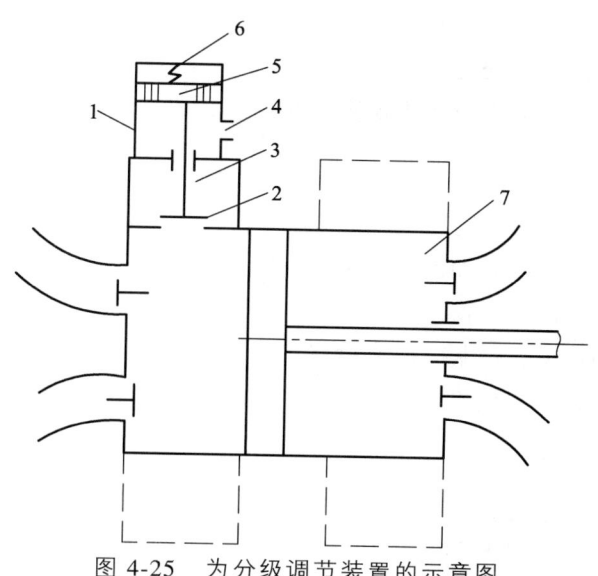

图4-25　为分级调节装置的示意图

1—卸荷器；2—阀；3—补助容器腔室；4—进气管；5—活塞；6—弹簧；7—双作用气缸

在双作用气缸上设置 4 个容积相等的补助容器和卸荷器，当储气罐中的压力增加到一定值时，压缩空气经调节器（图中未画出）由进气管 4 进入卸荷器 1 内，推动小活塞将阀 2 打开，此时补助容器的腔室 3 与气缸连通，一部分压缩空气进入腔室中，加大了余隙容积，当排气完毕活塞时，补助容器腔室 3 中的压缩空气与气缸中的余气一起膨胀，因此进气量减少，排气量也相应地减少。

第四节　活塞式空压机典型故障及排除

空压机的故障主要由机件的自然磨损、零部件选料不当或加工精度误差、安装误差以及操作失误、维修维护不到位等因素造成。

空压机常见的故障，大致有润滑系统故障、冷却系统故障、压力异常、排气温度过高、机件破坏、异常声响以及示功图显示的故障。

一、润滑系统故障

1. 油压突然降低

（1）油池油量不足，需要加油。
（2）油压表失灵，应更换油压表。
（3）管路堵塞，需要清洗管路。
（4）油泵机械故障，需要检修油泵。

2. 油压逐渐降低

（1）压油管漏油，需要检修管路。
（2）过滤器堵塞，需要清洗过滤器。
（3）连杆、油泵等机械磨损，需要检修更换。
（4）油液性能不符，需要更换油液。

3. 润滑油温度过高

（1）润滑油供应不足，需要加油、检查。
（2）润滑油性能差，需要更换
（3）运动机构磨损或配合过紧，需要检修。
（4）冷却系统故障，需要检修。

4. 润滑油消耗量过大

（1）润滑部位漏油，需要检修。
（2）注油器供油过多，需要调节。
（3）刮油效果差，需要检修或更换刮油环。

二、冷却系统故障

1. 冷却水温正常，排气温度过高

（1）供水不足、漏水，应调整供水，检修管路。
（2）管路积垢，应清洗管路。
（3）冷却器效率低，应检修冷却器。

2. 出水温度高，冷却效果差

（1）供水不足、漏水，应调整供水检修管路。
（2）进水温度高，应控制供水温度。

3. 气缸内有水

（1）气缸密封垫片破裂，应检修气缸。
（2）中间或后冷却器密封不严或管子破裂，应检修冷却器。

三、压力异常

1. 排气压力过高

（1）负荷调节器失灵或调整不当，应吹洗检修调整。
（2）减荷阀失灵，应吹洗检修调整。

2. 排气压力过低

（1）安全阀故障，应检修安全阀或更换。
（2）气阀座泄露或活塞环磨损，应检修气阀或更换活塞环。
（3）空气过滤器严重堵塞，应吹洗检修空气过滤器。

3. 进、排气阀漏气

（1）阀片断裂或启闭异常：
① 弹簧折断、阀片受力不均，应检修阀片，更换弹簧。
② 弹簧不垂直或同一阀片上弹簧的弹力相差过大，应检修或更换。
③ 弹簧弹力过小，使阀片受到较大冲击，应检修或更换。
④ 阀片材料或制造质量不良，应检修或更换。
⑤ 润滑油过多，影响阀片正常启闭，同时容易积炭结垢，使阀片脏污，应检修或更换。
（2）阀片与阀座密封不严：
① 阀片与阀座密封结合面不平，应研磨结合面。
② 进气不清洁，积尘结垢，应清洗研磨结合面。
③ 阀片支撑面密封损坏，应更换密封环。

4. 压力分配失调

（1）一级进气阀或排气阀漏气，应检修进排气阀。
（2）二级进排气阀漏气，应检修进排气阀。

四、异常声响和过热

1. 运动部件异常声响

（1）气缸内有异物，应检修气缸。
（2）气缸进水，应检修气缸。
（3）活塞或气缸磨损，应修配气缸或活塞。
（4）活塞和活塞杆的紧固螺栓松动，应紧固。
（5）活塞杆与十字头的紧固螺母松动，应紧固。
（6）连接销与销孔配合不当，应调整间隙。
（7）曲轴连杆或活塞组件机械损伤，应修配或更换。
（8）带轮、飞轮不平衡，应检查调整。

2. 工作摩擦面过热

（1）供油不足、油脏、油质不好、油中含水过多，应检修润滑系统，换油。
（2）摩擦面拉毛，应修磨。
（3）连杆大头轴瓦抱得太紧，应加垫片调整间隙。

3. 空压机过热

（1）冷却不良、气阀故障或缸内积碳严重，应检修冷却系统、气阀或气缸。
（2）运动部件之间间隙太小，造成摩擦阻力大，应调整间隙。
（3）润滑油被吸入气缸而燃烧，应检修密封，调整供油。
（4）润滑油不合规定或供油不足应换油、调整供油。

五、安全阀故障

1. 不能适时开启

（1）阀内有脏物，应清洗吹除脏物。
（2）弹簧压力调整不合适，应调整。

2. 阀芯密封不严

（1）阀内有脏物，应清洗吹除脏物。
（2）阀芯磨损，应研磨或更换。

3. 安全阀开启后压力持续升高

阀内有脏物或开启度不够，应拆卸清洗，重新调整。

六、主要零部件损坏

1. 活塞环磨损过快

（1）材质硬度不够、硬度不均匀，应更换活塞环。
（2）润滑油质量不符合要求，应换油。
（3）供油量不足或过多形成积炭结垢，应清洗积炭，调整供油量。

（4）吸入空气不干净，灰尘进入气缸，应清洗空气过滤器。
（5）活塞环或汽缸壁表面粗糙度变差，加剧磨损，应检修气缸。

2. 连杆与连杆螺栓损坏、断裂

（1）预紧力过大，应调整。
（2）因松动而导致大小头轴瓦严重松动损坏，应调整更换。
（3）因精度差或装配不当而承受不均匀载荷，应检修调整。
（4）大头瓦温度过高引起螺栓膨胀伸长，应检修调整。
（5）活塞在缸内卡死或超负荷运转，使螺栓承受过大应力，应检修气缸。
（6）经长时间运转后疲劳强度下降，应更换。
（7）轴瓦间隙过大、磨损过大或损坏，应调整更换。

3. 活塞咬死或损坏

（1）气缸内断油或油质太差，吸入空气含有杂质，积炭太多，应换油、防尘。
（2）因冷却水量不足，气缸过热，润滑油氧化分解，应改善冷却。
（3）过热气缸采用强行制冷使气缸急剧收缩，但活塞还没有冷却收缩，致使气缸突然咬死，应修配。
（4）安装时运动机构未校正使活塞卡死，应检修活塞。
（5）气缸与活塞的间隙过小，应修配气缸。
（6）活塞环磨损过大或断裂，应更换活塞环。
（7）缸内有异物，应检修气缸。
（8）活塞和气缸材料不符合线性膨胀要求及硬度要求，应更换活塞和气缸材料。

第五节　螺杆式空压机简介

一、螺杆式空压机工作原理

1. 工作原理

螺杆式空气压缩机是容积式压缩机的一种，它通过电机带动主机转动进行空气压缩，喷油对压缩腔进行高温冷却和润滑，压缩腔内压缩空气和润滑油的混合气体经过两道粗、精分离，将压缩空气中的机油分离出来，得到相对较洁净的压缩空气，其工作过程如图4-26所示。螺杆式空气压缩机具有可靠性高、重量轻、振动小、噪声低、运行效率高等特点。

螺杆空压机的核心部件是压缩主机。空气压缩是通过压缩腔内高速旋转的阴阳转子空间变化进行的。电机通过联轴器传动，由变速齿轮增速后驱动阳转子，再由阳转子带动阴转子形成旋转的空间变化（一般阴转子齿数大于阳转子）。

喷入压缩腔内的机油与空气混合，在转子齿槽间被有效地压缩。油在转子齿槽间和腔壁形成一层油膜，避免金属与金属之间的直接接触，并密封转子各部的间隙和吸收工作产生的大部分热量。

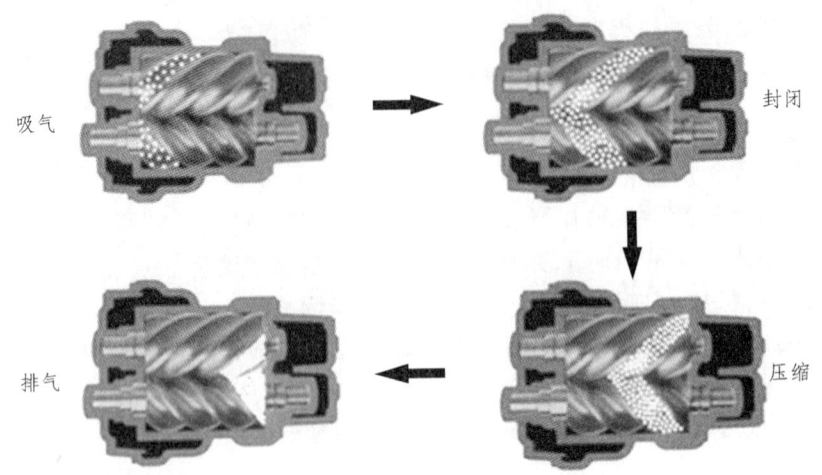

图 4-26 螺杆式空压机工作过程

2. 工作过程

（1）吸气过程。

如图 4-26 所示，螺杆式压缩机无进气与排气阀组，进气只靠减荷阀的开启、关闭调节，当转子转动时，转子的齿沟空间在转至进气端壁开口时，其空间最大。此时，转子的齿沟空间与进气口的自由空气相通，因在排气时齿沟空气被全数排出，排气完时，齿沟处于真空状态，当转至进气口时，外界空气被吸入，沿轴向流入阴阳转子的齿沟内，当空气充满整个齿沟时，转子进气侧端面转离机壳进气口，在齿间空气即被封闭。

（2）封闭及输气过程。

在排气时齿沟空气被全部排出时，齿沟处于真空状态，当转至进气口时，外界空气即被吸入，沿轴向流入阴阳转子的齿沟内，当空气充满整个齿沟时，转子进气侧端面转离机壳进气口，齿间空气即被封闭。

（3）压缩及喷油过程。

在输送过程中，啮合面逐渐向排气端移动，即啮合面与排气口间的间隙（空间）逐渐被减小，齿沟内空气逐渐被压缩，压力提高，即压缩过程。而压缩的同时润滑油也因压力差的作用而喷入压缩室内与空气混合。

（4）排气过程。

当转子的啮合端面转到与机壳排气口相通时（此时，压缩气体的压力最高），被压缩的气体开始从齿隙排出，直至齿顶与齿沟的啮合面移至排气端面，此时两转子的啮合面与机壳排气口齿沟空间为零，完成排气过程，同时，转子啮合面与机壳进气口之间的齿沟长度又达到最长，开始吸气过程。

二、螺杆式空压机系统组成

1. 气路系统

（1）系统运行流程。

如图 4-27 所示，环境空气经空气滤清器滤 1 除尘后，经卸荷阀 2 进入压缩机主机 3 压缩室进行压缩,同时与喷入压缩腔内的润滑油混合,与油混合的压缩空气经排气单向阀4,进入油气分离器5进行油和气的分离,经过分离后的压缩空气通过最小压力阀6、后冷却器7、自动疏水的水气分离器8,然后由供气阀送入用户使用系统中。

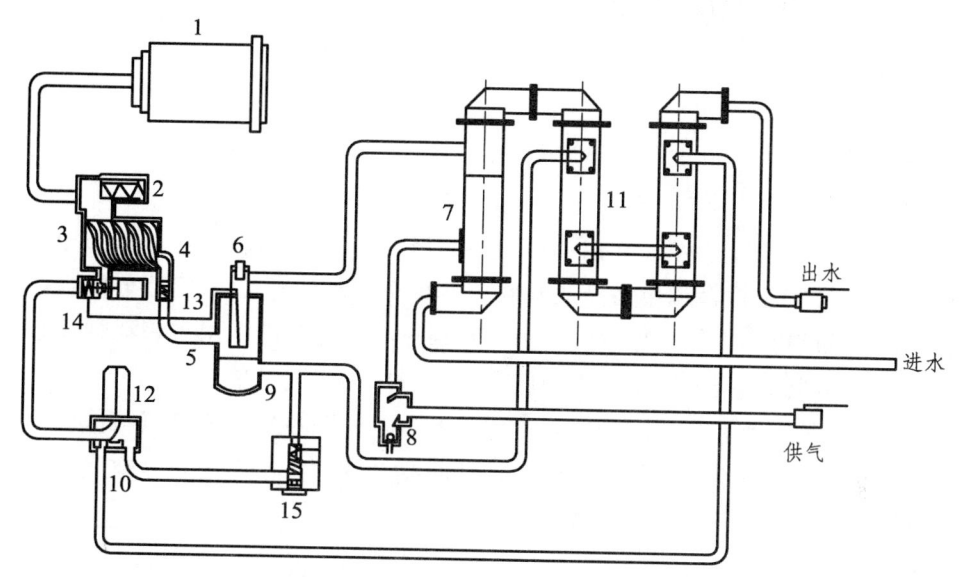

图 4-27　螺杆式空压机系统流程图

1—空气过滤器；2—卸荷阀；3—主机；4—单向阀；5—油气分离器；6—最小压力阀；7—后冷却器；
8—自动疏水的水气分离器；9,10—油气分离器；11—油冷却器；12—油过滤器；
13—回油管；14—断油阀；15—温控阀

（2）气路系统各组件功能。

空气过滤器为干式纸制过滤器,过滤纸细孔度约为 10 μm,通常每 500～1 000 h 应进行清洁,清洁方法是使用低压空气由内向外吹。

卸荷阀当机组处于空载运行时,处于关闭状态；机组处于负载运行时,高压空气克服卸荷阀的弹簧力处于开启状态。

主机由两个螺杆、轴承、电机、机体构成,起压缩气体作用。

单向阀防止停机时,油气分离器中的压缩空气倒流回机体内,造成转子反转。

油气分离器滤芯是由多层细密的玻璃纤维等材料组成,压缩空气中所含的雾状油气经过滤芯后几乎可以被完全滤除,含油量可低于 5 ppm。正常情况下可使用约 4 000 h。

最小压力阀作用是保证设备运行启动时优先建立起润滑所需的循环压力,确保机组的润滑；在压力达到 0.4 MPa 之后打开,可降低流过精油气分离器的空气流速,确保油气分离的效果,保护油气分离器滤芯不因压差过大被损坏。

水冷却机组的后气冷却器为管壳式结构,用冷却水来冷却压缩空气。其排气温度在 40 ℃以下（冷却水入口水温最高不得超过 35 ℃）。水冷型空压机对环境温度条件不敏感,容易控制排气温度,若冷却水质太差,则冷却器易结垢堵塞,水的 pH 值很低（酸度较高）时应使用特殊铜材质。

水气分离器除去因空气冷却后所冷凝出来的水分、油滴及杂质等，压缩空气经过水气分离器后送出设备，设浮球阀可自动排水。

安全阀当压力开关调节不当或失灵而使油气分离器内压力比设定排气压力高出 0.1 MPa 以上时，安全阀即跳开，使压力降至设定排气压力以下。

自动放空阀当压缩机卸载或停机时，自动放空阀自动打开，使油气分离器与大气相通，放气泄压。

2. 油路系统

（1）系统运行流程。

如图 4-27 所示，油气分离器 9 内的压力将润滑油压入油冷却器 11，在油冷却器内冷却后，经油过滤器 12 除去润滑油中的杂质颗粒等，再经过断油阀 14，然后分成两路，一路由机体 3 下端喷入压缩室，冷却压缩空气，另一路通过机体的两端，用来润滑轴承组和传动齿轮，然后各部分润滑油都聚集于压缩室的底部，随着压缩空气排出。

与油混合的压缩空气经过单向阀进入油气分离器，先通过机械式旋风与撞击分离掉大部分油，其余含油雾空气再经过油气分离滤芯，滤除剩余的油，干净的压缩空气经过最小压力阀进入后冷却器冷却后，送至使用系统。

（2）各组件功能。

油冷却器与气冷却器的冷却方式相同。

油过滤器是一种纸质的过滤器，功能是除去油中的杂质，如金属颗粒、油劣化物等，过滤精度在 10~15 μm，对轴承和转子具有保护作用，更换周期最好不要超过设备运行时间 1 500 h。

断油阀在主机开机时开启，停机时关闭，功能是在停机时迅速切断油路，避免油气分离器内的油继续喷入压缩机内，导致润滑油由进气口喷出。断油阀是重要零部件之一，一旦发生故障则会导致压缩机主机因失油而损坏。

油气分离器与气路系统相同。

当机组正常工作时，其排气温度最好高于环境温 40~50 ℃，因为过低的排气温度会影响压缩机的正常使用。机组的排气温度不低于 70 ℃，对提高机组的可靠性，延长机组的使用寿命有帮助。温控阀内腔有一个旁通阀门，此门是敞开的，当温度低于 70 ℃，润滑油经旁通阀门、旁通油管、油过滤器、断油阀直接进入主机工作腔，此时、润滑油未经冷却。

3. 冷却系统

冷却水水质必须符合一般工业用水标准以上，尽量避免使用地下水，若水质差则冷却水塔须定期加清洗剂来清洗沉积物，以免影响冷却器的效率或寿命。具体要求如下：冷却水接近中性，pH 应在 6.5~9.5；有机物质和悬浮机械杂质应小于 25 mg/L，含油量小于 5 mg/L；暂时硬度≤10 度，（硬度 1 度相当于是 1 L 水中含有 10 mg CaO，或 7.19 mg MgO）；冷却水的温度应≤30 ℃，若高于 32 ℃，气冷和水冷应各自设置进出水管，不能串联；0.2 MPa≤进水压力＜0.5 MPa。

4. 压缩空气净化设备的作用

经空气压缩机排出的压缩空气含有一定的水分、微量的杂质和微量的油分，压缩空气净化设备的作用就是对压缩空气进行净化处理，去除压缩空气中的水分、油分和其他杂质的设备，也称压缩空气后处理设备。

常用压缩空气净化设备的种类有储气罐、干燥机（吸附式和冷冻式）、过滤器等3种。

三、螺杆式空压机常见故障

1. 空压机无法正常启动

可能的原因包括：保险丝烧断；启动电器故障；启动按钮接触不良；电路接触不良；电压过低；主电机故障；主机故障（主机有异常声，局部发烫）；电源缺相；风扇电动机过载（风冷式）。

排除方法及对策：检修电气线路或更换相关材料。

2. 运行电流高，空压机自动停机（主电机过热报警）

（1）电压太低，应检查供电及电路。

（2）排气压力过高，应检查/调整压力参数。

（3）油气分离器堵塞应清洗检查。

（4）压缩机主机故障应拆机检查。

（5）电路故障，应检查电路。

3. 排气温度低于正常要求

（1）温控阀失灵则检修清洗或更换阀芯。

（2）空载过久则加大用气量或停机。

（3）排气温度传感器失灵则检查、更换传感器。

（4）进气阀失灵，吸气口未全打开则清洗、检修。

4. 排气温度过高，空压机自动停机（排气温度过高报警）

（1）润滑油量不足则检查加油。

（2）润滑油规格/型号不对则换油。

（3）油过滤器堵塞则清洗。

（4）油冷却器堵塞或表面污垢严重则清洗。

（5）温度传感器故障则检查清洗或更换。

（6）温控阀失控则检查更换。

5. 排出气体含油量大

（1）油气分离器破损则更换新件。

（2）单向回油阀堵塞则清洗。

（3）润滑油过量则放出部分油。

6. 空压机排气量低于正常要求

（1）空气滤清器堵塞则吹除杂质或更换新件。

（2）油气分离器堵塞清洗。

（3）电磁阀漏气则检修或更换。

（4）气管路元件泄漏检修或更换。

（5）进气阀不能完全打开则检修或更换。

7. 停机后从空气滤清器吐油

进气阀内的单向阀弹簧失效或单向阀密封圈损坏则更换损坏的元件。

8. 安全阀动作喷气

（1）安全阀使用时间长，弹簧疲劳则重新调定或更换。

（2）油气分离器堵塞则清洗。

（3）压力控制失灵，工作压力高则检查重新调定。

第五章 叉 车

第一节 叉车的基本结构及适用范围

一、内燃平衡重式叉车的基本结构、特点及用途

1. 特点及用途

内燃叉车是指使用柴油、汽油或液化石油气为燃料,由发动机提供动力的叉车,起升质量一般为 1~45 t。

内燃平衡重式叉车一般以柴油发动机为主,特点是体积较大,但其稳定性好,适宜重载,使用时间无限制,使用场地一般适宜室外操作。与汽油机相比,柴油机动力性较好,长时间作业能力强,燃油费用低但是其振动及噪声较大,排气量较大,自重大。

平衡重式液化气叉车简称 LPC 叉车(图 5-1),其结构原理是在汽油叉车上加装一套液化气转换装置,通过转换开关进行汽油和液化气的转化。LPG 叉车最大的优点是尾气排放少,一氧化碳排放明显少于汽油机,燃料费用低,适用于对环境要求较高的室内作业,属于环保型叉车。

图 5-1 LPG 叉车

2. 基本结构

叉车的种类很多,但其构造基本相似,主要由发动机底盘(行走机构)、车体起升机构液压系统及电气设备等组成(图 5-2)。

内燃平衡重式叉车的基本结构一般分为七大系统。

(1)驱动系统,主要包括发动机、变速器、变速驱动桥、散热器、前轮胎、消声器等。

(2)转向系统,主要包括转向桥、转向器、转向管柱、方向盘及后轮胎等。

(3)车身系统,主要包括车架、护顶架、前围板、机盖板、座椅、配重、驾驶室等。

(4)操作系统,主要包括离合、制动、换向、油门等。

(5)液压系统,主要包括多路换向阀、液压泵、起升液压缸、倾斜液压缸及接头油管等。

(6)门架系统主要包括内外门架、滑架、挡货架、滚轮、链轮、限速阀链条等。

(7)电气系统主要包括仪表箱、组合线束、继电器、保险盒、前后组合灯扬声器及各种开关等。

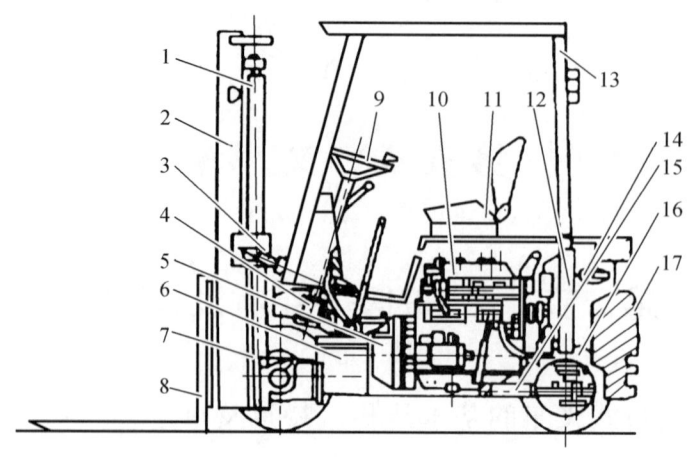

图 5-2 内燃平衡重式叉车的基本结构

1—起升液压缸;2—门架;3—倾斜液压缸;4—全液压转向器;5—离合器;6—变速器;7—变速驱动桥;
8—货叉;9—方向盘;10—发动机;11—驾驶座;12—散热器;13—护顶架;14—排气管;
15—转向液压缸;16—转向桥;17—车架及平衡重

二、蓄电池叉车的基本结构、特点及用途

1. 蓄电池叉车的基本结构

蓄电池叉车以动力蓄电池为能源,由电动机实现电能到机械能的转变。与内燃叉车类似,蓄电池叉车的基本结构主要包括电气系统、液压系统、传动系统转向及控制系统、车身系统和工作装置等。平衡重式蓄电池叉车的总体构造如图 5-3 所示。

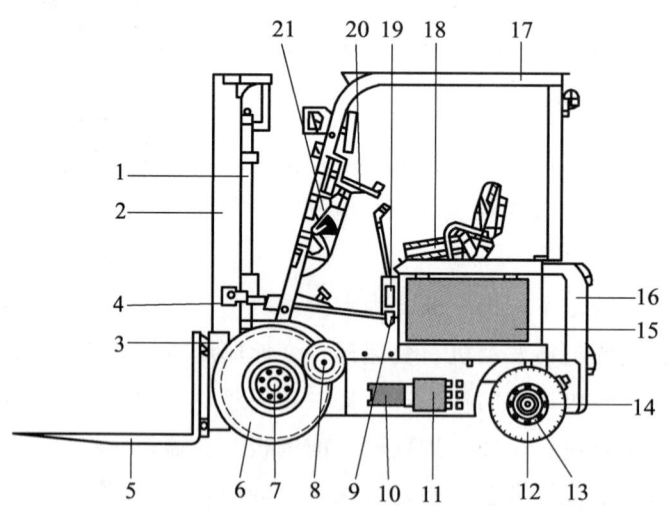

图 5-3 平衡重式蓄电池叉车的总体构造

1—起升液压缸;2—门架;3—划架;4—倾斜液压缸;5—货叉;6—前轮胎;7—变速驱动桥;8—行走电动机;
9—优先阀;10—液压齿轮泵;11—液压泵电动机;12—后轮胎;13—转向桥;14—转向液压缸;
15—蓄电池;16—配重;17—护顶架;18—座椅;19—主控阀;
20—方向盘;21—转向器

关于蓄电池叉车的构造，不同厂家有不同的系统分类。但其结构组成大致相同，主要包括动力蓄电池、行走电动机、液压泵电动机、加速踏板、变速驱动桥变速器、转向桥、齿轮泵和车架等，各系统构造和原理将在后面详细介绍。行走电动机的布置有纵置式、横置式和前双驱式；蓄电池的布局有下沉式和后置式。

2. 蓄电池叉车特点及用途

蓄电池叉车与内燃叉车相比其特点主要表现在以下几个方面。

（1）结构简单、操作方便，便于空间的布置，转弯半径小。

（2）无污染、低噪声。能量转换效率高，提高了能源利用率，工作过程中零排放、噪声低。

（3）电控系统复杂、成本高。大量集成原件和新的控制技术广泛使用于电气系统，造成电控系统较复杂；铅酸蓄电池寿命的限制，导致蓄电池叉车的一次投入成本较高。

根据蓄电池叉车的特点，目前，它主要使用在对环境要求较高的行业，如食品加工、医药、冷库、恒温无尘车间等。

蓄电池叉车也有其不足之处，主要体现在功率小、爬坡度小、速度慢，起升质量大多在 3.5 t 以下。随着科技的不断发展，主要蓄电池叉车厂家推出了以交流电动机和电控系统为特点的新产品。特别是前双驱驱动系统的应用，大大提高了蓄电池叉车工作的可靠性，动力性能也得到很大的提升。随着人们环保意识的增强，更多的用户会选择无污染的蓄电池叉车。

（a）行走电动机装置　　　　　　　（b）行走电动机前双驱式

（c）行走电动机纵置式　　（d）蓄电池后置式　　（e）蓄电池下沉式

图 5-4　几种常见蓄电池叉车的结构布置

第二节　叉车动力系统

一、内燃叉车的动力装置

叉车按动力装置的不同，可以分为内燃叉车和蓄电池叉车。内燃叉车以发动机为动力来源；蓄电池叉车以动力蓄电池为电能来源，通过电动机实现电能到机械能的转换。

1. 内燃叉车的动力装置特点

内燃叉车主要使用柴油机和汽油机为发动机。内燃叉车用发动机具有以下特点
（1）叉车设计结构紧凑，但工作强度大，因此要求发动机功率大、尺寸小。
（2）为了给工作装置提供动力，要求发动机除飞轮端外有第二个动力输出端。
（3）叉车的车速较低，一般最大车速不超过 25 km/h，通常叉车发动机的最大转速在 200～2 800 r/min，因此叉车普遍采用转速低、转矩大的发动机。
（4）叉车的工作负荷繁重，负载率比较高，要求发动机按 1 h 功率选用。
（5）由于发动机后置、空间狭小，散热器的通风主要靠风扇产生，因此要求提高风扇转速，增大风扇直径或叶片角度。

2. 柴油发动机产品名称和型号编制规则

根据 GB/T725—2008 的规定，内燃机产品名称均按所采用的燃料命名，例如汽油机、柴油机。内燃机型号由阿拉伯数字、汉语拼音或国际通用的英文缩略字母组成。主要有四部分，如图 5-5 所示。

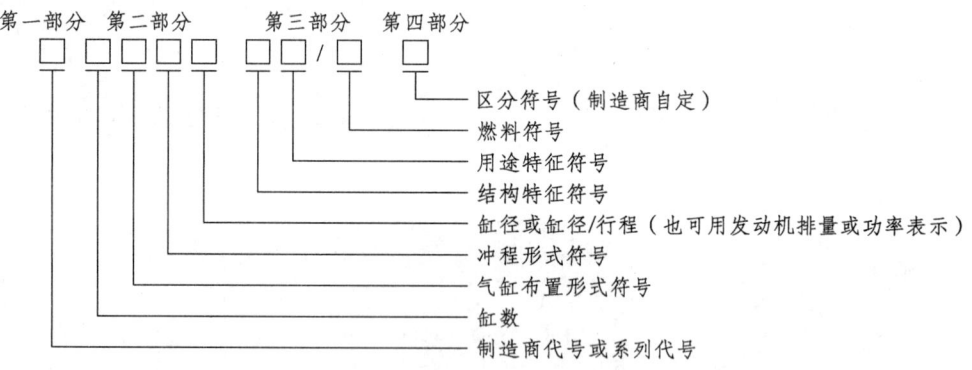

图 5-5　内燃机型号的组成

柴油机型号编制实例：A490BPG，新柴直列四缸、缸径 90 mm、冷却液冷却、工程机械用。

按照不同的分类方法，内燃机可以分成不同的类型。
（1）按照气缸排列方式分为直列式内燃机、V 形内燃机、对置式内燃机、W 形内燃机、星形内燃机。
（2）按照冷却方式分为水冷式内燃机、风冷式内燃机。

（3）按照进气方式分为自然吸气式内燃机、增压式内燃机。

（4）按照用途分为工程机械用内燃机、汽车用内燃机、拖拉机用内燃机、船用内燃机、发电机用内燃机等。

目前，市场上供叉车选用的发动机品种很多。内燃叉车以CPC（D）30型销量较大，选用的国产柴油机型号主要有新柴490、大柴498、浙柴490B、江铃493等20种，进口柴油机型号有现代AG43/AG45、洋马4TNE92、久保田2403等10种。

3．四冲程柴油机

（1）柴油机的气缸。

为了更好地理解柴油机的工作原理，首先了解一下柴油机气缸（见图5-6）的基本术语和主要参数。

上止点：活塞距曲轴中心最远时，气缸壁与活塞定平面的位置。

下止点：活塞距曲轴中心最近时，气缸壁与活塞定平面的位置。

活塞行程（S）：活塞上下止点间的距离。

气缸工作容积：活塞从上止点到下止点所扫过的气缸容积。

燃烧室容积：活塞在上止点时，活塞顶上面的空间叫燃烧室，其容积称为燃烧室容积。

气缸总容积：活塞在下止点时，活塞顶上面整个空间的容积。

压缩比：气缸总容积与燃烧室容积的比值。

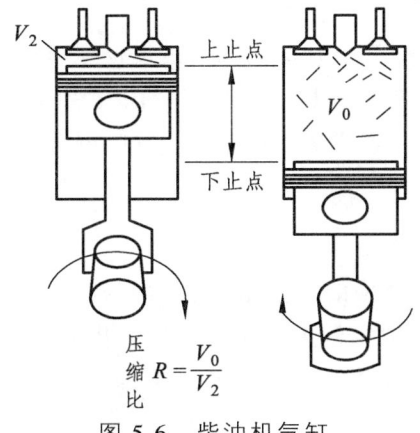

图5-6 柴油机气缸

（2）四冲程柴油机的工作原理。

发动机的功能是将燃料在气缸内燃烧使其热能转换成机械能，再通过曲柄机构输出动力。能量的转换是通过连续的循环进行"进气—压缩—做功—排气"四个连续过程来实现，每进行一个连续过程叫一个工作循环。四冲程柴油机工作原理如图5-7所示。

① 进气行程。

活塞由曲轴带动从上止点向下止点运动，此时排气门关闭，进气门开启。活塞移动的过程中，气缸内的容积逐渐增大，形成一定的真空度，于是经过滤芯的空气通过进气门进入气缸。直至活塞到达下止点时，进气门关闭，停止进气。

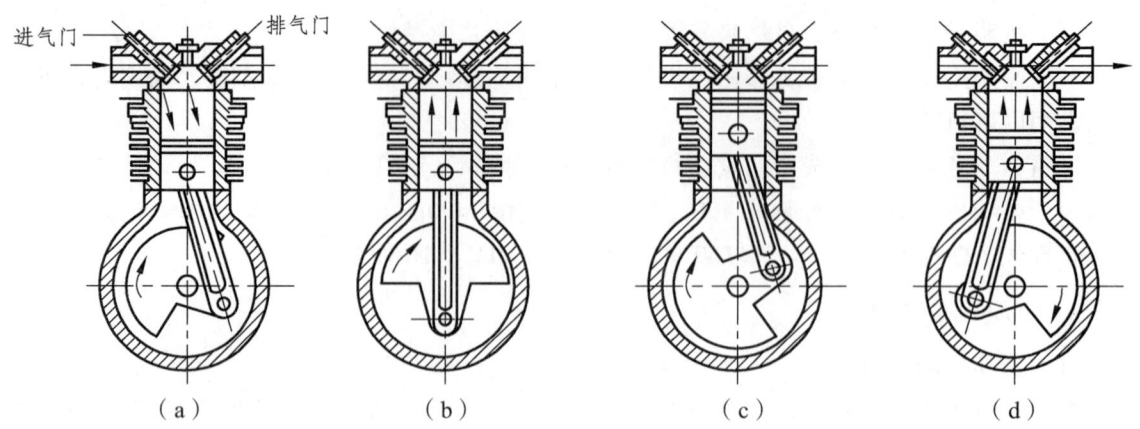

图 5-7 四冲程柴油机工作原理

② 压缩行程。

进气行程结束时,活塞在曲轴的带动下,从下止点向上止点运动,气缸容积逐渐减小,由于进排气门均关闭,气体被压缩,气缸内温度上升直至活塞到达上止点时,压缩结束。

③ 做功行程。

在压缩行程末,高压油嘴喷出高压燃油与空气混合,在高温高压下混合气体迅速燃烧,使气体的温度、压力迅速升高而膨胀,从而推动活塞由上止点向下止点运动,再通过连杆驱动曲轴转动做功,至活塞到下止点时,做功结束。

④ 排气行程。

在做功行程结束时,排气门被打开,曲轴通过连杆推动活塞由下止点向上止点运动,废气在自身剩余压力和活塞的推力作用下,被排出气缸,直至活塞到达上止点时,排气门关闭,排气结束。排气行程终了时由于燃烧室容积存在,气缸内还存少量废气,气体压力也因排气门和排气管的阻力而仍高于大气压。

4. 柴油发动机的主要机构

柴油机作为一种进行能量转换的复杂机械,由多种机构和部件组成。虽然柴油机的种类很多,且各有其结构特点,但结构大同小异,主要由机体、曲柄连杆机构、配气机构、燃油供给系统、润滑系统、冷却系统、操纵系统等部分组成。下面就对各系统的组成做简要介绍。

(1)机体。

发动机各机构、各系统工作和装配的基础。主要由缸体、缸盖、缸垫、曲轴箱、油底壳组成。

(2)曲柄连杆机构。

发动机借以产生并传递动力的机构,可把活塞的直线往复运转变为曲轴的旋转运动。主要由活塞、活塞环、活塞销、连杆、曲轴、轴瓦、飞轮组成。

(3)配气机构。

使干净空气及时充入气缸并及时从气缸中排出废气。主要由凸轮轴、气门、摇臂、挺轴组成。

（4）燃油供给系统。

将柴油按一定规律喷入经压缩的空气中燃烧。主要由喷油泵、喷油口、滤清器、油水分离器组成。

（5）润滑系统。

将润滑油供给摩擦件以减少摩擦阻力，减轻机件的磨损，并部分地冷却摩擦零件，清洁摩擦表面。主要由机油泵、机油滤清器、机油冷却器、管路组成。

（6）冷却系统。

将承受高热机件的热量散到大气中去。主要由水泵、散热器（水箱）、风扇、分水管、机体、缸盖内的水套、恒温阀组成。

（7）操纵系统。

发动机启动的同时，电磁阀将调速器油门拉到适当位置，向气缸供油燃烧。主要由电子调速机构或机械调速、起动电动机和油门组成。

二、蓄电池叉车的动力装置

1. 叉车蓄电池

（1）动力型蓄电池原理。

目前，铅酸蓄电池按其用途和要求的不同，可以分为启动型蓄电池、动力型蓄电池、固定型蓄电池、防酸防爆型蓄电池以及车用蓄电池、船用蓄电池等。蓄电池叉车上使用的蓄电池为电动机提供电能，驱动车辆行走和工作装置，是动力型蓄电池。蓄电池车辆通常使用单体蓄电池（额定电压 2 V），通过软连接（导线）或硬链接（焊接）的方式，串联组成不同额定电压的蓄电池组。串联的蓄电池组额定电压一般优先选择 12 V、24 V、48 V、80 V 等，被广泛使用在蓄电池叉车、牵引车和挑选车上。

铅酸蓄电池是一种能量转化系统，在充电时将电能转化为化学能储存在电池内，在放电时将蓄电池内储存的化学能转化为电能供给用电设备。放电时，正负极活性物质分别与电解液发生反应，转变成硫酸铅（$PbSO_4$）。充电时正好相反负极活性物质分别恢复为二氧化铅（PbO_2）和海绵状金属铅（Pb）。

充电过程。

正极：$PbSO_4 + 2H_2O \rightarrow PbO_2 + 3H^+ + HSO_4^- + 2e^-$

负极：$PbSO_4 + 2H^+ \rightarrow Pb + H_2SO_4 - 2e^-$

总反应：$2PbSO_4 + 2H_2O \rightarrow PbO_2 + Pb + 2H_2SO_4$

铅酸蓄电池基本参数如下：

① 单体额定电压：2 V。

② 充饱电充电机未断开时单体电压：2.6 ~ 2.7 V。

③ 充饱电充电机断开后单体电压：2.17 V。

④ 充电到 80% C_5（标定容量）时单体电压：2.4 V。

⑤ 放电到 80% C_5（标定容量）时单体电压：1.87 V。

⑥ 充饱电时电解液密度：1.28 kg/L。

⑦ 放电到 80% C_5（标定容量）时单体密度：1.14 kg/L。

⑧ 额定容量指在恒温下（一般 $T = 25\ ℃$），电解液密度为 1.280 kg/L，以恒定的电流（I_n），在限定的时间（t_n），放电达到 1.7 V/C，所放出的电量，用 C_n 表示。对于牵引用铅酸蓄电池而言，n 值一般取 5 或者 6。目前包括绝大部分欧洲国家、中国等都选 5，只有美国等少数国家选 6。同一种型号的单体电池 $C_6 > C_5$。额定容量不是电池的最大容量。

⑨ 电池的使用寿命是按照电池充放电的次数来计算的。电池充饱电后放电至 80% C_5（标定容量），然后再充饱电视为一次充放循环。目前，牵引用铅酸蓄电池长使用寿命为 1 500 次。当电池的容量下降到 80% C_5（标定容量）以下时一般认为该电池使用寿命终止。

⑩ 蓄电池的充放电曲线是蓄电池重要的参数，对于充电机的设计和电控系统对蓄电池的检查和保护具有重要的意义。蓄电池的充放电曲线如图 5-8 所示。

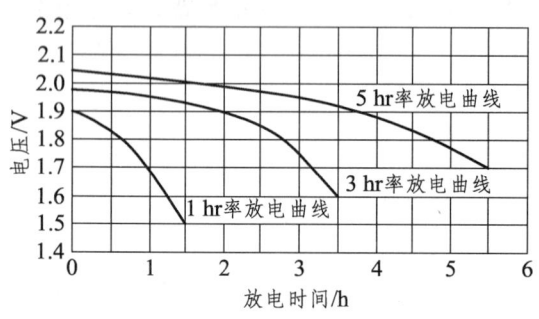 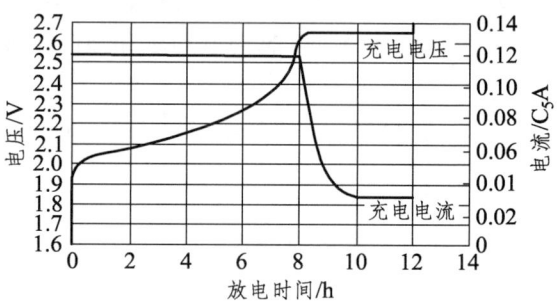

图 5-8　蓄电池的充放电曲线

（2）动力蓄电池结构。

叉车用的蓄电池由单体组成蓄电池组，蓄电池组如图 5-9 所示，单体蓄电池的结构如图 5-10 所示。

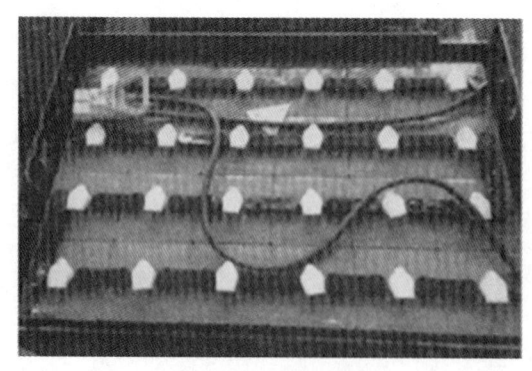 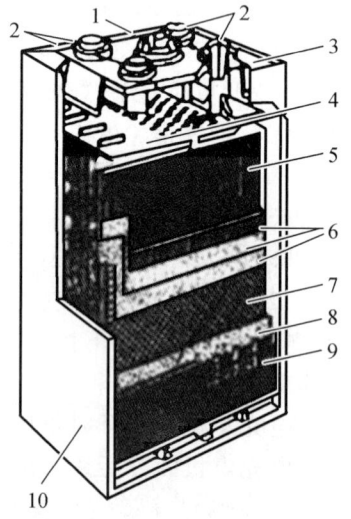

图 5-9　蓄电池组　　　　图 5-10　单体蓄电池的结构

1—加液孔塞；2—极柱；3—电池上盖；4—防护网；
5，9—极板；6，7，8—隔板；10—外壳

单体蓄电池有以下 4 个基本部分：

① 两种不同材料组成的电极。正极和负极。由活性物质材料和导电材料以及添加剂等组成。正极活性物质为二氧化铅（PbO_2），负极活性物质为海绵状铅（Pb），它们参与反应和起导电的作用，是电池中决定电性能的主要部件。

② 将两个电极分隔开的隔板。隔板起到防止正、负极直接接触而短路的作用，是对电子的不良导体和对离子的良导体，具备多孔性、良好的耐酸性、耐氧化性和亲水性、低电阻、有害杂质少等特点，其材料主要有微孔橡胶、PE、PVC、PP、PE 橡胶、聚酯等。

③ 电解液。起保证正、负极间的离子导电的作用，一般是密度为 1.200 ~ 1.350 g/cm^3 的稀硫酸。

④ 电池槽、盖。要求具有良好的耐酸性、耐温性和绝缘性，并具有良好的强度，起容器的作用。

根据制造工艺和执行标准的不同，可分为我国 GB 标准蓄电池组、英国 BS 标准蓄电池组和德国 DIN 标准蓄电池组。不同标准的蓄电池组如图 5-11 所示，现在市场上都有销售。主要的动力蓄电池品牌有淄博火炬蓄电池、鼎虎蓄电池、超霸蓄电池，烟台金潮宇科蓄电池和德国 hoppecke 蓄电池等。由于铅酸蓄电池在制造过程中有重金属污染、效率低、使用寿命短等缺陷，现在已有锂电池蓄电池叉车出现。

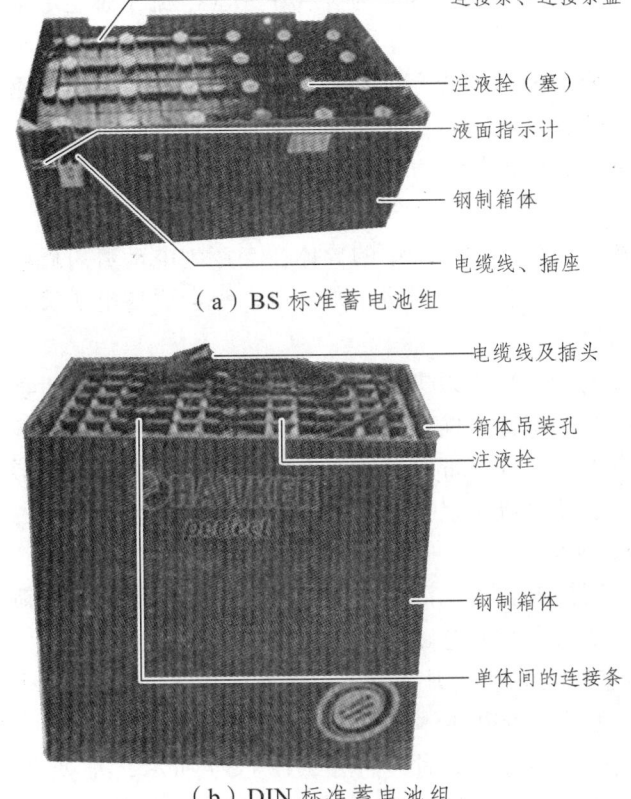

（a）BS 标准蓄电池组

（b）DIN 标准蓄电池组

图 5-11 不同标准的蓄电池组

2. 电动机原理

蓄电池叉车依靠电动机实现电能向机械能的转换。在实际应用中交、直流电动机都有使用，但随着新技术的不断发展，交流电动机有取代直流电动机的趋势。本节就分别讲述直流电动机和交流电动机的原理。

（1）电磁场的几个基本概念。

① 磁场。

磁场是一种看不见，而又摸不着的特殊物质，它具有波粒的辐射特性。磁体周围存在磁场，磁体间的相互作用就是以磁场作为媒介的。

② 磁场强度。

磁场强度是在给定点上的磁感应强度 B 和磁常数之商与磁化强度 M 之差。在真空中，磁场强度为磁感应强度 B 与磁常数之商。磁场强度用矢量符号"H"表示。

③ 磁路。

磁路是强磁材料构成在其中产生一定强度的磁场的闭合回路。它是一种研究含有用以导磁的铁心的电磁器件的模型，在这些器件中利用磁路在其中获得需要的磁场。

④ 右手定则。

右手定则：右手平展，使大拇指与其余四指垂直，并且都跟手掌在一个平面内；接着把右手放入磁场中，若磁感线垂直进入手心（当磁感线为直线时，相当于手心面向 N 极），大拇指指向导线运动方向，则四指所指方向为导线中感应电流（感生电动势）的方向。

⑤ 左手定则。

左手定则：左手平展，让磁感线穿过手心，使大拇指与其余四指垂直，并且都跟手掌在一个平面内；然后把左手放入磁场中，让磁感线垂直穿入手心，手心面向 N 极（叉进点出），四指指向电流所指方向，则大拇指的方向就是导体受力的方向。

⑥ 电磁感应。

电磁感应现象是指放在变化磁通量中的导体，会产生电动势。此电动势称为感应电动势或感生电动势。若将此导体闭合成一回路，则该电动势会驱使电子流动，形成感应电流。

（2）直流电动机的原理。

直流电动机是把直流电能转化为机械能的装置。直流电动机用于动力驱动，具有调速性能好、过载倍数大、控制性能好等优点。下面简要介绍直流电动机的基本工作原理。

直流电动机的基本工作原理是带电导体在磁场中受力产生电磁力形成磁转矩。但要获得恒定方向的转矩，需要机械整流装置把外电路的直流电流变为绕组中的交流电流。直流电动机的基本原理如图 5-12 所示。

图 5-12 中 A、B 电刷接在直流电源上，电动机轴加上被驱动的载荷。直流电动机的转子上有许多的线圈，这些线圈产生的电磁转矩合成为一个总的电磁转矩（以一个线圈来讲解直流电动机的原理）。当直流电流经电刷 A 流入，经换向片 1、线圈 $abcd$、换向片 2，由电刷 B 流出，如图 5-11（a）所示。带电导体在磁场中将受到电磁力的作用，根据左手定则，线圈沿逆时针方向转动。当转子转过半周时，如图 5-12（b）所示，de 处于 N 极下，ab 处于 S 极下，此时电流的方向经电刷 A 流入，经换向片 2、线圈 $dcba$、换向片 1，由电刷 B 流出，根据左手定则线圈仍沿逆时针方向转动。因此，转子将沿一个恒定的方向转动。

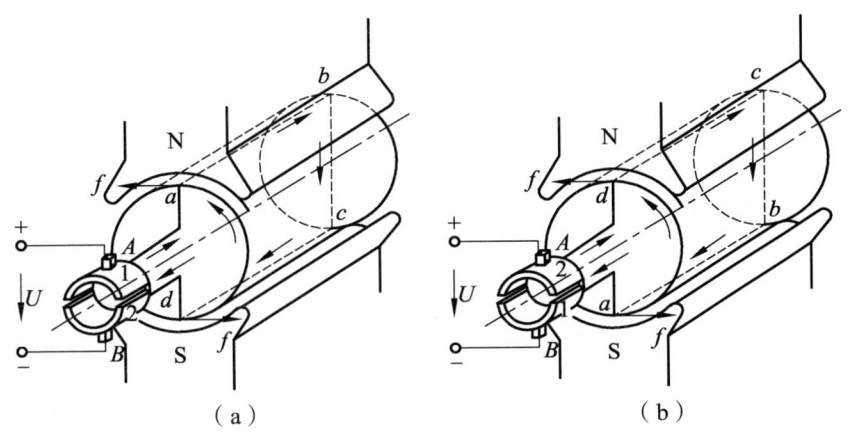

图 5-12 直流电动机的原理图

通过上述直流电动机的工作原理，可以了解到，从转子线圈的角度看，每个导体中的电流方向是交变的；但是从磁极看，每个磁极下导体中电流的方向是不变的。因此，直流电动机可以获得恒定方向的电磁转矩使电动机持续旋转。

直流电动机按照励磁方式的不同可以分为串励电动机、复励电动机、他励电动机、并励电动机，不同励磁方式电动机的外形也不同，因此不同蓄电池叉车的设计需要选择不同励磁类型的直流电动机。励磁方式是指对励磁绕组如何供电、产生励磁磁动势而建立主磁极的方式。下面对各种励磁方式的原理和特点进行简单介绍。

① 串励。

串励电动机的励磁绕组与电枢绕组串联之后接直流电源，如图 5-13 所示。串励电动机励磁绕组的特点是其励磁电流 I_f 就是电枢电流 I_a，这个电流一般比较大，所以励磁绕组导线粗、匝数少，其电阻也较小。

② 并励。

电动机的励磁绕组是和电枢绕组并联的，如图 5-14 所示。并励电动机励磁绕组的特点是导线细、匝数多、电阻大、电流小。这是因为励磁绕组的电压就是电枢绕组的端电压，这个电压通常较高。励磁绕组电阻大，可使 I_f 减小，从而减小损耗。由于 I_f 较小，为了产生足够的主磁通 Φ，就应增加绕组的匝数。

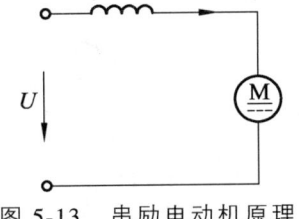

图 5-13 串励电动机原理　　图 5-14 并励电动机原理

③ 他励。

他励电动机的励磁绕组和电枢绕组互不相连，如图 5-15 所示。他励电动机的励磁绕组采用单独的励磁电源。

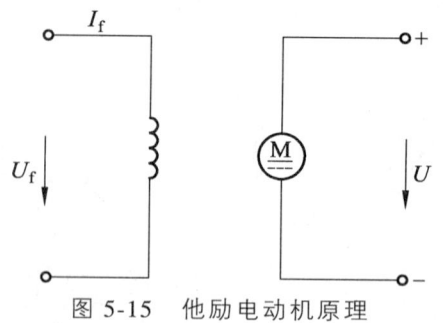

图 5-15 他励电动机原理

④ 复励。

这种直流电动机的主磁极上装有两个励磁绕组，一个与电枢绕组串联，另一个与电枢绕组并联，如图 5-16（a）所示，所以复励电动机的特性兼有串励电动机和并励电动机的特点，应用也很广泛。当两个励磁绕组产生的磁通方向一致时，称为积复励电动机，如图 5-16b 所示。相反时，则称为差复励电动机，如图 5-16（c）所示。

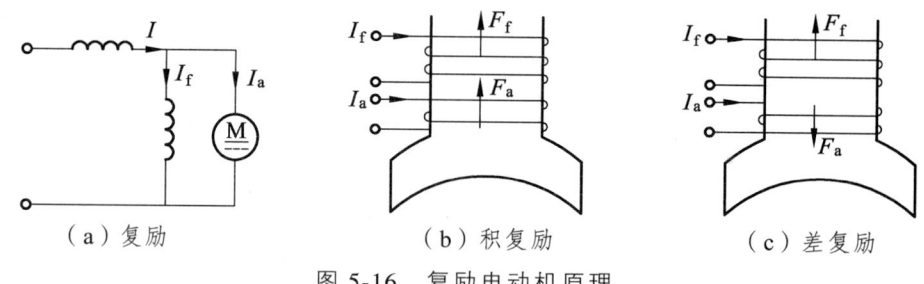

（a）复励　　　　　　　（b）积复励　　　　　　　（c）差复励

图 5-16 复励电动机原理

（3）交流电动机的原理。

蓄电池叉车使用的交流电动机是三相异步电动机，也叫感应电动机。其工作原理是通过在电动机气隙周围产生一个旋转的磁场，转子绕组自身短路且处于旋转的磁场里，由于电磁感应的关系，在转子绕组中产生电动势、电流，从而产生电磁转矩并驱动转子。三相异步电动机定子绕组通过对称三相交流电后，转子便会旋转、实现能量转换。

交流电动机模型如图 5-17 所示。感应电动机的定子铁心上嵌有对称的三相绕组，在圆柱形的转子铁心上嵌有均匀分布的导条，用铜环把导条两端连接成一个整体，定子和转子之间有气隙。当向定子三相对称绕组中通入对称的三相电流电时，在气隙的周围产生一个转速为 n_1 的旋转磁场。旋转的磁场切割转子上导条，根据电磁感应定律，转子导条内会产生感应电动势。根据右手定则，感应电动势的方向如图 5-17 所示。因为转子上的导条为闭合的，在感应电动势的作用下，转子导体中将产生感应电流，其方向和感应电动势一致。有感应电流的导体，在旋转的磁场中将受到电磁力的作用，根据左手定则电磁力 f 的方向如图 5-17 所示。因为作用于导体上的电磁力对转子轴产生的电磁转矩和旋转的磁场方向是一致的，从而驱动转子和旋转磁场的旋转方向一致。当转子轴上加上负载时，转

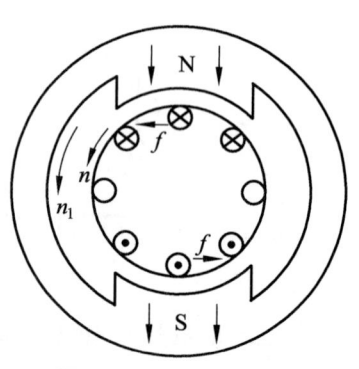

图 5-17 电动机模型

子受到的电磁转矩将克服负载转矩而做功，从而实现了能量的转换，这就是感应电动机的工作原理。

3．电动机的结构

（1）直流电动机的结构。

直流电动机主要由定子和转子两大部分组成。定子起产生磁场并作为电动机的机械支架的作用；转子又称作电枢，起感应电动势和产生电磁转矩的作用。定子主要包括主磁极、换向极、机座、端盖、轴承和电刷装置；转子主要包括电枢铁心、电枢绕组、换向器、轴和风扇等。直流电动机的结构如图 5-18 所示。

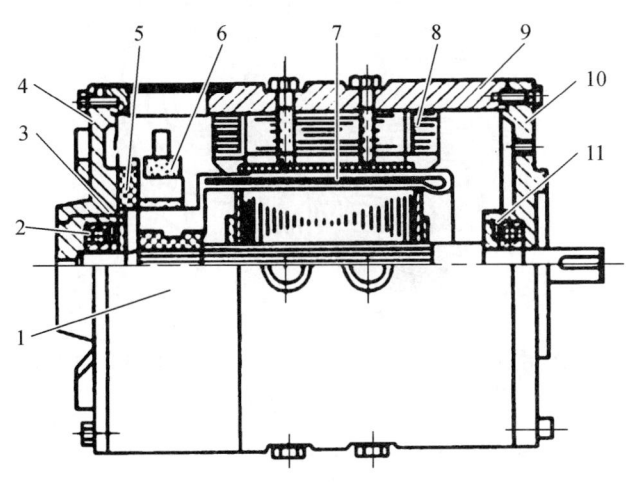

图 5-18　直流电动机的结构

1—防尘罩；2，11—轴承；3—挡油板；4—电刷端盖；5—电刷安装板；6—电刷及刷架；7—电枢；8—磁场；9—外壳；10—驱动端盖

① 主磁极。

主磁极的作用是产生主磁场，有时也称为主极。主磁极一般是电磁铁，包括主极铁心和励磁绕组。主极铁心通常由 1～1.5 mm 厚的钢板冲压紧固而成。绕制好的励磁绕组套在铁心外面，整个主磁极用螺钉固定在机座上。

② 换向极。

换向极装在两个主磁极之间，也是由铁心和绕组构成的。换向极的作用是改善换向，消除和减少电刷与换向器之间的火花。

③ 电刷装置。

电刷装置的作用是将直流电压、直流电流引入或引出电枢绕组。主要由电刷、刷握、压紧弹簧和铜丝辫组成，电刷的结构如图 5-19 所示。

④ 电枢绕组。

电枢绕组的作用是用来感应电动势和通过电流，是直流电动机电路的主要部分。电枢绕组由一

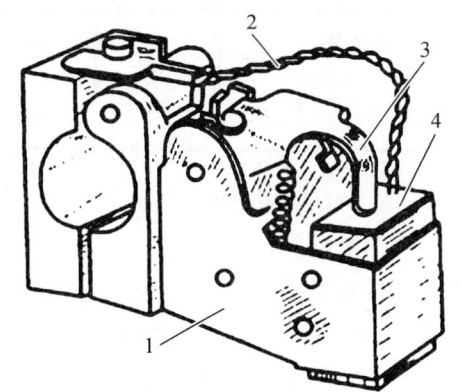

图 5-19　电刷的结构

1—刷握；2—铜丝辫；3—压紧弹簧；4—电刷

定数目按一定规律链接的线圈组成。线圈一般是用带绝缘的圆形或矩形截面导线绕制而成，嵌放在电枢铁心槽中。

⑤ 换向器。

换向器的作用是将电刷上通过的直流电流转换为绕组内的交流电流。电枢绕组的每个线圈两端分别焊接在两个换向片上，换向片之间用云母绝缘，换向器结构如图 5-20 所示。

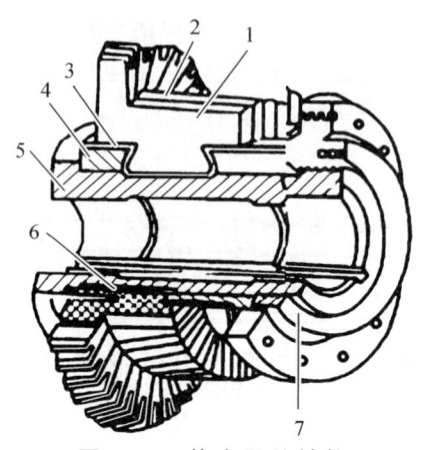

图 5-20 换向器的结构

1—换向片；2—云母片；3—V 形云母套筒；4—V 形钢环；
5—钢套；6—绝缘套筒；7—螺旋压圈

目前，蓄电池叉车采用的直流电动机主要品牌有辽源汇丰电动机、安徽皖南电动机、常银电动机等。蓄电池叉车用直流电动机的铭牌主要参数如下：

① 额定电压、额定电流和额定转速。
② 额定功率指电机的额定输出功率。
③ 励磁方式、额定励磁电压、额定励磁电流。
④ 绝缘等级和保护等级。绝缘等级见表 5-1，常用的保护等级为 IP20/IP54。

表 5-1 绝缘等级

绝缘等级	Y	A	E	B	F	H	C
极限工作温度/℃	90	105	120	130	155	180	>180

（2）交流电动机的结构。

交流电动机的种类很多，目前蓄电池叉车用的电动机主要是三相异步感应电动机。和直流电动机相比感应电动机主要优点是结构简单、制造容易、坚固耐用、免维护、运行效率高。随着电力电子器件、交流控制技术的迅速发展，越来越多的蓄电池叉车采用交流电动机。蓄电池叉车用的交流电动机的结构如图 5-21 所示。

和直流电动机一样，交流电动机也由定子和转子两大基本部分组成。定子和转子之间有一定的气隙。

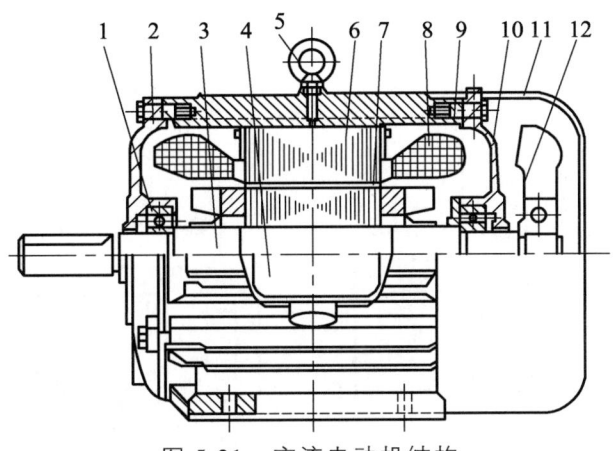

图 5-21 交流电动机结构

1—轴承；2—前端盖；3—转轴；4—接线盒；5—吊环；6—定子铁心；7—转子；
8—定子绕组；9—机座 10—后端盖；11—风罩；12—风扇

① 外壳。

交流电动机的外壳包括机座、端盖、轴承盖、接线盒及吊环。

② 定子铁心。

交流电动机定子铁心是电动机磁路的一部分，由 0.35～0.5 mm 厚表面涂有绝缘漆的薄硅钢片叠压而成。铁心内圆有均匀分布的槽口，用来嵌放定子绕组线圈，如图 5-22 所示。

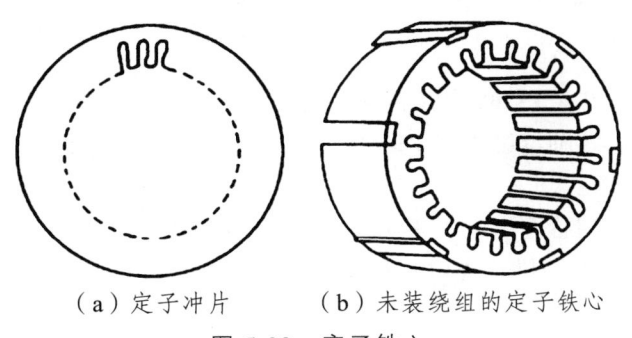

（a）定子冲片　（b）未装绕组的定子铁心

图 5-22 定子铁心

③ 定子绕组。

三相异步电动机有三相对称绕组，每个绕组即为一相，三个绕组之间彼此相互独立，在空间相差 120°，且每个绕组由若干线圈链接而成。定子三相绕组的 6 个出线端子都接至接线合上，首端标记为 U_1、V_1、W_1，末端标记为 U_2、V_2、W_2，可以接成星形或三角形，如图 5-23 所示。

④ 转子铁心。

转子铁心的作用和定子铁心一样，作为电动机磁路的同时还来安放转子绕组。转子铁心用 0.5 mm 厚的硅钢片叠压而成，套在转轴上。

⑤ 转子绕组。

三相感应电动机的转子绕组分为线绕型和笼型两种。笼型绕组如图 5-24 所示。

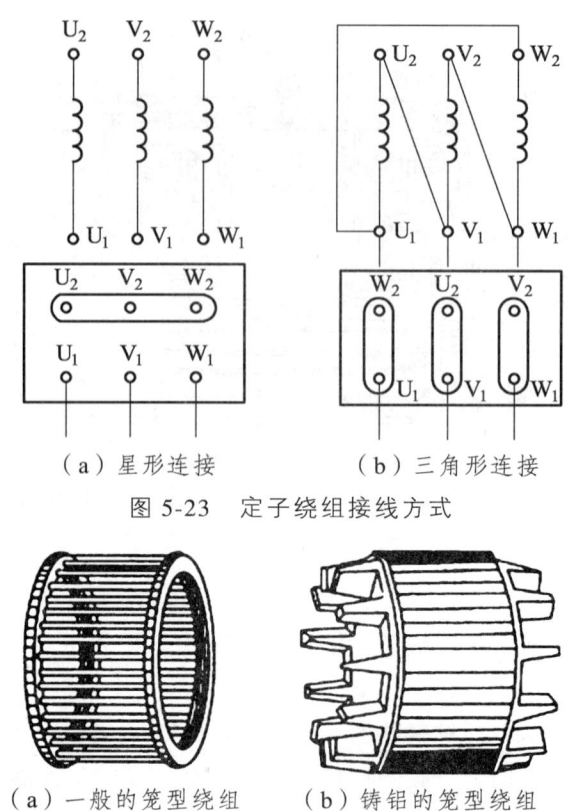

(a）星形连接　　　　（b）三角形连接

图 5-23　定子绕组接线方式

(a）一般的笼型绕组　　（b）铸铝的笼型绕组

图 5-24　转子绕组

线绕型绕组和定子绕组一样，也是一个对称的三相绕组，一般采用星形连接。三相引出线分别接到转轴的三个转轴绝缘的集电环上，通过电刷和外电路连接。笼型转子上没有集电极，结构简单、制造方便。

蓄电池叉车用的三相感应电动机采用的是笼型绕组，国内的主要品牌有北京萨牌电动机、辽源汇丰电动机、KDS 电动机，进口的有韩国 PL 电动机等。

第三节　叉车传动系统

一、传动装置的形式及功能

传动装置的主要作用是将发动机输出的动力（转速和有效转矩）传递给驱动车轮，并根据车辆行驶条件的变化，相应地改变传动给驱动车轮的转矩和转速。传动装置如图 5-25 所示。

在传动装置中，装配恰当的减速装置使传递给驱动轮的转矩增大、转速降低，车辆就可以克服行驶阻力，并根据需要选择适当的行驶速度。

叉车的传动装置一般有机械式传动装置、液力机械式传动装置和静压传动装置 3 种形式。

机械式传动装置，其动力由发动机经离合器、变速器、传动轴、主减速器、差速器、半轴传至驱动轮。

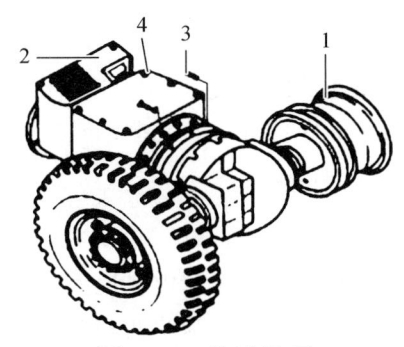

图 5-25 传动装置

1—驱动桥；2—离合器；3—销；4—变速器

液力机械式传动装置，以液力变矩器和机械变速器来代替机械传动中的离合器和机械变速器。其动力由发动机经液力变矩器，前、后传动轴，变速器，主减速器，差速器，半轴，轮边减速器传至驱动轮，如图 5-26 所示。

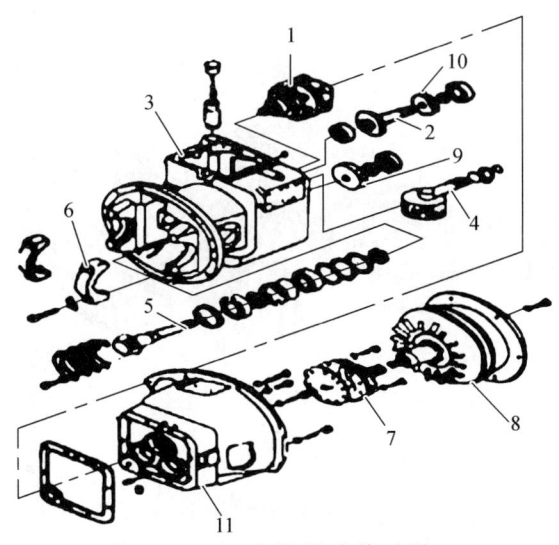

图 5-26 液力机械式传动装置

1—液力离合器；2—惰轮轴；3—液力变速器壳体；4—过滤器；5—输出轴；6—轴承盖；
7—供油泵；8—变矩器；9—输出齿轮；10—惰轮；11—变矩器壳体

二、驱动桥

驱动桥是整个传动装置中的最后一个总成，它由主减速器（主传动）、差速器、半轴、轮边减速器和驱动桥壳组成。驱动桥的主要功能是将动力传递给驱动轮，通过主减速器和轮边减速器进一步增大传给驱动轮的驱动力矩，通过主减速器改变动力传递方向，并通过差速器自动调节左、右驱动轮的转速差。桥壳起支承载荷和传力作用。

1. 主减速器

主减速器位于驱动桥内，它的作用是降低转速以增大牵引力，并回转 90°将转矩传递给半轴。

2. 轮边减速器

轮边减速器的作用,是在主减速器的基础上,进一步增大传给驱动轮的转矩。它也是一级减速机构,相当于把双极主减速器中的一级装到驱动轮轮毂内,以减小主减速器的尺寸,同时大大降低差速器和半轴等零件的负荷。

3. 差速器

车辆转弯时,需要左、右驱动轮在同一时间内在地面上滚过不同的距离。因为同一时间内,外侧车轮要比内侧车轮滚过更长的距离,为使两侧车轮在转弯时保持纯滚动,应使两侧车轮有不同的转速,即外侧车轮的转速应比内侧车轮的转速高。这就要求内、外侧车轮有转速差,且这种转速差应能随转弯半径的不同而变化。

差速器的功用,就是自动调节左右驱动轮的转速差,左、右驱动轮均独自与半轴相连,确保两侧半轴可以有不同的转速,以保证左、右驱动轮在运行中达到或接近纯滚动。

差速器由四个行星齿轮,两个半轴齿轮,一个十字轴和左、右差速器外壳等主要零件组成,如图 5-27 所示。

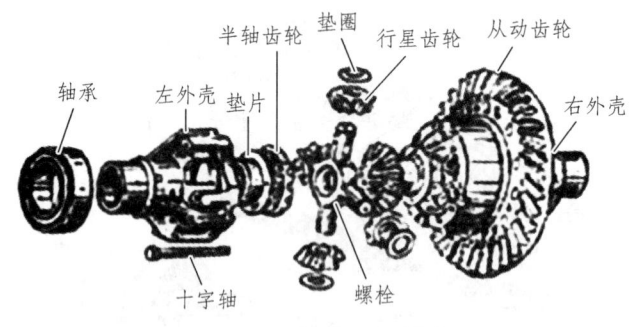

图 5-27 差速器的结构

4. 半轴和半轴支承

半轴的作用是把转矩从差速器传递给驱动车轮半轴主要承受扭转载荷,使用中由于扭转疲劳破坏和冲击载荷而容易损坏,因而对其强度、刚度和使用材料要求较高。半轴的内端制有花键头,其上装有差速器的半轴齿轮。半轴的外端一般制成圆盘形凸缘,用螺栓与驱动轮轮毂相连,如图 5-28 所示。

图 5-28 半轴

三、离合器

1. 离合器的作用

在机械式传动装置中,发动机和变速器之间安装有离合器。离合器的作用总的来说就是切断和接合发动机的动力传递,当车辆处于各种不同的工况时,离合器有不同的功能。

车辆起步前,受最低稳定转速的限制,发动机不能带负荷启动,即必须使发动机与变速器之间的动力传递中断。在发动机启动时,将离合器分离,切断动力传递,确保发动机空载启动,且在车辆起步前,离合器的分离可保证发动机处于怠速运转状态。

车辆起步时,缓慢接合离合器,并逐渐加大油门,使发动机的转矩逐渐加大,并通过离合器传递给传动装置,驱动车辆使车辆克服行驶阻力从静止状态平稳起步。

车辆行驶时,离合器通常处于接合状态,传递动力。根据路面状况和行驶速度的需要,车辆要适当地换挡变速。因此,在变速器换挡前,首先要使离合器分离,切断动力传递,以确保顺利地换挡。

车辆紧急制动时,车轮及传动装置突然被制动,此时发动机运转部件将产生很大的惯性力矩,对被制动的传动装置突然冲击,有可能使传动机构超载而损坏。装置离合器后,由于离合器摩擦表面打滑,使发动机运转的惯性力矩不可能全部传递给传动装置,从而保护了传动机构,使之不致超载。同时离合器也保护了发动机的运转部件,防止其超载。

由于叉车等工程车辆的起步、加速、换挡操作比较频繁,离合器也频繁地处于接合和分离过程,故它的可靠性及使用寿命,对车辆的使用性能关系极大。操作人员正确、适当、合理地使用离合器,能够直接减少车辆部件的磨损,增加操作的稳定性。

2. 离合器的工作原理

目前在车辆上应用的一般是摩擦式离合器,它是依靠两个接触面之间的摩擦力矩来传递动力的,如图 5-29 所示。

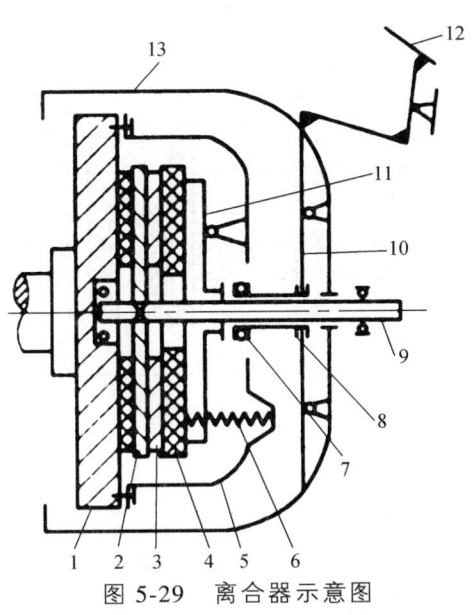

图 5-29 离合器示意图

1—飞轮;2—从动片;3—摩擦片;4—压盘;5—离合器盖;6—压紧弹簧;7—分离轴承;
8—分离套筒;9—从动轴;10—分离拨叉;11—分离扛杆;12—踏板;13—离合器壳

摩擦式离合器由 4 个基本部分组成：主动部分，即飞轮与其经常接触的零件；从动部分，即与变速器输入轴经常连接的零件；压力弹簧；分离操纵机构。

飞轮是离合器的主动件，带有摩擦衬片的从动盘通过花键与从动轴（即变速器的主动轴）相连。压力弹簧将从动盘压紧在飞轮端面上。转矩是靠主、从动盘接触面上的摩擦作用传递给从动盘的，弹簧的压紧力越大，则离合器所能传递的转矩也越大。离合器应具有工作可靠、结构简单、分离彻底、散热良好、调整方便、尺寸紧凑等优点。

3. 离合器的操纵机构

驾驶员通过操纵机构来控制离合器的分离与接合。目前在车辆上应用的离合器操纵机构有机械式和液压式两种。机械式操纵机构一般采用杆件连接，铰接点多，摩擦阻力大，操纵较重。液压式操纵机构，主要由离合器踏板、主缸和工作缸、液压制动总泵及油管等组成。其特点是操纵轻便、接合柔和。目前，车辆上使用的大多为液压式操纵机构。

四、变速器

变速器的主要功用是改变发动机的转矩和转速，使车辆获得需要的牵引力和行驶速度，以适应各种道路下的起步、爬坡和高低速度的要求。在机械式传动装置中，它是唯一的变速机构

1. 机械式变速器

机械式变速器一般是指齿轮传动的有极式变速器。根据齿轮啮合形式可分为直齿滑动式啮合、斜齿啮合、套式啮合和斜齿同步器式啮合，如图 5-30 所示。

根据挡位数目的不同，变速器可分为一挡变速器、二挡变速器、三挡变速器、四挡变速器或多挡位变速器。对叉车而言，不需要很多挡位的变速器。

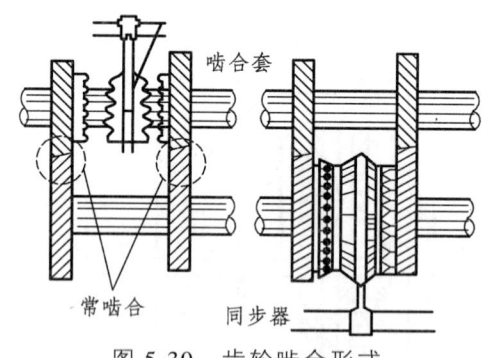

图 5-30　齿轮啮合形式

2. 液力变矩器

液力变矩器属于液力机械传动装置。它以液体为工作介质来传递动力，即液体在循环流动过程中，通过液体流动的动能变化来传递动力，属动液传动。液力变矩器不仅可以传动转矩，而且可以根据需要改变输出转矩的数值，以满足行驶牵引力的需要。

液力变矩器主要由可旋转泵轮、涡轮和固定不动的导轮 3 个原件组成。液力变矩器不仅

能传递转矩，而且能在泵轮转矩不变的情况下，随着涡轮的转速不同改变输出转矩的数值，通常转矩的数值可增大 1.6～5 倍。液力变矩器能在一定范围内实现无级变速，减小冲击载荷，使车辆运行平稳，运行适应性增强。

3. 动力换挡式变速器

动力换挡式变速器，即所谓无级变速，它由两根带离合器的传动轴和输出轴及前进、后退等齿轮组成，具有前进快、慢和倒退三个挡位。采用液压操作，可以实现不切断动力换挡。目前小吨位车辆采用的是前进和倒退两个挡位，速度由油门控制而变化。

4. 传动轴及联轴器

传动轴及联轴器主要用来连接传动系统中各相关的部件，以传递动力。常用的联轴器有万向联轴器、凸缘联轴器和弹性联轴器等。

五、传动装置各部件的安全使用技术要求

1. 离合器

（1）在离合器结合状态下，离合器分离杠杆与分离轴承之间应保证有一定间隙，此间隙一般为 3～4 mm。反映到踏板上，就是踏板的自由行程，一般为 20～40 mm。此间隙过大离合器会分离不彻底，间隙太小，又会使离合器打滑。

（2）分离杠杆不能弯曲、变形。

（3）分离杠杆的高度一定要调节好。当踏离合器踏板时，分离杠杆内端面与分离轴承应同时接触，否则离合器会打滑。

（4）离合器片因油污污染、破裂、脱落或严重磨损，即铆钉头埋入深度小于 0.5 mm 或离合器减薄量大于 2 mm 或擦伤的沟槽长度超过 5 mm 时，都应予以更换，不能继续使用。

（5）必须保证离合器轴承的润滑，按规定时间加油。

（6）发动机、飞轮、离合器壳、变速器等部件之间的连接螺栓必须按要求坚固，不能松动。

2. 变速器

（1）必须保证变速器中油液的高度及油的质量，使变速器的轴承及齿轮得到润滑。

（2）拨叉轴不允许过度磨损，不允许弯曲变形。定位装置中的钢球也不允许过度磨损。弹簧不允许变软或损坏，以保证变速器不跳挡或乱挡。

（3）当齿轮齿宽磨损超过原齿轮齿宽 5%或齿面有明显斑点、擦痕、阶梯磨损或齿面剥离超过原齿面 20%时，或齿轮出现裂痕时都应予以报废，更换新的齿轮，以免造跳挡或发生振动及噪声。

（4）主被动伞齿轮之间的间隙一般为 0.2～0.25 mm，应按说明书中规定的数值予以调整。

（5）各连接部位的螺栓要按说明中规定的紧固力矩紧固，不允许松动。

3. 液力变矩器

（1）变矩器使用的油液应按说明书中的规定选取，不得擅自选用。

（2）要求泵轮、涡轮、导向叶片完好无裂纹缺陷，单向离合器工作正常。

（3）不允许有漏油现象。

4. 动力换挡变速器

（1）内外摩擦片不能有黏着、翘曲及过度磨损。一般外摩擦片磨损超过 2 mm，内摩擦片磨损超过 3.2 mm 时，应予报废，不能再继续使用。

（2）离合器活塞应保证自由转动，密封件应保证质量。

（3）必须按规定保证操纵阀的主压力，否则会造成无动力输出。

（4）变矩器、变速器的油温不能太高，发现油温过高，应检查各部件是否有损坏或有油路堵塞。

5. 驱动桥

为保证驱动桥正常工作，在叉车维护使用说明书中对下列各项有明确规定，应按照要求执行：

（1）差速器齿轮间隙。

（2）被动螺旋伞齿轮安装紧固螺栓的紧固力矩。

（3）差速器安全螺栓紧固力矩。

（4）主、被动伞齿轮的间隙。

（5）差速器行星齿轮与轴的间隙。

（6）半轴花键部分间隙。

（7）半轴法兰盘跳动。

（8）半轴安装螺栓紧固力矩。

（9）半轴的弯曲。

（10）轴承预紧力。

（11）必须保证有足够的润滑油，使各轴承得到充分润滑。

第四节　叉车转向系统

一、转向装置的类型和组成

转向系统的功用是在驾驶员的操纵下控制叉车的行驶方向。叉车的转向系统通常分为机械式转向、液压助力转向和全液压转向 3 种。

1. 机械式转向装置

机械式转向装置由操纵机构（包括方向盘、转向轴、转向管柱）、转向器和转向传动机构 3 部分组成，如图 5-31 所示。它是以驾驶员的体力（手力）作为转向能源的转向系统，其所有传力件都是机械的，主要有循环球式、曲柄球销式、蜗杆滚轮式和蜗杆蜗轮式等。小吨位（1～1.8 t）叉车的转向机构为循环球式。

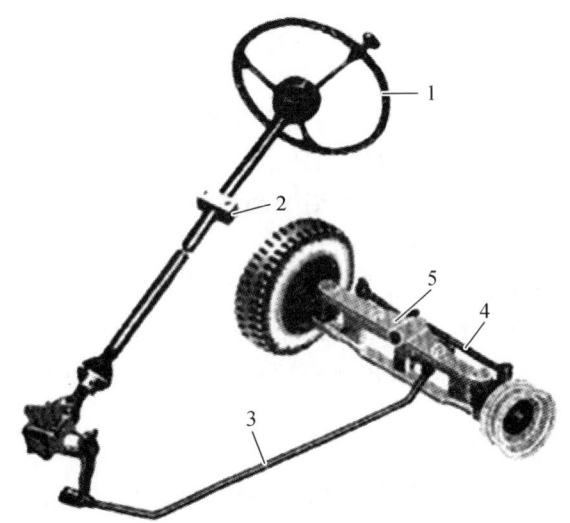

图 5-31　叉车机械式转向机构

1—方向盘；2—支架垫块；3—纵拉杆；4—横拉杆；5—转向桥总成

（1）循环球式转向器。

① 作用。

将驾驶员操纵方向盘的力传到联动机构，并使操纵省力。

② 组成。

由两个运动副组成，一个是螺杆、螺母，另一个是齿条、齿扇，如图 5-32 所示。

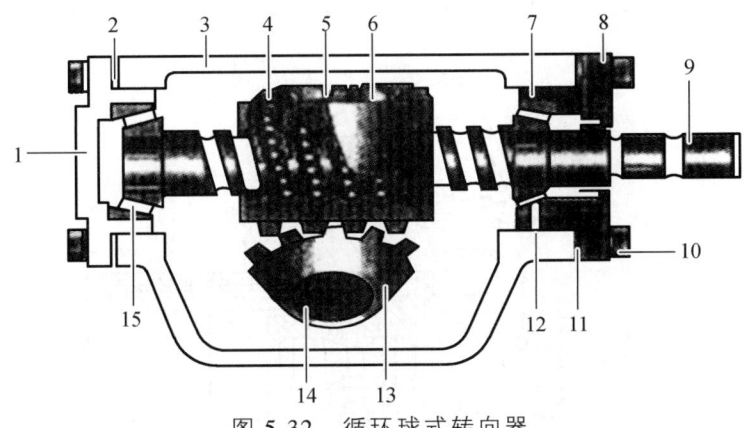

图 5-32　循环球式转向器

1—下盖；2—垫片；3—外壳；4—钢球；5—方形螺母；6—导管；7—轴承座；8—上盖；9—转向螺杆；
10—调整螺钉 11—调整垫片；12，15—轴承；13—齿扇；14—转向垂臂轴

③ 构造。

在转向螺杆上装有松套螺母，在螺杆和螺母上都加工出断面为半圆形的螺旋槽，二者的槽配合形成圆形断面螺旋形通道。螺母侧面有孔，将钢球从此孔塞入，这样两根导管和螺母内的螺旋形通道组成两个各自独立的封闭的钢球"流道"。

④ 工作原理。

当转向轴转动时，通过钢球将力传给螺母，螺母就产生轴向移动，同时由于摩擦力的作

用，所有的钢球便在螺杆与螺母之间滚动，形成"球流"。钢球在螺母内绕行两周后，滚出螺母而进入导管，再由导管流入螺母内。故在转向器工作时，两列钢球只是在各自封闭流道内循环，而不致脱出。螺母外表面切有与齿扇相啮合的齿条，齿扇与转向垂臂轴制成一体。螺母轴向移动时通过齿条齿扇，使转向垂臂轴转动。

循环球式转向器由于在螺母、螺杆间用滚动摩擦代替滑动摩擦，所以传动率高（一般球面蜗杆滚轮式转向器的传动效率为 50%～76%，循环球式转向器的传动效率最高可达 90%），操纵轻便，磨损较小，且使用寿命长。循环球式转向器在叉车转向过程中，有利于转向轮自动回正，但反冲力较大。车轮所受路面冲击，能反传到方向盘上，发生"打手"现象，容易使驾驶员疲劳。对于经常在室内作业或在良好路面上行驶的叉车，宜采用循环球式转向器。

（2）机械式转向装置的工作原理。

当方向盘左转时，转向轴和蜗杆随着转动，这时与蜗杆啮合的滚轮便向上移动，转动了滚轮轴和转向摇臂，使摇臂的下端向前移动，推动直拉杆，再经直拉杆推动扇形板、横拉杆，使它以转向节销为中心转动，并带动左后轮向左转动。与此同时，扇形板推动横拉杆通过右转向节销带动右后轮左转

当方向盘右转时，上述机件均朝着相反的方向运动，使两后轮右转。

2. 液压助力转向装置

液压助力转向装置是在机械式转向系统的基础上，增设了一套液压助力装置而成的，如图 5-33 所示。转动方向盘的操纵力，已不作为直接迫使车轮偏转的力，而是使控制阀进行工作的力，车轮偏转的力由转向液压缸产生。它一般用于重型叉车，比如 CPCD50 型叉车等。

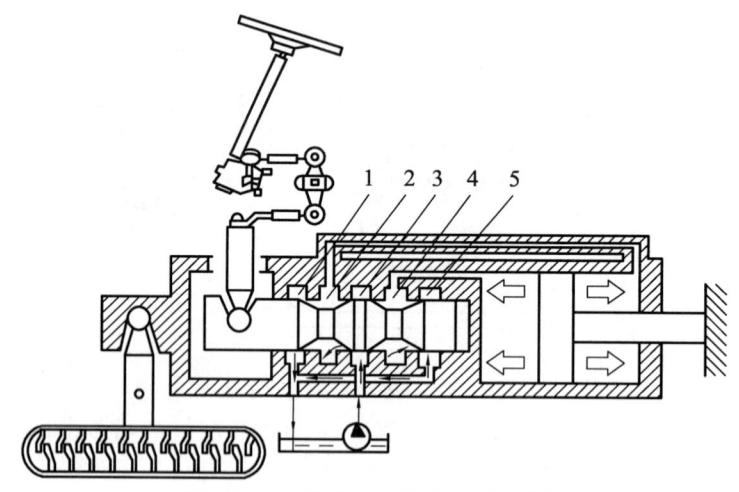

图 5-33 液压助力系统工作原理
1，2，3，4，5—阀体油箱

3. 全液压转向装置

全液压转向装置是通过方向盘、转向导柱操纵全液压转向器，转向器产生的液压油经油管进入转向液压缸，驱动转向三连板转动，使转向轮改变方向。它一般用于大、中型叉车上，如 CPCD50 型、CPCD20/30 型叉车等，如图 5-34 所示。

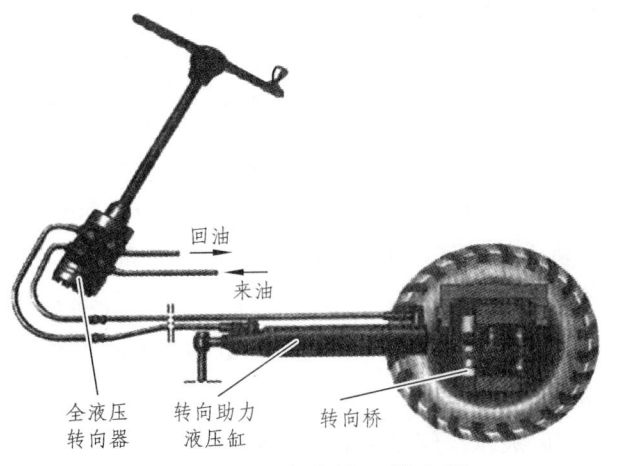

图 5-34 叉车全液压转向器

（1）全液压转向器的构造。

全液压转向器的构造如图 5-35（a）所示。其中，阀芯、阀套和阀体构成随动转起控制油流方向的作用。转子和定子构成摆线齿轮啮合副，在动力转向时起计量马达的作用，以保证流入液压缸的油量与方向盘的转角成正比，在人力转向时起手动液压泵的作用。联轴器起传递转矩的作用。

（2）转向器液压控制阀的工作原理。

控制阀中的阀套和阀芯起着配油作用，使油压与转子同步变化，构成连续的回转，其作用原理如图 5-35 所示。

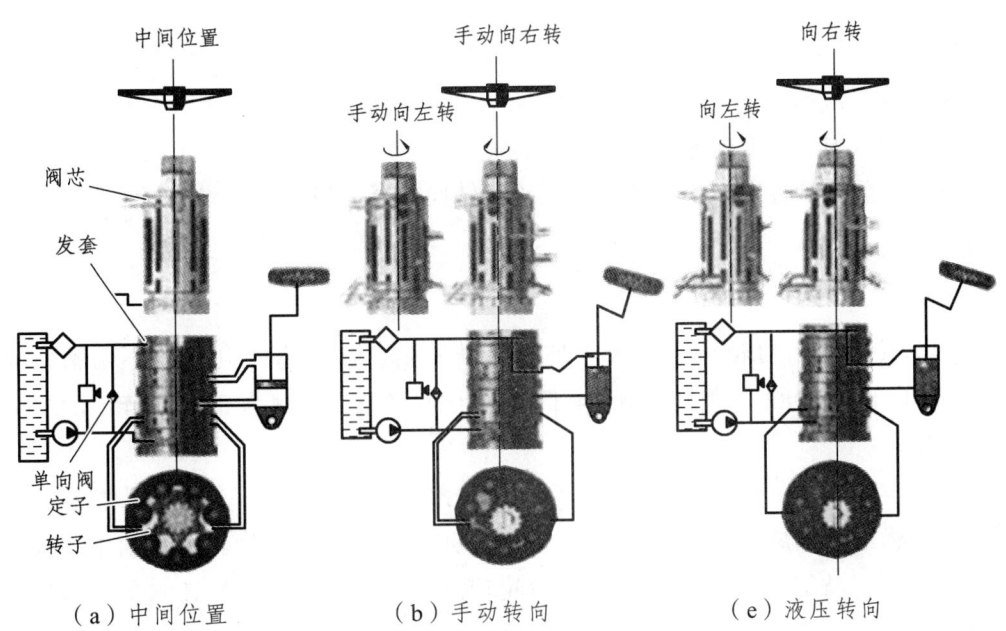

（a）中间位置　　（b）手动转向　　（c）液压转向

图 5-35 全液压转向器工作原理图

① 方向盘在中间位置，在回位弹簧的作用下，转向液压泵输出的油经阀套的孔和阀芯孔进入阀芯内腔，经各孔或槽后流回油箱，如图 5-35（a）所示。

② 方向盘向左转动，阀芯随之一起转动，压缩回位弹簧。当方向盘旋转 15°时，开始打开通往转向液压缸的油道。当转到大约 6°时，油道全部打开。当方向盘旋转 2°时，转向液压泵通往油箱的油路切断。液压油流出并进入摆线泵，驱动转子旋转。由于转子转动，齿隙中的油液从摆线泵流出，最后流回油箱。转向液压缸的活塞杆推动转向轮左转，叉车向左转弯，如图 5-35（c）所示。

③ 方向盘向右转动，滑阀装置工作，转向液压缸的活塞杆推动转向车轮右转，叉车向右转弯，如图 5-35（c）所示。

④ 发动机熄火时，转向液压泵停止供油，摆线转阀式转向器能作为手动液压泵供转向用。驾驶员操纵方向盘，通过转向轴带动阀芯一起旋转。当阀芯转动大约 8°后，销轴带动阀套，再通过传动杆使摆线泵的转子转动。当方向盘向左或向右转动时，将转向液压缸一腔的油液压入另一腔推动转向轮，实现人力转向，如图 5-35（b）所示。

二、转向传动机构

转向传动机构的功用是用转向机传来的力带动后轮左、右偏转，同时使两后轮偏转时内后轮偏转角度大于外后轮偏转角度。

1. 转向联动机构

转向联动机构由转向摇臂、球形关节、直拉杆组成。

（1）转向摇臂上端装在滚轮轴上，下端以球形关节和直拉杆相连。

（2）球形关节安装在直、横拉杆两端的球座内，在球座的侧方或下方有弹簧，借弹簧的作用自动消除球形关节因磨损而产生的间隙。

（3）直拉杆前后端各有一个球节，一端连接转向摇臂，另一端与扇形板连接成一体。

2. 转向扇形机构

（1）功用。

保证叉车转弯时内后轮转向角大于外后轮转向角，使转弯顺利，减小轮胎磨损，如 CPCD50 叉车内转角为 82°，外转角为 54°18′；CPC30 叉车内转角为 82°，外转角为 56°53′。

（2）结构。

为了使叉车转弯时内后轮转向角大于后轮转向角，叉车上采用了转向扇形机构，它由后轴、扇形板、横拉杆组成，如图 5-36 所示。只要横拉杆的长度与后轴两主销中心线之间有一定的长度比例，就能保证在转弯时，内后轮转向角始终大于外后轮转向角。扇形板一端与直拉杆相连，另一端与两横拉杆相接。横拉杆连接在左右转向臂之间，能使两后轮同时转向。

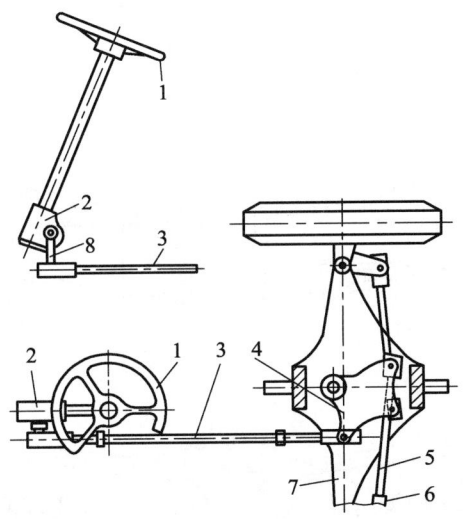

图 5-36 叉车转向桥及转向扇形机构

1—转向盘；2—转向器；3—纵拉杆；4—扇形板；5—横拉杆；6—转向节臂；7—转向桥；8—垂臂

三、转向桥

叉车转向桥的结构如图 5-37～图 5-41 所示。叉车转向桥均采用刚性悬架的摆动桥，中间通过一水平摆动轴与车架铰接。

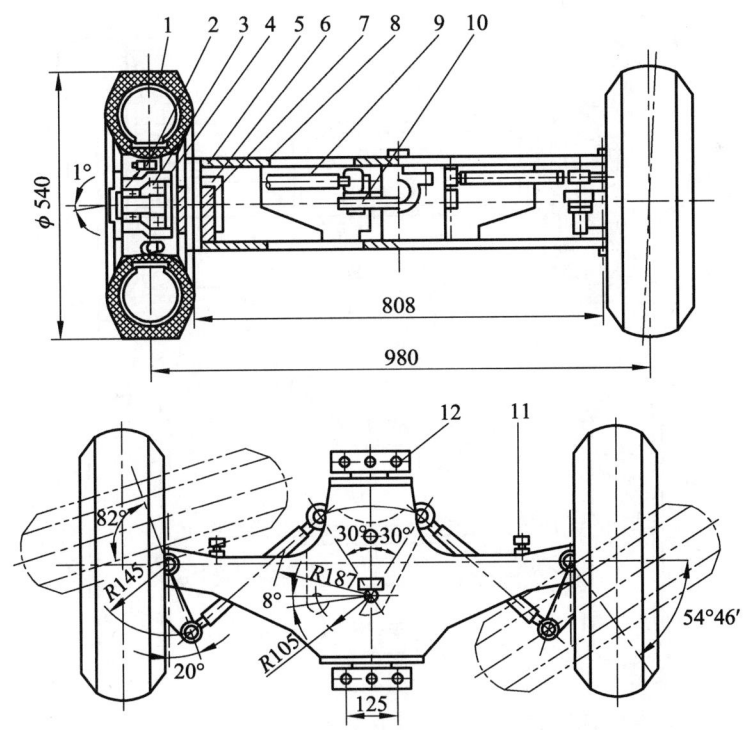

图 5-37 中吨位叉车转向桥总成（八字式双梯形机构）

1—转向轮；2—轮毂；3，4—车轮轴承；5—主销；6—推力轴承；7—转向节；8—桥体；
9—横拉杆；10—扇形板；11—限位螺钉；12—水平摆动轴轴承座

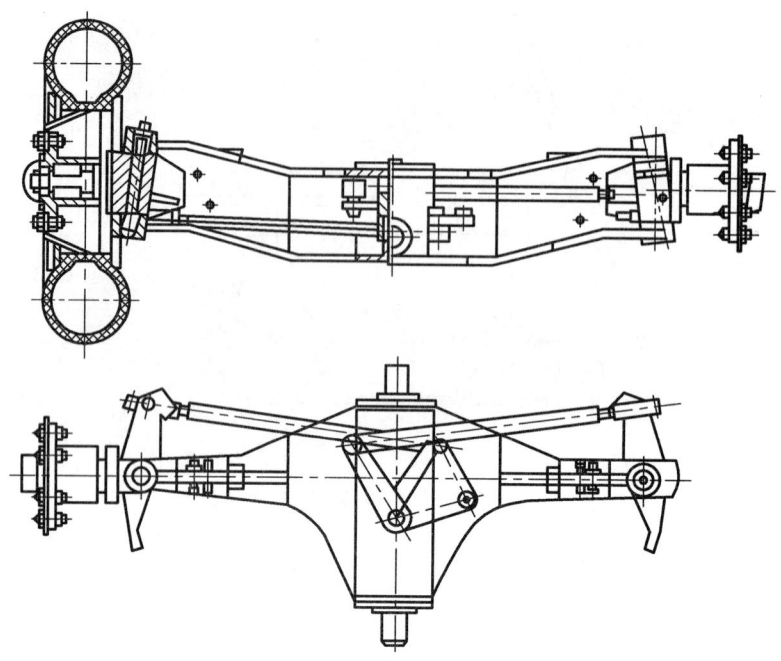

图 5-38 大吨位叉车转向桥总成（交叉式双梯形机构）

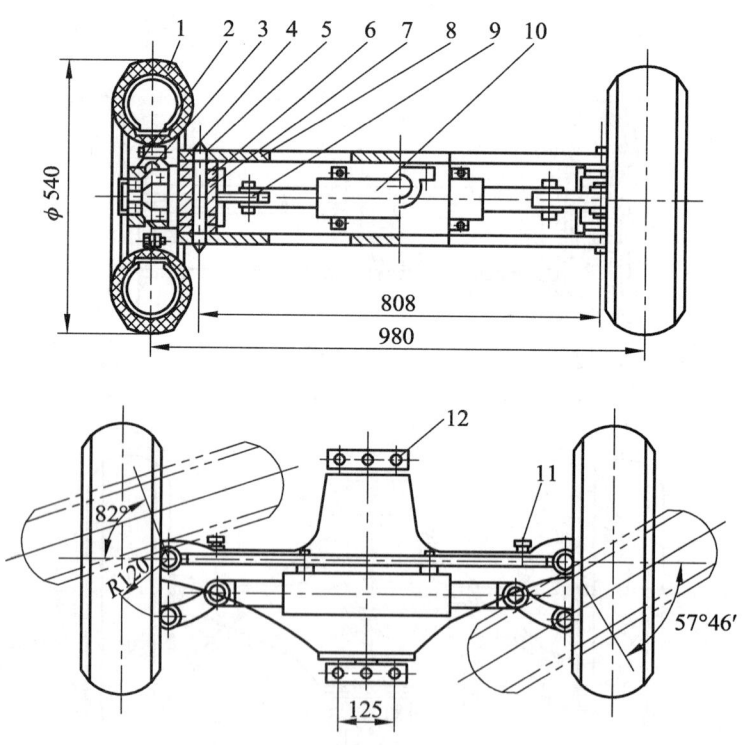

图 5-39 曲柄滑块横置液压缸式转向桥

1—转向轮；2—轮毂；3，4—车轮轴承；5—主销；6—推力轴承；7—转向节；8—桥体；9—连杆；10—转向液压缸；11—限位螺钉；12—水平摆动轴轴承座

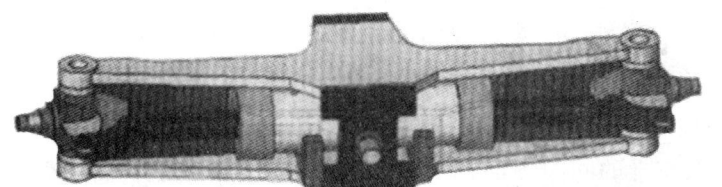

图 5-40　横置液压缸式叉车转向桥模型图

图 5-41　横置液压缸式叉车转向桥实物图

四、叉车的转向特点

1. 转向类型

一般情况下起重量在 1 t 以下的叉车，均采用结构简单的机械转向；大于 1 t 的叉车，为了操纵方便，减轻驾驶员的疲劳程度，多采用全液压转向。

2. 结构要求

叉车的转向系统必须轻便、灵活，各种机件连接可靠，适应叉车转向频繁，以及作业场地通道比较狭窄的工作环境。叉车上使用的转向器基本上与汽车转向器相同，有的使用标准的汽车转向器。叉车的方向盘上多数装有急转弯手柄，以便于驾驶员左手转动方向盘，右手可同时操纵分配阀或变速器变速杆。

3. 转向方式

不论叉车的支承形式如何（三支点或四支点），叉车在行驶中转向都是依靠后轮的转动平面与叉车的行驶方向偏离一定角度来实现的。

五、转向装置的安全技术要求

叉车的转向装置是叉车的机构之一。其状态如何，直接影响叉车工作的可靠和安全性。因此，转向装置的安全技术状态应达到如下要求：

（1）方向盘应转动灵活，操作轻便，无阻滞现象，空程时间较短，施加于方向盘外缘的最大操纵力应在叉车出厂标准范围之内。

（2）叉车转向轮向后应有自动回正能力，以保持叉车稳定地直线行驶。

（3）转向时，转向轮转角的大小与方向盘转角大小成比例，方向和方向盘一致。

（4）车轮转到极限位置时，不得与其他部件有干涉现象。

（5）方向盘应有一定自由转动量（游动间隙），以缓和路面冲击使操纵柔和，但方向盘的自由转动量不宜过大，否则将影响转向灵敏度和产生转向轮的左右摇摆。其最大自由转动量一般向左向右均在 10°～15°。

（6）叉车在平坦、坚硬、干燥、清洁的路面上行驶，其方向盘不得有振摆、路感不灵、跑偏和其他异常现象。

（7）要注意转向装置中各机件的磨损造成配合间隙过大致使转向装置工作不良，如转向节主销的间隙、球头拉杆的间隙等都会引起方向盘不稳。转向装置的装配与调整质量的好坏，也直接影响装置的工作可靠性和叉车的行驶安全。

第五节　叉车制动系统

一、制动装置的作用与工作原理

制动系统是制约叉车行驶运动的机构，用以消耗车辆行驶积蓄的动能，强制其减速以至完全停车。制动系统行驶工作的可靠性决定着叉车的安全性，它不仅可以保证叉车以较高的平均速度行驶，而且还可以提高叉车的作业生产率。

1. 作　用

（1）降低叉车的行驶速度直至完全停车。

（2）防止叉车在下坡时，超过一定的速度。

（3）保证叉车在坡道上停放。

2. 工作原理

制动系统的一般工作原理是利用与车身（或车架）相连的非旋转元件和与车轮（或传动轴）相连的旋转元件之间的相互摩擦，来阻止车轮的转动或转动的趋势的，如图5-42所示。

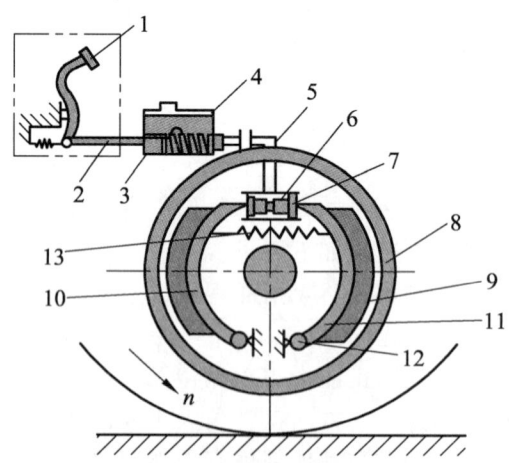

图5-42　制动系统工作原理示意图

1—制动踏板；2—推杆；3—总泵活塞；4—制动总泵；5—油管；6—制动分泵；
7—分泵活塞；8—制动鼓；9—摩擦片；10—制动蹄；11—制动底板；
12—制动蹄调整支销；13—制动蹄回位弹簧

制动鼓 8 固定在车轮轮毂上，随车轮一同旋转。在固定不旋转的制动底板 11 上，有两个制动蹄调整支销 12 支承着两个弧形制动蹄 10 的下端。制动蹄 10 外圆面上又装有四个摩擦片 9，制动底板上还装有制动分泵（又称液压制动轮缸）6，用油管 5 与装在车架上的制动总泵（又称液压制动主缸）4 相连。主缸中总泵活塞 3 可由驾驶员通过制动踏板 1 来操纵。

制动系统不工作时，制动鼓 8 的内圆面与制动蹄摩擦片的外圆面之间保持有一定的间隙，使车轮和制动鼓可以自由旋转。

当驾驶员踏下制动踏板 1 时，推杆 2 和总泵活塞 3 使总泵内的油液在一定压力下流入制动分泵并通过两个分泵活塞 7 推动两制动蹄 10，使其绕制动蹄调整支销 12 转动。制动蹄上端向两边分开而使摩擦片 9 压在制动鼓 8 的内圆面上。这样，不旋转的制动蹄就对旋转着的制动鼓作用一个摩擦力矩 M_f，其方向与车轮旋转方向相反。制动鼓将该力矩 M_f，传到车轮后，由于车轮与路面有附着作用，车轮对路面作用一个向前的周向力 F_f，同时路面也对车轮作用着一个向后的作用力，即制动力。制动力由车轮经车桥和悬架传给车身，迫使整个叉车产生一定的减速度。制动力越大，则叉车减速度也越大

当放松制动踏板时，回位弹簧即将制动蹄拉回原位，摩擦力矩和制动力消失，制动即被解除。

二、制动器及制动总泵的原理结构

叉车制动系统通常由制动器和制动驱动机构两大部分组成，包括行车制动（俗称脚制动）、和驻车制动（俗称手制动）两套独立的制动装置。

1. 制动器

（1）功能。

利用摩擦副来吸收叉车运动的动能，以达到减速或停车的目的，将摩擦副吸收了的动能转变为热能，逸散到大气中去。

（2）分类。

按其结构可分为蹄式（鼓式）制动器、盘式制动器和带式制动器。叉车广泛采用蹄式制动器。

（3）传动方式。

制动器的传动方式有液压式、气压式和机械式等几种。1~2 t 等小型叉车采用液压式制动器；中型叉车 CPCD50 型叉车采用液压制动，并用真空加力装置增加制动力；有的起重量较大的叉车采用气压制动。

（4）构造。

制动器包括制动蹄、支承销、回位弹簧及制动鼓等零件，如图 5-43 所示。

① 制动底板装在驱动桥壳上。

② 制动蹄上端压在凸轮上，下端套装在制动蹄调整销上，外部铆接有制动蹄片。

③ 制动凸轮装在制动底板上部，可调整制动蹄片与制动鼓的上部间隙。

④ 偏心轴（或调整销钉）用来把制动蹄片的下端套装在制动底板上，并可调整制动蹄片与制动鼓的下部间隙。

⑤ 回位弹簧拉紧左右两制动蹄，使其紧靠在左右两制动调整凸轮上。
⑥ 制动鼓装在轮毂上，它随车轮转动。

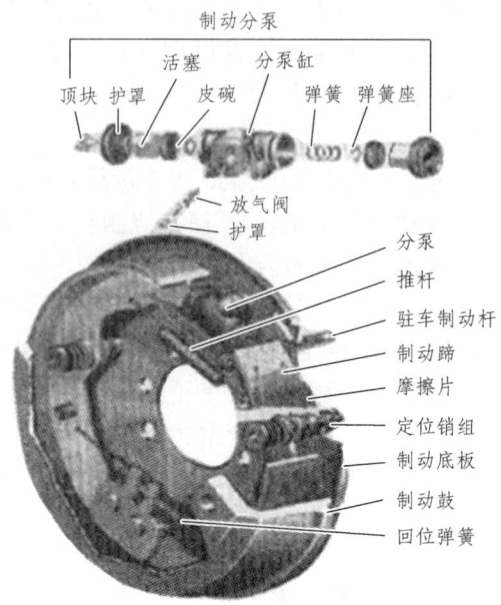

图 5-43 叉车液压式制动器构造

2. 叉车液压制动总泵的构造及工作原理

（1）制动总泵的构造。

制动总泵固定在车架上，上部是储油室，用盖封闭盖上开有通气孔与大气相通。储油室下部的进油口和回油口与主缸相连。主缸内活塞圆周上开有 6 个小孔。活塞外端装有皮碗与回位弹簧。出油阀和回油阀共同组装在主缸内，如图 5-44 所示。

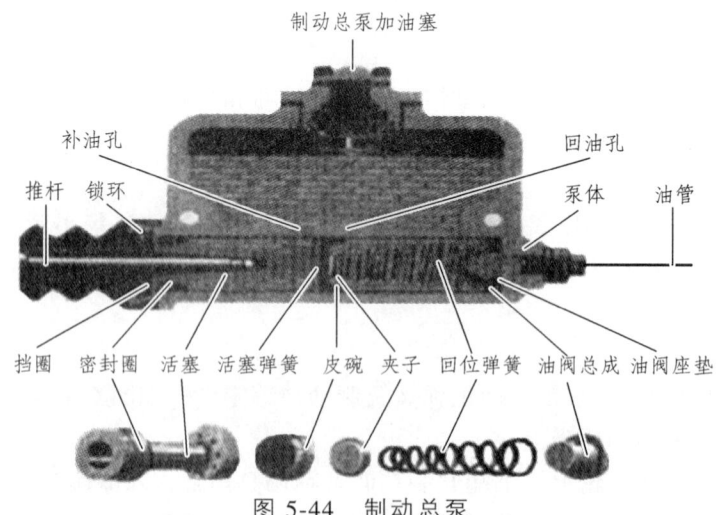

图 5-44 制动总泵

CPC10/15 型、CPC30 型叉车制动总泵与储油室铸成一体，CPCD50 型叉车则制动总泵与储油室分开。

(2)制动总泵的工作原理。

当踏下制动踏板时,主缸活塞向右移动,弹簧被压缩,皮碗关闭了回油孔,使缸内液体产生压力推开出油阀经油管流入各分泵内这时分泵活塞向外扩张,推动制动蹄与制动鼓接触而产生制动作用。

当放松制动踏板时,主缸活塞靠回位弹簧的推力而回行。此时,制动系统中的油压降低,于是制动蹄回到初始位置,迫使分泵内制动液流回总泵。此时总泵出油阀关闭,制动液推开回油阀,经回油阀周围流回主缸内,解除制动。

当连续踏下制动踏板时,即踏下制动踏板而又急速松开时,总泵活塞随即很快退回,由于油管及总泵油阀对制动液的阻力,制动液不能随活塞同时退回总泵内,此时主缸皮碗内端便产生部分真空,活塞环形空间内所储存的制动液便穿过活塞头部的 6 个小孔经皮碗边缘补充到皮碗的内端。如再次踏下制动踏板时,将由于油量的增加而得到更大的制动效能。当制动液经活塞头部的 6 个小孔和皮碗边缘流入活塞右腔的同时,储油室内的制动液也随即经进油孔流入活塞左腔和环形空间中,以备连续制动时再用。当制动踏板完全松开后,从分泵流回主缸内的制动液,将超过主缸的容量,于是多余的制动液便经回油孔流回储油室。

三、制动驱动机构

叉车是在前轮上安装制动装置的,因其后轮为转向轮,只有前驱动轮为制动轮,这就是所说的叉车后轮转向、前轮制动。叉车的制动器和驻车制动器一般共同使用一个作用在前轮的蹄片式制动器,使结构简化如图 5-45 所示。

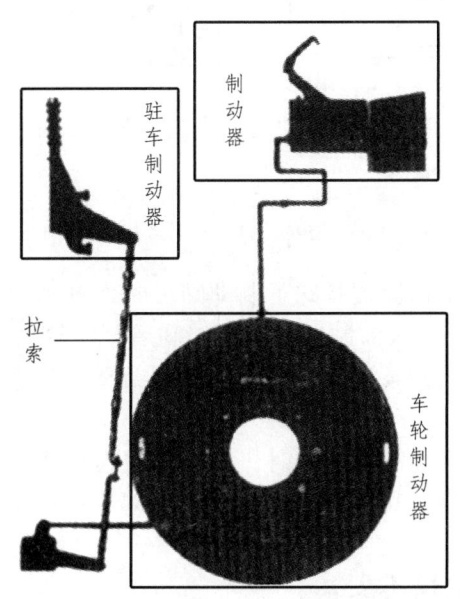

图 5-45 叉车自动增力式制动系统示意图

1. 功 用

将驾驶员作用于制动踏板或传动杆上的力放大后传给制动器,使之产生制动作用。

2. 形　　式

有机械式制动驱动机构和液压式制动驱动机构两种。

（1）机械式制动驱动机构由制动踏板、拉杆、凸轮推杆和凸轮等传动部件组成。

（2）液压式制动驱动机构主要包括制动总泵、分泵和油管等。CPC10 型、CPC20 型、CPC30 型、CPCD50 型叉车采用这种形式。液压驱动机构的特点是制动平稳缓和，能够保证两轮同时开始制动，避免叉车跑偏的可能性。此种机构不需要另加润滑装置，也不用经常调节。当叉车振动以及转向时，不会发生自行制动现象。其缺点是一处漏油就会全部制动失灵，且不能长时间制动。

四、真空增压式液力制动装置

真空液压制动系统是在简单液压制动系统的基础上，加设一套以发动机工作时在进气管中造成的真空度为动力源的真空加力装置而成的。它分为真空增压式和真空助力式两种，一般用于起重量较大的大中型叉车上。真空增压式制动系统比简单液压制动系统多了一个真空增压器（真空加力气室、辅助缸、控制阀）和一套真空系统（真空单向阀、真空筒、真空管道）。真空源是发动机进气管，如图 5-46 所示。

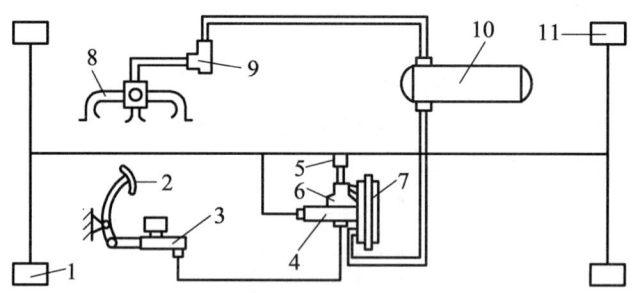

图 5-46　真空增压式液压制动系统

1—前制动轮分泵；2—制动踏板；3—动总泵；4—辅助泵 5—空气滤清器；6—控制阀；
7—真空加力气室；8—发动机进气管；9—真空单向阀；
10—真空筒；11—后制动轮分泵

真空增压式制动系统的工作原理是踩下制动踏板时，自制动总泵 3 压出的制动液先进入辅助泵 4，液压油由此一部分传入前制动轮分泵 1 和后制动轮分泵 11，另一部分作用于控制阀 6，使真空加力气室 7 对辅助泵活塞加力，使得辅助泵和车轮分泵制动液压力变得远高于总泵，因而增大了制动力。

当发动机进气管的真空度高于真空筒时，真空单向阀打开；而当发动机停止运转时，真空单向阀即行关闭。这样可保证真空筒及真空加力气室具有较高的真空度。

五、制动装置的安全技术要求

叉车的制动性是叉车的主要性能之一，制动装置是否灵敏、可靠，直接影响叉车的制动性能，也直接影响叉车作业的安全。例如，制动时各车轮不能起制动作用，叉车不能减速或制动距离过长；制动时两车轮不能同时制动或两车轮制动力矩不一致，造成叉车跑偏；踏板松开后，制动蹄片不能回位，制动不能解除致使叉车行走困难走车无力，严重时制动毂摩擦过热，将车轮抱死所谓制动发咬情况。诸如此类不良情况的产生，大都与制动装置中的某些部件损坏、磨损或间隙不当有关。因此，各类叉车制动性能必须满足制动装置的安全技术要求。应经常对叉车的制动装置进行检查、保养、调整和调换。

叉车的制动性能除了与制动装置有关外，还与装载货物的重量与方式、道路的路面情况以及叉车驾驶员的驾驶技术有着密切的关系。所以，为了保证叉车的良好制动性能，一方面要求对叉车的制动装置给予极大的重视；另一方面，也要求叉车驾驶员不断提高驾驶技术，严格按照有关规程要求进行装载运输，并能根据道路的不同情况、天气的不同情况、天气的不同情况，谨慎安全驾车行驶。

叉车的制动装置必须达到如下的安全技术要求：

（1）制动性能好。

制动距离、制动减速度、制动力和制动时间等方面符合各项标准要求。一般情况下空载制动距离应小于 6 m。

（2）制动平顺性好。

能迅速平稳地进行制动和迅速而彻底地解除制动。

（3）制动踏板有一定行程，完全踏下时不应和底板相碰。

（4）制动稳定性好。

左右制动力要基本平衡，以免制动时车辆跑偏。

（5）满载停车制动时应在15%坡度路面车轮不滚动、不滑动，驻车制动力不大于 300 N。

（6）制动操纵轻便和可靠。

第六节　叉车液压系统

一、液压传动的特点

以液体为工作介质,通过驱动装置将原动机的机械能转化为液体的压力能然后通过管道、液压控制及调节装置等，借助执行装置将液体的压力能转换为机械能，驱动负载实现直线、回转运动。

1. 液压传动的优点

（1）可以在运行过程中实现大范围的无级调速。

（2）在同等输出功率下，液压传动装置体积小、质量轻、运动惯性小。

（3）传递运动均匀平稳，负载变化时速度较稳定。

（4）便于实现自动工作循环和自动过载保护。

（5）由于一般采用油作为传动介质，对液压元件有润滑作用，因此有较长的使用寿命。

（6）液压元件都是标准化、系列化产品，可以直接从市场上购买，这有利于液压系统的设计、制造和推广应用。

2. 液压传动的缺点

（1）液压传动中，能量需经过二次变换，特别是在节流调速系统中，其压力和流量损失较大，故系统效率较低。

（2）液体具有较钢铁大得多的可压缩性，另外配合面处不可避免的有油液泄漏，因此一般液压传动不能实现严格的定比传动。

（3）液体性能对温度比较敏感（主要是黏性），这使得液压传动的性能随着温度改变而发生变化，不易保证在高温和低温下都具有良好的性能。

（4）确定液压系统的故障原因相对较为困难。

二、液压系统的组成及其在叉车上的应用

一个完整的液压系统由动力元件、执行元件、控制元件、辅助装置及工作介质 5 部分组成。

（1）液压动力元件。

液压动力元件是为机械的液压系统提供高压液压油的动力元件部分，叉车通常采用齿轮泵作为液压动力元件，它将发动机的机械能转化为液压能，为液压系统提供动力源。

（2）液压执行元件。

液压执行元件是为机械的行走、转向、工作装置提供执行动作的液压马达与液压缸，这些液压马达与液压缸将液压泵提供的液压能转化为机械能，如叉车上采用的起升、倾斜液压缸，转向液压缸，牵引车使用的转向液压马达及液压式叉车的驱动液压马达等。

（3）液压控制元件。

液压控制元件是为保证液压系统正确、安全地实现功能而在液压系统中设置的各种阀类，这些液压阀的功能是调节液压系统的工作压力、流量、流动方向，以满足工作装置的工作要求，如叉车上使用的分流阀、下降减速阀、多路阀等。

（4）液压辅助装置。

液压辅助装置是为液压系统的工作提供辅助作用的装置，如油管、过滤器、密封件、冷却器、液压管路等，这些辅助装置的作用是负责液压油的储存、净化、输送、密封、冷却等，辅助装置并非不主要，缺少辅助装置，液压系统将无法正常工作。

（5）工作介质即液压油，其作用是传递压力能、散热及润滑。

三、叉车液压系统的工作原理

液压系统是叉车的重要组成部分，叉车的工作装置和转向系统往往是由液压系统驱动完成的。因此，叉车液压系统的优劣直接影响叉车性能的好坏。最简单的叉车液压系统一般由动力源（发动机、电动机）、齿轮泵、高压油管、多路阀、起升液压缸、倾斜液压缸、转向液压缸和其他一些控制阀等部分组成，如图 5-47 所示）。其工作原理是发动机（电动机）驱动液压齿轮泵不断产生高压将液压油从油箱吸出，经油管进入多路阀，根据不同工作情况，可扳动操作手柄（控制多路阀）实现货叉的起升、降落、前倾、后倾、转向轮的转向等动作。

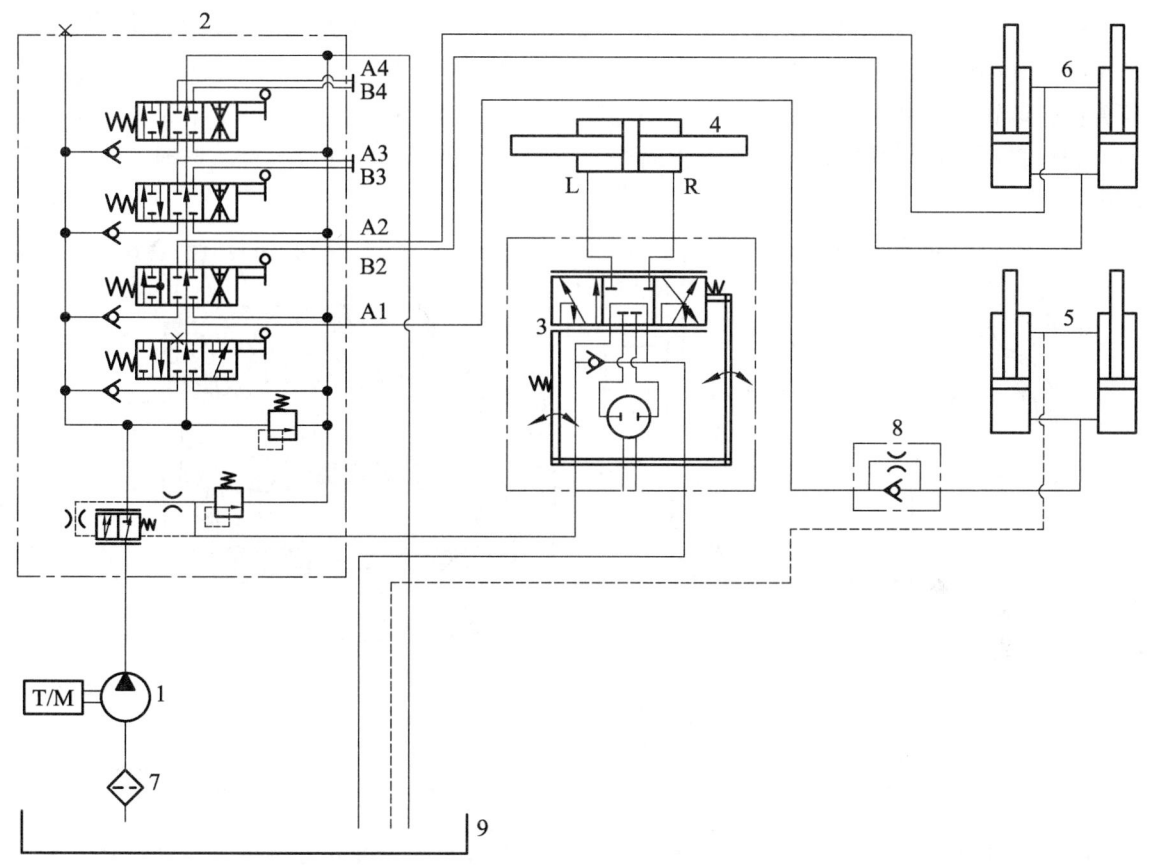

图 5-47 HYUNDAI 内燃叉车液压油路图

1—液压泵（内置分流阀）；2—多路换向阀；3—转向器；4—转向液压缸；5—起升液压缸；
6—倾斜液压缸；7—出油过滤器；8—下降限速阀；9—油箱

四、叉车中主要液压元件的结构与原理

1. 齿轮泵

液压泵根据结构不同可分为齿轮泵、叶片泵、柱塞泵、螺旋泵等，叉车通常采用齿轮泵作为液压动力元件，图 5-48 所示为外啮合齿轮泵基本结构。齿轮泵主要是由主、从动齿轮，驱动轴，泵体及侧板等主要零件构成。泵体内相互啮合的主、从动齿轮与两端盖及泵体一起构成密闭工作容积，齿轮的啮合点将左右两腔隔开，形成了吸、压油腔。当齿轮泵按图 5-49 所示方向旋转时，左侧吸油腔内的轮齿脱离啮合，密封腔容积不断增大，构成吸油并被旋转轮齿带入右侧的压油腔。

齿轮泵的优点是结构简单，制造方便，价格低廉，体积小，质量轻，自吸性好，对油液污染不敏感，工作可靠。其主要缺点是流量和压力脉动大，噪声大，排量不可变。

齿轮泵有以下一些特殊现象。

（1）困油现象。

为了保证齿轮泵平稳工作，齿轮泵的齿轮重合度必须大于 1，要求当一对齿未脱离啮合前，后一对齿就开始进入啮合，这时有两对齿同时啮合，在它们之间就会有一个密封空间，

油被密封在该空间内，形成困油现象。这个密闭空间在随齿轮转动而不断改变容积，当容积最小时，其中的油被挤压，使压力急剧上升，油液从缝隙中强挤出来，并产生噪声和振动。随着齿轮的转动，密闭空间由小变大，压力随之降低，形成真空，周围的油液迅速来补充，油液碰撞，产生局部高压，形成了液体对壁面的冲击，进而可能导致气蚀，同时产生振动和噪声。

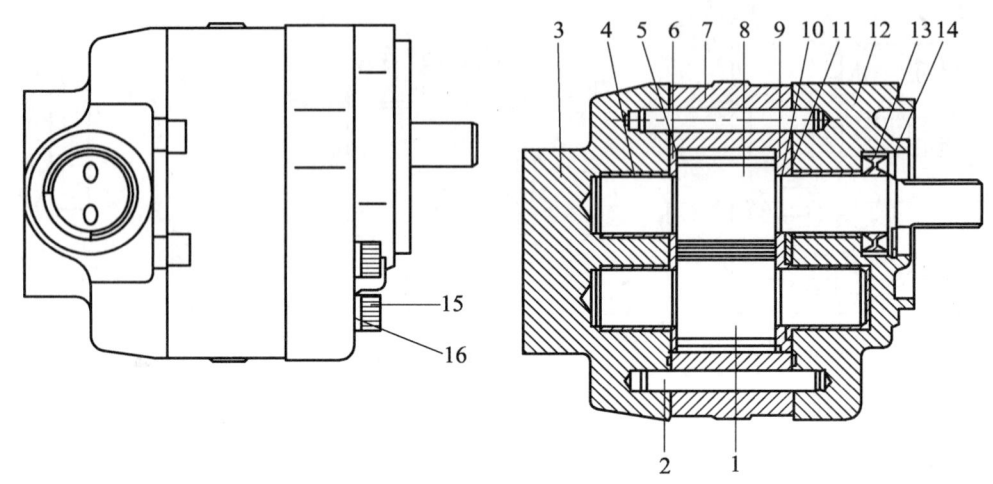

图 5-48　外啮合齿轮泵基本结构

1—从动齿轮；2—销；3—后端盖；4—轴套；5，10—O 形圈；6，9—侧板；7—泵体；8—主动齿轮；11—弓形挡圈；12—前端盖；13—油封；14—孔用挡圈；15—螺栓；16—垫片

为了减少齿轮泵的困油现象造成的危害，一般齿轮泵会在轴套及侧板上开卸载槽，如图 5-50 所示。

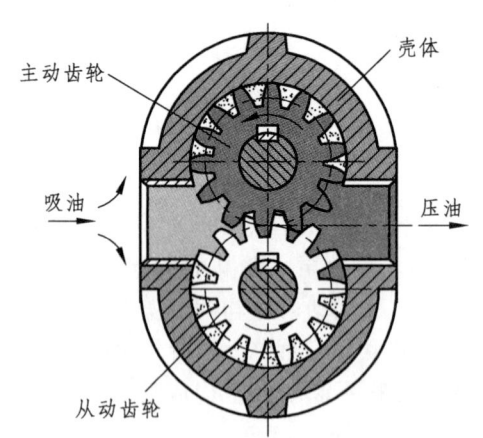

图 5-49　齿轮泵内部结构示意图

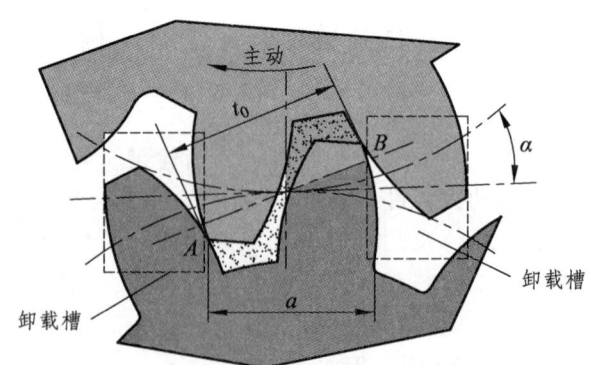

图 5-50　卸载槽在齿轮啮合中的位置示意图

（2）齿轮泵的径向不平衡力。

齿轮泵工作时，在齿轮和轴承上承受径向液压力的作用。如图 5-51 所示，泵的右侧为吸油腔，左侧为压油腔。在压油腔内有液压力作用于齿轮上，沿着齿顶的液压油具有大小不等的压力，就是齿轮和轴承受到的径向不平衡力。压力越高，这个不平衡力就越大，其结果不仅加速了轴承的磨损，降低了轴承的寿命，甚至使轴变形，造成齿顶和泵体内壁的摩擦等，

如图 5-51 所示。为了解决径向力不平衡问题，常采取缩小压油口的办法。压油口缩小了，使液压油的压力更加偏离两个齿轮轴轴心，压力集中到两个齿轮啮合处的轮齿边缘，如图 5-52 所示。

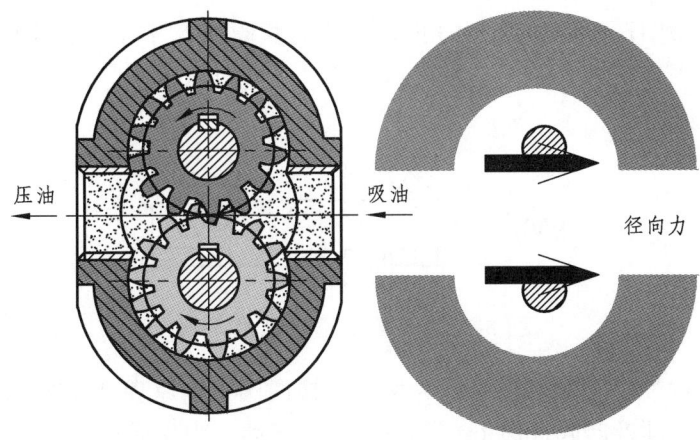

图 5-51　径向不平衡力示意图

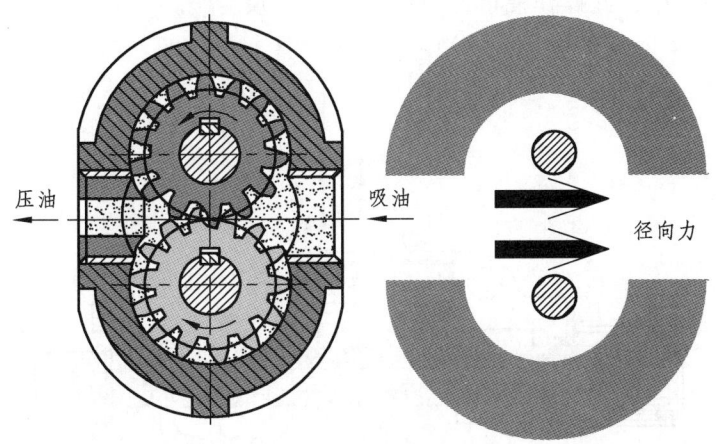

图 5-52　减少径向不平衡力示意图

2. 多路换向阀

工程机械为完成预定的作业项目，需要工作装置中的几个执行元件协同动作。根据实际的需要，在设备中安装多个换向阀，并且为了便于集中管理和使用，将多个换向阀组合在一起组成多路阀换向阀，简称多路阀。

（1）液压换向阀概述。

换向阀的作用就是利用阀芯和阀体之间的相对运动，来改变油液流动方向以便实现工作机构的直线往复或正反转，也可利用换向阀联通或关闭油路。

换向阀分类如下：

① 按阀的结构形式和阀芯的运动方式分为滑阀式、转阀式、球阀式、锥阀式。

② 按阀的操纵方式分为手动式、机动式、电磁式、液动式、电磁液动式、气动式。

③ 按阀的工作位数和控制通道数分为二位二通阀、二位三通阀、二位四通阀、三位四通阀、三位五通阀等。

叉车中应用最多的是三位四通阀。

（2）换向阀的构造与工作原理。

三位四通换向阀图形符号如图 5-53 所示。换向阀阀体上开有 4 个通油口 P、A、B、T。换向阀的通油口用固定字母表示，它所表示的意义：P 为高压油口、A 为工作油口、B 为工作油口、T 为回油口。

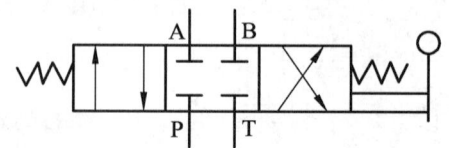

图 5-53　三位四通手动换向阀

以 HYUNDAI 内燃叉车倾斜换向阀为例讲解换向阀工作原理，如图 5-54 所示，当操作倾斜手柄向前操作时，即换向阀杆向下（图为向左）移动，中立通道打开，P 与 2B 油口相通，通过齿轮泵提供出来的高压油流入倾斜液压缸后端，同时 2A 油口与 T 口相通，倾斜液压缸前端液压油流回油箱中，此操作使得叉车门架实现前倾动作。

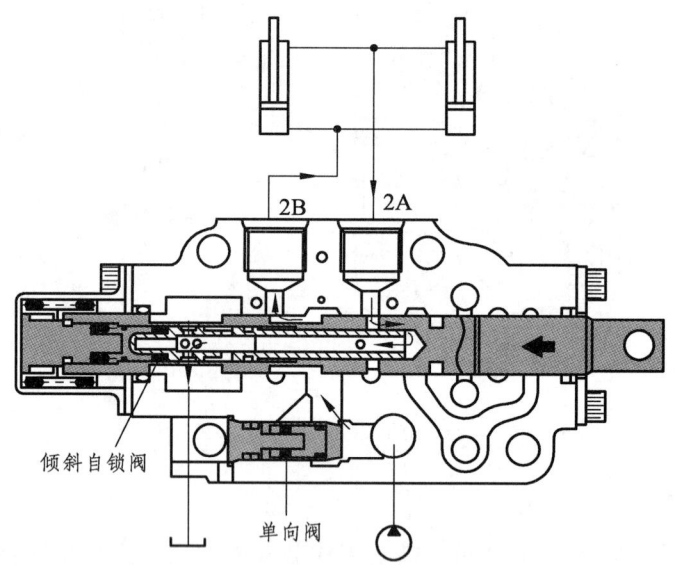

图 5-54　HYUNDAI 内燃叉车倾斜换向阀

如图 5-55 所示，当操作倾斜手柄向后操作时，即换向阀杆向上（图为向右）移动，中立通道打开，P 与 2A 油口相通，通过齿轮泵提供出来的高压油流入倾斜液压缸前端，同时 2B 油口与 T 口相通，倾斜液压缸前端液压油流回油箱中，此操作使得叉车门架实现后倾动作。

"通"和"位"是换向阀的重要概念。不同的"通"和"位"构成了不同类型的换向阀。"通"指阀体上有几个连接的管路，通常将接口称为"通"，有几个管路接就称为几通。"位"指阀芯的切换位置。通常所谓的"两位阀""三位阀"，是指换向阀的阀芯有两个或三个不同的工作位置；"位"在符号图中用方框表示。所谓"二通阀""三通阀""四通阀"，是指换向阀的阀体上有两个、三个、四个各不相同且可与系统中不同油管连接的油道接口，不同油道之间只能通过阀芯移位时阀口的开关来沟通。

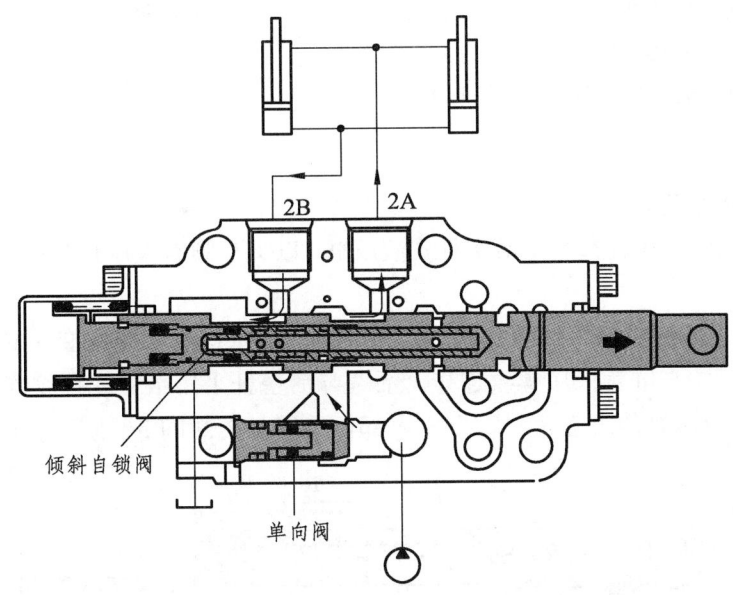

图 5-55　HYUNDAI 内燃叉车倾斜换向阀

叉车使用的多路阀主要是由三位四通阀和换向阀块组合而成的。

3．液压转向器

液压转向器分为滑阀式转向器和转阀式转向器。叉车通常采用转阀式转向器。

（1）转阀式转向器。

① 开芯无反应转向器。

作用在转向轮上的外力传不到方向盘上，驾驶员无路感。小吨位叉车通常采用开芯无反应转向器，为防止驾驶员因为感受外力作用，频繁修正方向，造成叉车行驶方向不稳定。

② 开芯有反应转向器。

作用在转向轮上的外力能传到方向盘上，驾驶员有路感。

③ 闭芯无反应转向器。

转向器中位处于断路状态（闭芯），即当转向器不工作时，液压油被转向器截止，转向器入口具有较高的压力。大吨位叉车通常采此类型转向器。

（2）转阀式转向器结构。

转阀式转向器就是摆线定量液压马达，将定量的油液输送到液压缸中，液压内活塞位移，使得转向桥获得一定的转向角度，图 5-56 所示。

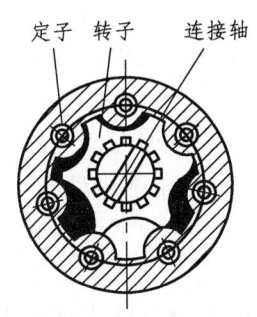

图 5-56　摆线定量液压马达结构简图

（3）液压转向器的特点。

液压转向器与机械式转向机构相比有以下优点：

① 消除机械式运动装置，可降低主机机械成本，提供轻便的结构。

② 操作轻便、灵活，油泵供油充分时，方向盘操纵力矩不超过 5 N·m。
③ 结构简单、尺寸紧凑、质量轻。
④ 与方向盘连接方便，有利于机械的总体布置，易于装拆修理。
⑤ 性能稳定、保养方便、工作可靠、故障少。
⑥ 发动机熄火后，仍可用人力静压转向。

4. 液压缸

（1）液压缸的结构组成。

在叉车上使用的液压缸都是单活塞杆式液压缸。以叉车倾斜液压缸为例，其结构如图 5-57 所示。

液压缸主要由缸底 1、缸筒 6、缸盖 10、活塞 4、活塞杆 7 和导向套 8 等组成。缸筒一端与缸底焊接，另一端与缸盖采用螺纹连接。活塞与活塞杆采用卡键或螺纹连接（图为卡键 2 联接）。为了保证液压缸的可靠密封，在相应部位设置了密封圈 3、5、9、11 和防尘圈 12。

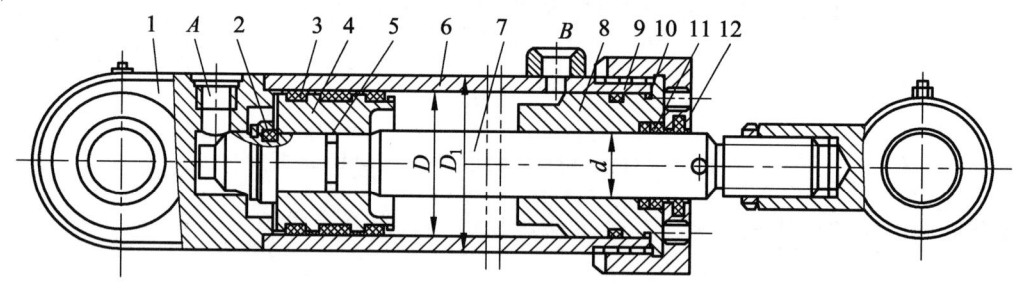

图 5-57 叉车倾斜液压缸结构图

1—缸底；2—卡键；3, 5, 9, 11—密封圈；4—活塞；6—缸筒；
7—活塞杆；8—导向套；10—缸盖；12—防尘圈

① 缸筒。

缸筒是液压缸的主体，其内孔一般采用镗削、铰孔、滚压或珩磨等精密加工工艺制造，要求表面粗糙度为 Ra0.1~04 μm。

② 端盖。

端盖装在缸筒两端，与缸盖形成封闭油腔，同样承受很大的液压力，因此端盖及其连接件都应有足够的强度。

③ 导向套。

导向套对活塞杆或柱塞起导向和支撑作用。有些液压缸不设导向套，直接用端盖孔导向。

④ 活塞组件。

活塞组件由活塞、密封件、活塞杆和连接件等组成。

（2）活塞与活塞杆的连接形式。

活塞与活塞杆的连接最常用的有螺纹连接和半环连接形式，如图 5-58 所示，除此之外还有整体式结构、焊接式结构和锥销式结构等。螺纹连接如图 5-58（a）所示，结构简单，装拆方便，但一般需备螺母防松装置。半环式连接如图 5-58（b）所示，连接强度高，但结构复杂，拆装不便，半环式连接多用于高压或振动较大的场合。

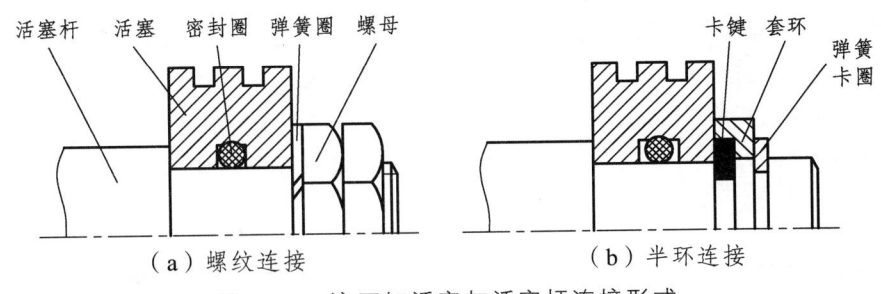

图 5-58 液压缸活塞与活塞杆连接形式

五、液压系统的安全技术要求

液压系统在叉车使用中占有重要地位。叉车的工作装置主要依靠液压系统进行举升、倾斜等动作。液压系统的工作状况，将直接影响叉车的工作状态。一旦叉车的液压传动系统发生故障，必将给叉车作业带来直接的不安全后果。因此正确地严格按照安全技术要求去维护使用叉车的液压系统对安全作业、安全行车是非常重要的。

（1）油箱内油位应不低于油位指示器的油标线；液压油的应用符合规定，油液清洁，过滤器应畅通，不得堵塞。

（2）溢流阀应动作灵敏可靠，调整螺栓的螺母必须齐全，调压应符合设计要求。

（3）液压系统的各元件、管路、接头应畅通。密封无渗漏情况，与其他机件不磨碰，橡胶软管不得有老化、变质现象。内漏要控制在允许的范围内。

（4）多路阀的压缩弹簧应完好，当外力消除后能使阀杆迅速回位。操纵手柄应有一定强度与刚度，表面光整、光滑、无变形，操纵杆定位应可靠，不得因振动使操纵手柄移位。溢流阀动作灵敏，在超载 25% 时应能全开，调整螺栓的螺母应齐全坚固。

（5）各液压缸在额定速度范围内不应发生爬行、停滞和显著的冲击现象。

（6）高压软管应做耐压试验，并符合规定要求。

（7）各种控制阀应安全、可靠、动作灵敏。

第七节　叉车的工作装置

一、工作装置的组成及结构特点

叉车的工作装置是指实现对货物的叉取、升降、码垛等作业的装置。为了解决装卸作业过程所需的大起升高度与运行通过时所要求的低结构高度之间的矛盾，工作装置的构成一般都是由多级门式框架内、外嵌套，通过升降液压缸使内层门架沿其外层门架伸缩移动，因此叉车的工作装置又称为门架升降系统。

1. 工作装置的组成

门架升降系统根据要求的起升高度与车辆最低结构高度的限制，可做成二级嵌套门架（只有内门架和外门架，简称为二级门架），或做成三级嵌套门架（有内门架、中门架、外门架，简称为三级门架）。但不管几级门架，其嵌套构造的方式是类似的。图 5-59 所示为二级部分自由提升双起升液压缸后置式宽视野门架系统的典型结构，其自由提升是靠门架结构来实现的。最大起升高度是指在内门架顶端不伸出外门架顶端时，货叉起升后其上表面距地面的最大高度。具有自由提升的门架装置，能改善叉车运行的通过性，还能在比较低的仓库、集装箱内进行作业。

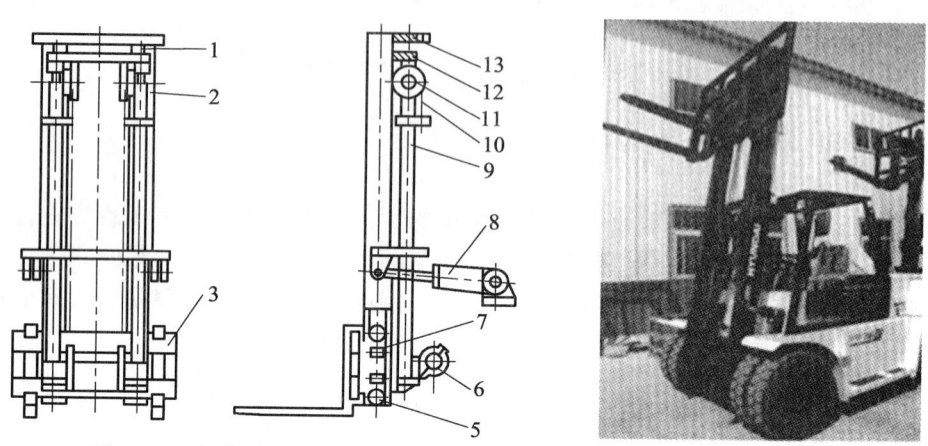

图 5-59 二级部分自由提升双起升液压缸后置式宽视野门架系统

1—内门架；2—外门架；3—货叉架（滑架）；4—货叉；5—主滚轮；6—门架下铰座；
7—侧滚轮；8—倾斜液压缸；9—起升液压缸；10—起升链条；
11—链轮；12—浮动横梁；13—内门架上横梁

外门架是升降系统的骨架，主要承受弯曲载荷。叉架又称为滑架，用于悬挂货叉或其他取物装置。货叉是直接承载的叉形构件，叉车也是由于具有货叉而得名。在叉架上一般安装两个货叉，其间的距离可以调整。为了使叉车能根据作业对象方便装卸，还专门生产有各种取物承载装置（称叉车属具）取代货叉，以扩大作业范围。

实现门架升降的机构由起升液压缸、链轮、链条等组成，链条的一端与货叉架（滑架）相连，另一端在绕过起升液压缸缸头上部的链轮后，固定在缸筒上部的法兰或外门架上，如图 5-60 所示。

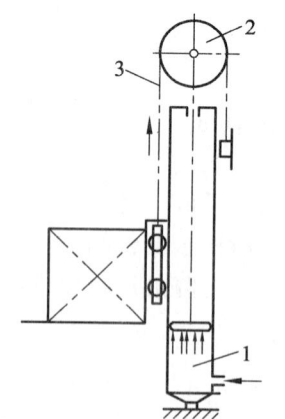

图 5-60 叉车起升机构示意图

1—起升液压缸；2—链轮；3—链条

2. 工作装置的结构特点

工作装置不仅能升降,而且可以实现前倾和后倾,其运动关系为:起升液压缸的活塞(或柱塞)升降,带着浮动横梁 12(图 5-59,下同)和链轮 11 运动,货叉架(滑架)3 和挂在货叉架横梁上的货叉 4 受起升链条 10 的牵引;叉架上的滚轮 5 和 7,以内门架 1 的立柱为"活动导轨",以两倍于液压缸活塞杆的速度做升降运动;而内门架也会受起升液压缸 9 的顶推,以外门架 2 的立柱为"固定导轨"升降;外门架下铰座 6 铰接在驱动桥壳或车架上,中部靠两个并列的倾斜液压缸 8 的伸缩,实现整个门架系统的前、后倾动作,从而使叉车装卸货物时货叉前俯便于堆取,运行时货叉后仰以保证安全。起升液压缸 9 有两个,分别布置在内、外门架立柱后侧,下端支承在与外门架相连的支座上,缸筒上部(或中部)被外门架"扶持",活塞杆上端顶在浮动横梁 12 上,自由提升阶段结束后即与内门架上横梁 13 接触,使内门架上升。

门架升降装置处于叉车最前面(图 5-61),由外门架下端的一对铰轴与车架或前桥(驱动桥)铰接,因此整个门架系统处在车轮支承平面之外,在装卸作业时,货物就会以前桥为轴心,产生一个很大的翻转力矩,这正是平衡重式叉车特点。所以在制造门架装置时,前悬距(从货叉垂直段前表面到前桥中心的距离)越小越好。

图 5-61 门架安装位置实物图

外门架立柱的最大宽度应小于前轮内侧的距离,以保证门架不与车轮的内侧面发生运动干涉。在不与车轮前部发生干涉的情况下,门架应尽可能靠近前桥,不仅能减少翻转力矩,还可降低整车自重。当然,在保证与车轮内侧间隙 δ_1(约 50 mm,见图 5-62)的前提下门架越宽越好,这样既能提高门架的横向刚度与稳定性,又能加宽前方视野。但货叉架(滑架)承装货叉的横梁必须位于车轮的前面,以便货叉之间的宽度能够调整到比车轮稍宽,并使横向放置的长大货物不至于与车轮发生干涉。为了减小前悬距,货叉架横梁与车轮之间的间隙 δ_2 也不能太大(约 50 mm)。另外,货叉架在升降及门架在后倾时不能与前桥和车架前脸发生干涉。

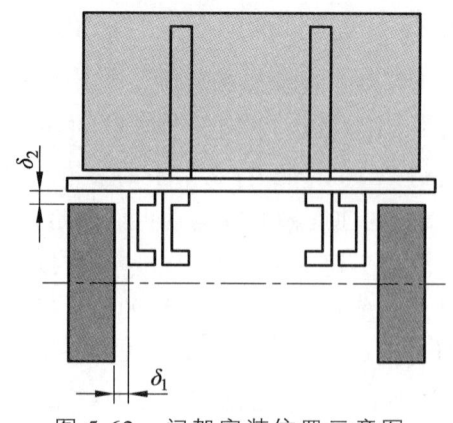

图 5-62　门架安装位置示意图

二、门架与货叉架

1. 门　架

门架是叉车起升机构的骨架。它一方面支承起升液压缸，承受货物重力等垂直力；另一方面，货物给货叉的力矩，通过叉架传给门架，使门架承受纵向弯曲力矩。门架又通过下部铰轴及倾斜液压缸将力传给车架，并保证门架的平衡。

叉车门架基本为两级门架，货叉标准起升高度为 3 m。在堆垛很高而叉车总高度受限制时，可以采用三级门架或多级门架。叉车门架由内门架和外门架组成，内、外门架均为门形框架。排列形式分为重叠式、并列式和综合式三种，见表 5-2。

表 5-2　三种门架形式特性

排列形式	内门架断面	门架导程	视野	滚轮间距	内门架刚性
重叠式	槽形	滑动	好	中	弱
并列式	槽形	滚动	较差	小	一般
综合式	工字、异形	滚动	较差	较大	强

（1）内门架。

内门架是指可以沿外门架上下伸缩的部分。内门架是由两个槽形立柱和横梁组焊而成的框架结构，它与外门架的连接方式一样，同样也只能沿外门架上下平动。

（2）外门架。

外门架是指外侧固定不升降的部分，是由槽形立柱和横梁组焊而形成的框架结构。它的下部铰接在叉车驱动桥（前桥）上，借助于倾斜液压缸的作用，门架可以在前后方向倾斜一定角度。门架前倾是为了装卸货物方便，后倾目的是当叉车行驶时，使货叉上的货物不至于滑落，如图 5-63 所示。

（3）起升机构。

起升机构是将起升液压缸中活塞的运动传给货叉架（滑架），以

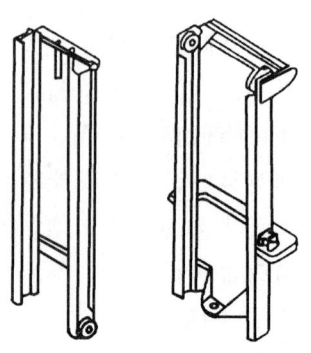

图 5-63　内、外门架

便使货物上升或下降。起升机构由起升液压缸、链条、链轮和链轮架等部分组成。起升液压缸通过链轮带动内门架、货叉架上升。下端固定在外门架横梁上，上端与内门架横梁和链轮连接。起升链条的一端与外门架下部连接，另一端绕过链轮与叉架相连，当液压缸通入液压油时，活塞杆以速度 v 向上运动并带动链轮内门架以同样的速度起升。由于动滑轮原理，链条牵动叉架以 $2v$ 速度起升。当液压缸全行程终了时，内门架处于外门架上方极端位置，货叉架处于内门架上方极端位置。当泄掉油压时，货物或货叉等构件靠自身重力下降。

货叉起升只要求单作用液压缸，所以柱塞缸、活塞缸都有应用。由于生产条件的影响，早期多用柱塞缸，但柱塞缸易产生外漏油，且尺寸、质量大，因而近代多采用活塞缸。在一部分全自由起升叉车上还采用两级起升液压缸，外缸活塞比内缸面积大，起升时，外缸首先动作带动货叉上升至极限位置，并由机械限位；当压力继续上升时，内缸才动作并带动内门架起升；下降时，内缸先动作，外缸后动作。

（4）倾斜机构。

作用是实现货叉的前倾和后倾，使货叉便于叉取和堆放货物，并在载货行驶时保证货物的稳定，减小叉车的倾覆力矩，制动时不致从货叉上滑落。一般要求叉车门架能前倾 3°~6°，后倾 10°~12°。

门架倾斜机构由一个或两个双作用的倾斜液压缸组成，液压缸活塞杆和外门架铰接在一起。倾斜液压缸一般都是双作用的活塞式液压缸，且为两端铰接的摆动液压缸。

2. 货叉架

货叉架又名滑架，它的作用是安装货叉或其他工作属具，并带动货物一起升降。货物的重力靠货叉架传给起重链条，货物重力产生的力矩通过货叉架传给门架，当链条带动叉架升降时，货叉架要可靠地沿着门架导轨运动。由此决定了货叉架在构造上是一个垂直运动的承载小车，一般由两部分构成：其前部是一个焊接框架结构，主要用于安装悬挂货叉及其他属具；后部是两列装有导向滚轮的滚轮架，与前部框架焊接构成一体，由链条牵引，沿门架导轨垂直升降。根据货叉的形式和它在框架上的安装方式，货叉架有两种形式，即板式和滑杆式，如图 5-64 所示。

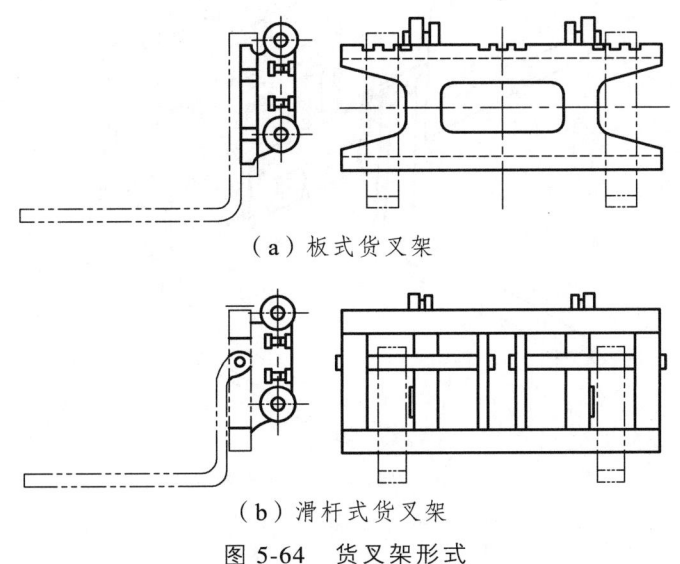

（a）板式货叉架

（b）滑杆式货叉架

图 5-64 货叉架形式

当货叉为挂钩型货叉时，采用板式叉架。板式叉架的框架有多种形式（见图 5-65），但不管哪种形式的货叉一般都由钢板焊接，或由整块钢板按所需结构进行切割，挖去多余部分而成。货叉的上钩挂在框架的上横梁上，货叉的下钩钩住框架的下横梁。由于挂钩和叉架间的安装尺寸已经标准化，各种属具均具有和货叉相同的挂钩，板式叉架能方便地更换属具，因此焊接板式结构应用广泛。

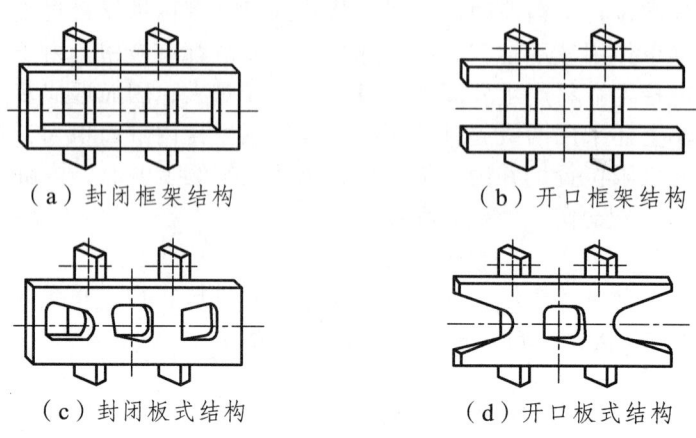

图 5-65 板式叉架的结构

货叉或其他属具可从叉架侧面装上或卸下，当叉架上装有挡货架时，侧面不便装拆，在叉架下横梁中间开一缺口，可以方便装拆货叉（见图 5-66）。为了使货叉或其他属具在叉架上定位，在框架的上横梁上对称地加工有若干定位孔或定位槽，在货叉上端的挂钩上装有带弹簧的定位销。根据货物的尺寸，货叉可以在叉架上滑动以调整两叉的间距，并定位在合适的位置上。

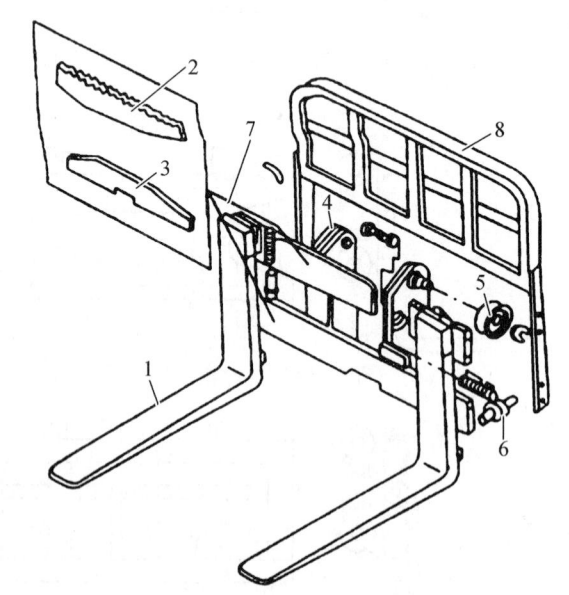

图 5-66 焊接式叉架的构造

1—货叉；2—上横梁；3—下横梁；4—滚轮架；5—纵向滚轮；
6—侧向滚轮；7—定位销；8—挡货架

当货叉为铰接型时,叉架做成滑杆式,在叉架框架内装有两根圆轴,每一根圆轴上套一个货叉,货叉可以在圆轴上移动,以调节两货叉的间距。装拆货叉时需要将圆轴拆下,不够方便。货叉在轴上的定位,使用定位卡销,或由液压缸推动。

图 5-66 所示是目前广泛使用的典型的焊接式叉架结构。货叉 1 对称地装在叉架的上横梁 2 上,横梁上开有定位槽,货叉上的定位销 7 由弹簧压入槽内起定位作用。上横梁 2 和下横梁 3 通过两块竖板与滚轮架 4 焊成一体,滚轮架的两个外侧装着纵向滚轮 5 和侧向滚轮 6,是叉架沿内门架立柱翼缘运动的导向轮。叉架的上、下横梁两端装有挡货架 8,为装拆货叉,在下横梁 3 的中部下缘开有缺口。起升链条一般固定在滚轮架 4 和下横梁 3 的连接处。

挡货架是安全部件,在货物在货叉上叠放较高,而门架后倾的情况下,可防止货物向后滑落,以保护驾驶员的人身安全。叉架上的滚轮把货物的重力以力偶矩的形式传递给内门架。因为滚轮是固定间距的,对门架立柱的作用力大,应合理布置。侧向滚轮承受叉架的侧向力,由于货物在货叉上放置的不对中,或在有倾斜的路面运行等都会产生侧向力,为防止叉架将内门架正常的运动卡住,装设侧向滚轮是必需的,而且为增大侧向滚轮间距可使用综合滚轮。现在有的叉车也利用门架立柱专用型钢截面的某些特点,用纵向滚轮的轮缘兼作侧向滚轮,或把侧向滚轮装在叉架的上、下横梁上,如图 5-67 所示。

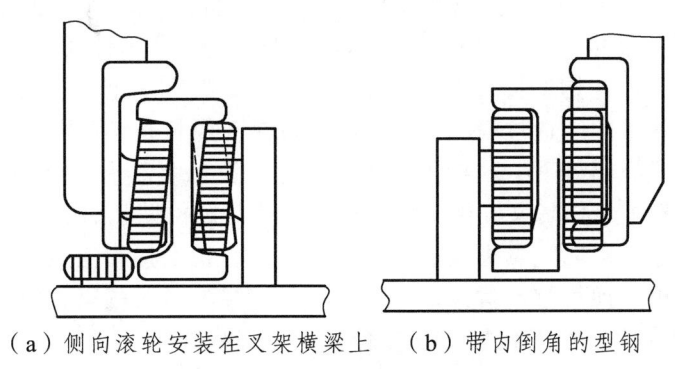

(a)侧向滚轮安装在叉架横梁上　(b)带内倒角的型钢

图 5-67　可承受侧向力的滚轮

三、货叉、滚轮、链条

1. 货　叉

(1)货叉的构造。

货叉是叉车最基本和最通用的取物装置。一般叉车都装有两个同样的货叉。货叉装在叉架上。它的外形是一个 L 形杆件,分为水平段和垂直段两部分。一般货叉的水平段和垂直段是做成整体的,称为整体式货叉(见图 5-68)。有的小吨位叉车货叉的水平段和垂直段分别制成,用销轴连接起来,水平段既可平置,又可以向上折叠起来,与垂直段靠拢,称为折叠式货叉(见图 5-69)。折叠式货叉使叉车在空车时长度小,便于叉车出厂运输和行驶通过,但制造比较麻烦。叉车一般用的都是整体式货叉。

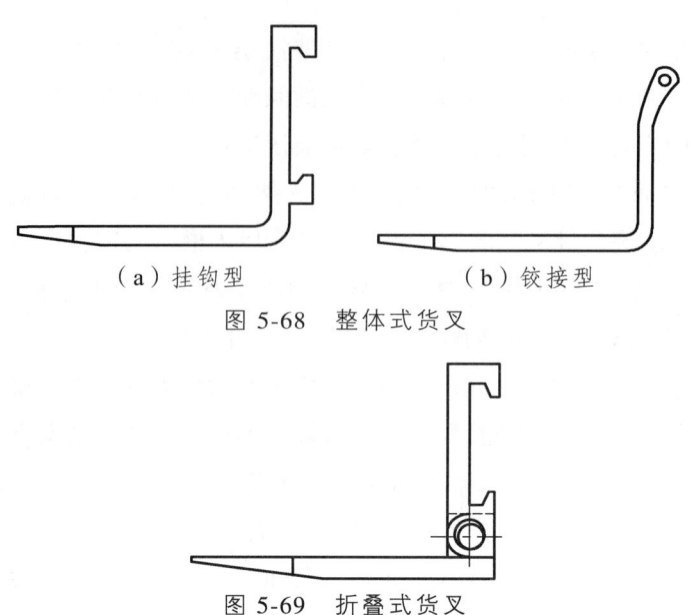

(a) 挂钩型　　　　　(b) 铰接型

图 5-68　整体式货叉

图 5-69　折叠式货叉

在叉车叉取货物时，货叉的水平段用来插入货物或托盘的底部，叉起后，用来承载货物。因此，货叉水平段的上表面必须水平，水平段前端的下表面略有斜度，以使叉尖处厚度较薄，并且前端逐渐变窄，叉尖两侧带有圆弧，这样有利于使货叉插入货物底部，叉取货物。货叉的垂直段用来与叉架连接，根据连接的形式不同，分为挂钩型 [见图 5-68（a）] 和铰接型 [见图 5-68（b）] 两种。挂钩型货叉垂直段的背部上、下各有一个钩，钩在叉架的上、下水平横梁上。这种形式货叉的制造过程是先锻造（或轧制）成长条坯，再镦锻弯成 L 形，再焊接上、下两个钩之后进行热处理。这种货叉制造较为容易，也方便在中、小吨位的叉车上安装和拆卸。为了在叉架上定位货叉，在上部挂钩上设置有定位销，如图 5-70 所示。定位销插入叉架上横梁的凹槽中，以防止货叉任意移动。调节时，往上提起定位销，克服弹簧力，销轴脱离叉架上横梁凹槽，便可移动货叉，改变间距。铰接型货叉的垂直段上端较厚，中心为销轴孔，货叉通过此孔安装在叉架的支承光轴上，允许绕轴转动，在重力的作用下，货叉垂直段下部背面支靠在叉架的下横梁前表面。这种货叉安装拆卸不太方便，中、小吨位叉车用得较少，主要用在大吨位叉车上，当货叉需要在叉架轴上移动时，常使用液压缸推动。

货叉是叉车的重要构件，受力大，要求截面小，质量轻。因此需要用低合金钢、中碳钢等材料制造（如 40Cr），还需经适当的热处理（如调质），以增加水平段的表面硬度，提高耐磨性能。

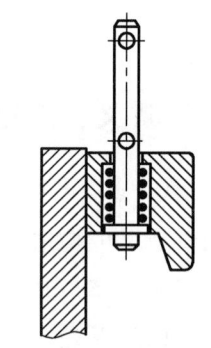

图 5-70　货叉挂钩与定位

货叉的主要尺寸有货叉水平段长度（简称货叉长度）L、货叉垂直段高度、货叉断面尺寸、挂钩尺寸或轴孔尺寸等。货叉长度主要取决于载荷中心距，并考虑配合使用的托盘尺寸，按标准选取。一般取 $L>2C$（C 为载荷中心距），也可稍小于 $2C$。货叉垂直段高度，主要与门架的离地间隙及叉架的尺寸有关。货叉的截面尺寸及挂钩尺寸取决于起重量及载荷中心距，即取决于载荷力矩。

每个货叉在垂直段侧面，应打印标明该货叉的额定起重量和载荷中心距，以便于更换取物装置时不致混乱。

（2）货叉的标准化。

货叉应该实现标准化生产，尤其是与挂钩有关的尺寸和叉架的安装尺寸等，这样才便于各种取物装置的互换。我国根据国际标准化组织的相关标准，制定了挂钩型货叉尺寸、挂钩型货叉和叉架的安装尺寸等国家标准，货叉的安装尺寸如图 5-71 所示。

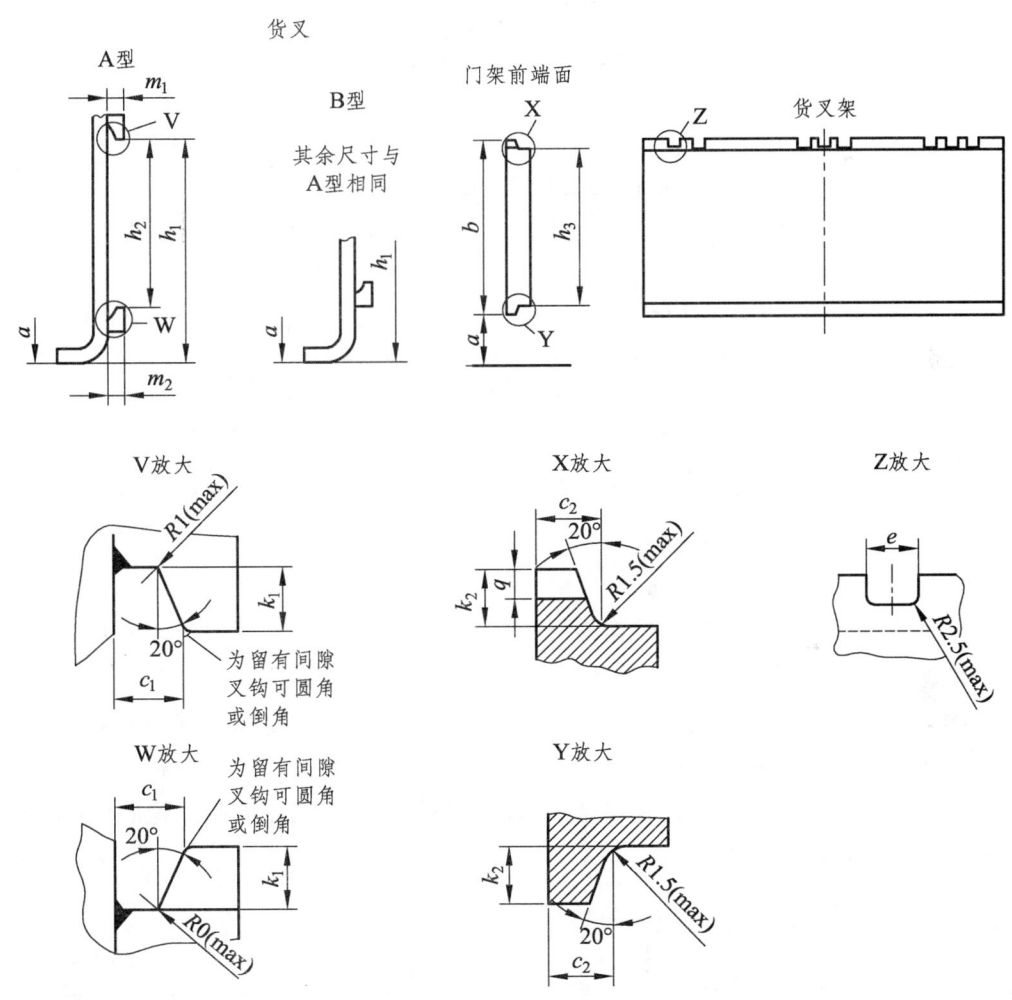

图 5-71　货叉的安装尺寸

2. 滚　轮

滚轮是叉架与门架或门架与门架之间导向和传力的部件，分为纵向滚轮、横向滚轮及复合滚轮三种。纵向滚轮负荷大，外径也大，通常是做成专用的滚动轴承，轴承的外圈即为滚轮。横向滚轮负荷小，大多受结构限制，外径较小，常做成滑动轴承或滚针轴承。复合滚轮实质上是将横向滚轮布置在纵向滚轮的心轴内采用这种结构可以加大横向滚轮的中心距，如图 5-72 所示。还有用同一滚轮承担纵横两个方向导向的形式，如图 5-73 所示。

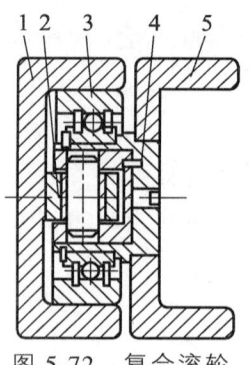

图 5-72 复合滚轮

1—外门架立柱；2—侧滚轮；3—主滚轮；4—滚轮座；5—内门架立柱

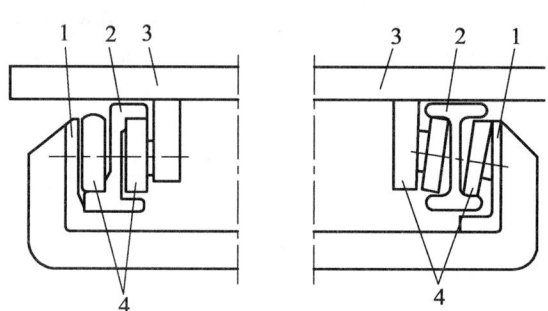

图 5-73 承受侧向力的纵向滚轮布置

1—外门架；2—内门架；3—货叉架；4—滚轮

3. 链条与链轮

与起重机不同的是叉车采用链条作为挠性件。常用的链条有套筒滚子链（见图 5-74）和片式链（见图 5-75）两种。由于片式链的承载能力较强，因此使用比较普遍。链条通常有两根，一端固定在叉架上，另一端固定在外门架横梁或起升液压缸上部。链条不运动的部分可以用杆来代替。链条的一端装有调节螺栓和螺母用来调整长度，以便均衡载荷。链轮位于内门架上横梁或浮动横梁的两侧。链轮在这里起的不是传动的作用，而是滑轮的作用，所以是不带齿的。

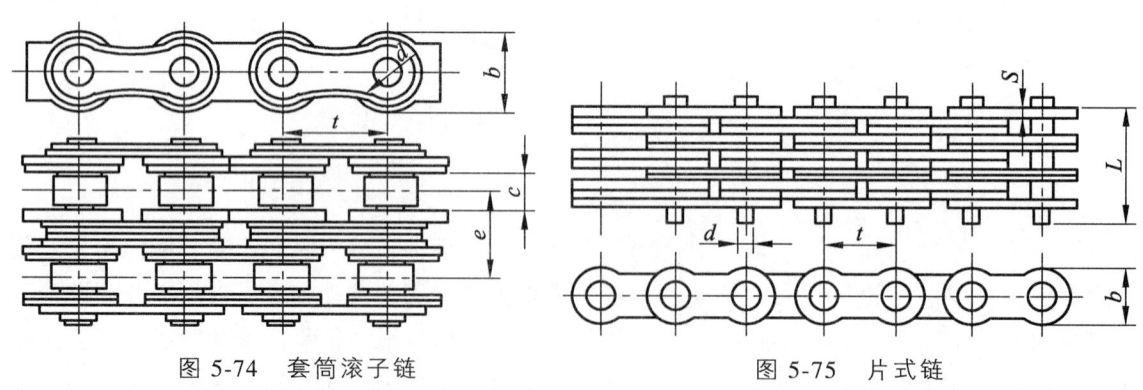

图 5-74 套筒滚子链　　　图 5-75 片式链

常见吨位叉车起升链条配用片式链的情况见表 5-3。

表 5-3 常见吨位叉车起升链条配用片式链的情况

起重量/t	0.5~2	2.5	3	5	6
链条型号	LH1234	LH1234	LH1623	LH2034	LH2034
节距/mm	19.050	19.050	25.400	31.750	31.750
片数组合	3×4	3×4	2×3	3×4	3×4
极限载荷/N	75 620	75 620	84 520	182 730	182 730
安全系数	>6.1	6.1	5.6	7.3	6.1

四、叉车属具

货叉是叉车配备的标准取物装置，它能适应许多货种的装卸作业，但对有些货种作业并不方便。因此，为扩大叉车的用途，提高装卸效率，使其能适应某些具有特殊形状（如散粒物料、圆桶、圆木、环状物品）货物的装卸作业，除货叉外，还可以配备其他属具，如铲斗、起重臂、桶夹等。由于属具往往适用于特定种类货物的装卸，不属于标准的取物装置，和货叉相比，自重和载荷中心距都有可能发生变化。因此，用设计合适的属具来取代货叉，既要保证安全还要方便拆装，这样才能安全、高效地进行装卸作业。

1. 叉车属具的分类与构造

（1）简单属具。

① 套盘类属具。

叉套是套装在货叉的水平段的属具，可增大货叉的长度，可用于装卸棉花包等轻质大体积类物品。专用托盘可在车间中用来盛放螺母、螺钉等小零件，搬运时，货叉直接托起拖盘。这类属具结构简单，相当于货叉的延伸，安装与使用特别方便，对货物的适应性较强。

② 简单属具。

如用来装卸盘条的串杆、吊装货物的起重臂等，如图 5-76 所示。这类属具自身没有动作，构造比较简单，可直接取代货叉使用。其安装方式与货叉完全相同，更换也比较方便。

图 5-76 串杆和起重臂

（2）单自由度属具。

这类属具有一个动作，一般通过液压缸来实现，这样液压系统就要有相应的管路与控制阀来为其服务。例如只有横向动作的桶夹、平夹（抱夹器），可以卸货的倾翻叉、推出器，用来装卸散粒物料的铲斗，用来搬运啤酒瓶的稳定器等，见图 5-77~图 5-79。

图 5-77 桶夹和平夹

图 5-78 倾翻货叉与推出器

图 5-79 倾翻铲斗与载荷稳定器

（3）双自由度属具。

这类属具除了有一个平移动作外，还有一个旋转动作，使用起来比较方便。但属具内部要有两个液压缸，使其构造复杂，自重大，成本高，所需的外部配套设施多，安装与更换也不方便，见图 5-80。

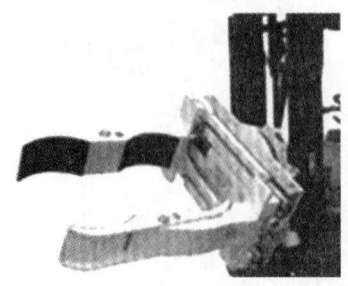

图 5-80 双自由度桶夹

（4）专用属具和特殊属具。

① 专用属具。

如集装箱叉车用的集装箱吊具、环卫部门倾倒自卸式卫生箱用的属具等，这类属具的功能专一，对安装是否方便的要求不高，见图 5-81。

图 5-81　特殊属具卫生箱

② 特殊属具。

这类属具本身就是特殊的，因此只要装卸工作需要，就可以研制新的属具。特殊属具设计时要符合对属具的一般性要求。

（5）特殊门架。

有的装置，如侧移叉，是一种不可更换的特殊叉架，可将它看成是具有特殊性能叉车的一部分，而不作为属具，见图 5-82 和图 5-83。

图 5-82　推出器和侧移叉

图 5-83　轻型装载机

（6）属具的典型构造。

图 5-84 所示为几种常用的叉车属具。铲斗[见图 5-84（a）]适用于装卸粉状、散料及小

块物料。对坚硬的碎石块料，可使用带齿的铲斗，铲斗齿一般用有高抗磨性能的锰钢制成。铲斗下部与叉架铰接，用转斗液压缸操纵使它上、下摆动，以便装卸物料。

由于铲斗属具有一个实现其摆动的液压缸，是单自由度属具。在叉车液压操作系统中的分配阀就有相应的控制滑阀及操纵杆，而且油路管道的布置还要考虑铲斗随叉架升降和门架前、后倾的特点，具备伸缩功能。在用铲斗取料时，常需克服较大的切入阻力，因此要求车辆必须有足够的牵引力，一般适用于液力传动的叉车。

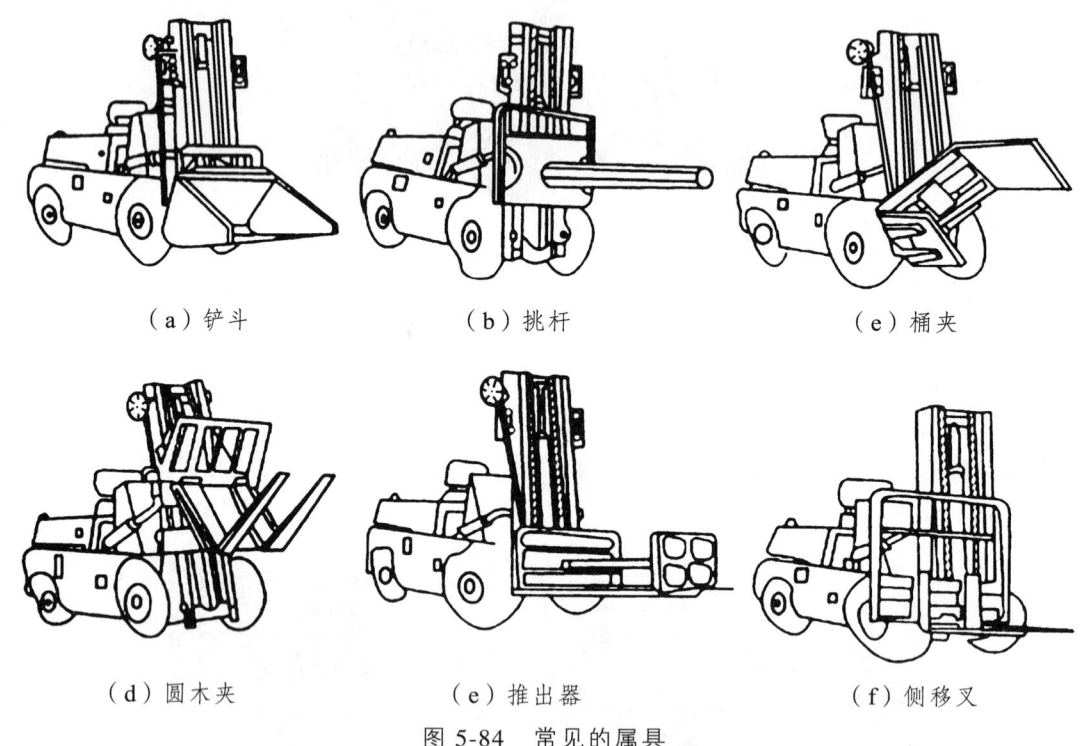

图 5-84 常见的属具

挑杆[见图 5-84（b）]是简单属具。它适用于较大的管状物件（如水泥管）、钢卷板、环形物料（如盘条等）。对尺寸较小的管材，可使用挑杆排，即在一个底架上并排装着几个挑杆，以提高叉车起重量的利用率。

桶夹[见图 5-84（c）]属于双自由度属具。夹持圆桶的两侧板间距依据桶直径的大小变化并开合抱紧，另外整个桶夹可以实现左右一定范围的旋转。因此，其液压控制系统更为复杂。

圆木夹[见图 5-84（d）]适用于储木场或木材加工企业，装卸搬运长段的圆木，叉架上的夹板可以转动，能把几根圆木包紧在货叉上。

带推出器的货叉[见图 5-84（e）]前水平段有一垂直框架或板，连接在液压缸活塞头部，受其推动沿货叉移动，前移时可将货叉上货物推出，或者在堆垛时方便货叉从货物下抽出。

可横移的货叉或侧移叉，如图 5-84（f）所示。两个货叉或其他取物器可用液压缸推动，同时向某一侧移动，在整车不能正好到位的情况下，也能准确将货物堆放在所需的位置上，既可以减少驾驶员的操作难度，也可使仓库的地面得到更充分的利用。但必须注意横移使得载荷重心偏离门架中央，不仅使门架产生严重的侧向力，影响其强度与刚度，而且对整车的横向稳定性有很不利的影响，设计时务必予以重视。

叉车的属具发展迅速，其种类形式甚多，一般的叉车生产厂都可以提供几十种属具，而且可根据用户需求进行特殊设计与生产。另外，也有专门制造叉车属具的厂家。有些属具的用途已超越搬运装卸的范围，可进行专门性的辅助工作，如为小型建筑安装和农业服务。

2. 属具使用和设计的一般原则

许多叉车不是在设计时就考虑配装属具，而是使用过程中需根据作业对象随时更换。由于一般属具的自重和载荷重心相对货叉都有增大的趋势，导致换用属具后叉车的载荷状态发生变化。因此，为保证作业的可靠安全，必须对稳定性及门架系统的强度和刚度进行校验，根据校验结果降低其允许的起重量。

属具与货叉一样位于叉车支承平面之外，而且是关系到装卸安全的部件，所以不论何种属具都必须安全可靠，还要自重轻，机构和结构简单，尽量不增加或少增加原来的载荷中心距。由于属具只能适用于特定种类的货物，因此安装与更换一定要方便。最好由驾驶员在不需要别人协助和不需要特定工具的条件下就能更换。

五、工作装置安全技术要求

（1）门架不得有变形和焊缝脱焊现象，门架的起升、下降要平稳，既不能有卡阻现象，也不使滑架、内外门架间的滚动间隙过大。内外门架的滚动间隙应调整合理，不得大于 1.5 mm，滚轮转动应灵活，滚轮及轴应无裂纹和缺陷。轮槽磨损量不得大于原尺寸的 10%。

（2）两根链条张紧度应均匀相等，不得扭曲变形，端部连接牢靠，链条的节距不得超出原长度的 4%，否则应更换链条。链轮（动滑轮）应转动灵活。

（3）液压件（管件、接头、液压缸、下降限速阀等）不能有渗漏现象，液压缸不得有爬行现象，两对液压缸的工作应同步。

（4）货叉表面不得有裂纹，货叉架不得有严重变形，焊接部位不能开焊。两个货叉安装后其上平面应保持在同一水平面上。货叉根角不得大于 93°，厚度不得低于原尺寸的 90%。左、右货叉尖的高度差不得超过货叉水平段长度的 3%。货叉定位应可靠，货叉挂钩的支承面、定位面不得有明显缺陷，货叉与货叉架的配合间隙不应过大，且移动平顺。安装时应调整好间距，使货物保持在门架中心并固定好。

（5）门架的起升速度、下降速度、前倾角、后倾角、货叉自然下滑量、自倾角等性能指标均应在国家标准允许的范围内，否则应检查原因并进行修复。

（6）起升液压缸与门架连接部位应牢靠，倾斜液压缸与门架、车架的铰接应牢靠、灵活，配合间隙不得过大。液压缸应密封良好、无裂纹、工作平稳。在额定载荷下，10 min 内门架自沉量不大于 20 mm，倾角不大于 0.5°。满载时起升速度不应低于标准值的一半。

（7）护顶架、挡货架须齐全有效，所有的紧固件不得松动和脱落。

（8）货叉上、下严禁站人，不允许用单支货叉叉取过高载荷的货物。

（9）配备有叉车驾驶证的叉车驾驶员，避免一台叉车多个驾驶员。

第八节 叉车车身系统与车轮

一、车　架

车架是叉车整个车辆的基体，叉车的所有零部件都直接或间接地安装在车架上。车架支撑着各部件的重量和货物的重量，承受着各种力、力矩和载荷，如发动机的转矩、车轮的支反力、侧向力、制动的惯性力、各种冲击等，车架保证各部件有正确的相对位置，同时还是安放燃油箱，液压油箱的构件。

车架的结构形式主要为整体式。整体式车架分为边梁式和箱格式两种。边梁式车架有两根由钢板或型钢焊成的纵梁和多根横梁构成一个骨架，目前已很少使用。现代叉车车架及平衡重简图如图5-85所示，是以纵梁隔板焊成左、右两个箱式结构。横构件用钢板制造，并与两箱形结构焊成一体。其结构合理，刚性大，箱体兼做油箱。

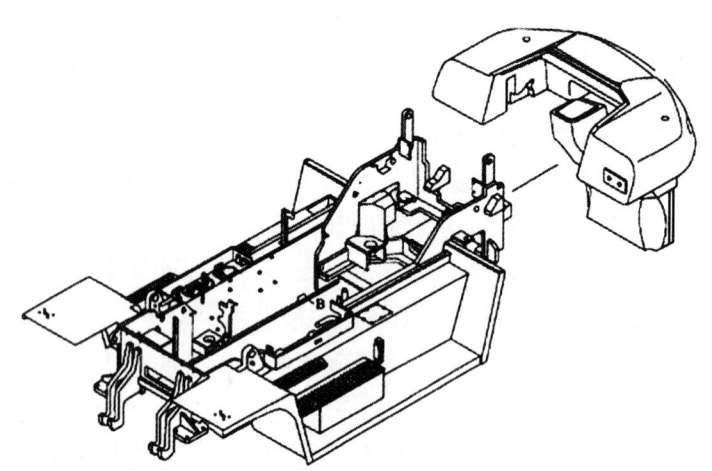

图 5-85　HYUNDAI 叉车车架及平衡重简图

车架的前端支承在驱动桥上，用螺栓与驱动桥刚性连接。后端通过中间铰轴承载在转向桥上。车架的结构保证了叉车的轴距，为保证叉车的稳定，平衡货物重量产生的倾覆力矩，在车架的后端装有平衡重（配重）。车架前端安装有前围板，用来安装叉车名牌、仪表盘、转向管柱等件，并起到保护驾驶员的作用。车架上还装有发动机罩，座椅和护顶架（驾驶员室）。根据国家标准规定，为保护驾驶员的安全，护顶架需经过静压试验和冲击试验。平衡重上配有插销，可以实现叉车的牵引功能。

二、车　轮

车轮的作用是承受叉车的重量，通过轮胎与地面的摩擦，驱动叉车行驶、转向，传递驱动力矩和制动力矩，缓和吸收不平路面产生的振动与冲击，使叉车平稳行驶。车轮由轮胎、轮辋、轮毂组件等组成。

1. 轮　胎

叉车通常使用的轮胎有充气轮胎和实心轮胎两种。充气轮胎的轮胎内充气,具有较大弹性,能良好地吸收振动与冲击,与地面黏着性能好,能在各种路面上行驶,运行速度较高,因此应用广泛。实心轮胎由于弹性较小,只能用在路况较好的场所。它的承载能力大,当承受同等载荷时,实心轮胎比充气轮胎直径小,不易被扎坏。其缺点是弹性小,吸振能力低,能耗较大,易损坏路面。实心轮胎主要用于具有平坦、坚硬路面的室内作业。

叉车主要使用工业车辆用充气轮胎,这种充气轮胎的充气压力较高,一般为 $(5 \sim 7) \times 10^5$ Pa,在轮胎、轮辋尺寸一定情况下,增大充气压力,可以提高轮胎的负荷能力,但同时降低了轮胎帘布的抗剪应力,最终会使轮胎的寿命减短。试验表明,充气压力超过标准内压20%,轮胎寿命会降低10%。因此,轮胎装好后,应按规定充气压力充气。叉车充气轮胎由外胎、内胎和衬带等组成,如图5-86所示。

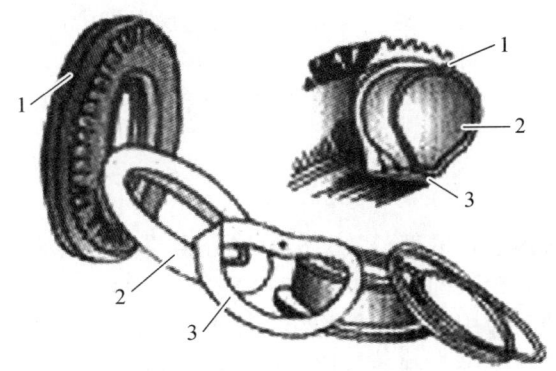

图 5-86　轮胎的组成
1—外胎；2—内胎；3—衬带

内胎用于充气,外胎用来保护内胎。外胎面直接与地面接触,因此要求耐磨性能好。为提高轮胎的黏着力,胎面具有各种形状的花纹。外胎体由帘布层和缓冲层组成。帘布层承受轮胎负荷产生的拉应力和剪应力,它是外胎的骨架,用来保持外胎的形状。帘布层通常用棉线、尼龙丝、金属丝等编织而成。缓冲层可吸收外胎面受到的颠簸振动,保护帘布层,它由稀疏的挂胶布组成。内胎的气门嘴固定在轮辋上的孔内。

普通充气轮胎的尺寸标准目前通用的是英制,B-d-PR 表示。其中,B 为轮胎断面宽度,d 为轮辋直径,PR 为帘布层数。例如:6.50-10-10PR 表示断面宽度为 6.5 in(1 in = 25.4 mm),轮辋直径为 10 in(254 mm),帘布层数为 10 层。

用于充气轮胎轮辋上的实心轮胎的尺寸标准有英制和公制两种。实心轮胎的规格标志由轮辋名义直径、轮胎名义断面宽度、轮胎名义直径、轮辋名义断面宽度等组成。

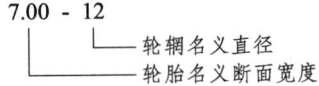

含义:轮胎名义断面宽度 7 in(178 mm),轮辋名义直径 12 in(305 mm)。

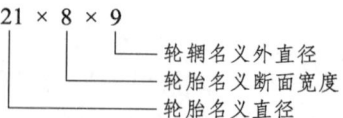

含义：轮胎名义外直径 21 in（533 mm），轮胎名义断面宽度 8 in（203 mm），轮辋名义直径 9 in（229 mm）。

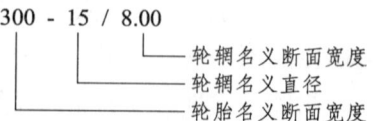

含义：轮胎名义断面宽度 300 mm，轮辋名义直径 15 in（381 mm），轮胎名义断面宽度 8 in（203 mm）。

2. 轮　辋

叉车轮辋是用来固定轮胎的，它同时用螺栓与轮毂刚性相连。轮辋的结构形式主要有对开式轮辋、半深槽轮辋、平底宽轮辋和全斜底轮辋，分别适用于不同吨位的叉车。

对开式轮辋便于轮胎的拆卸。对开式轮辋将轮辋分成两半，轮胎装上后，再将两半轮辋用螺栓连接起来。当更换轮胎时，这种轮辋必须全部拆开，给使用上带来不便，目前仅小吨位叉车采用。

3. 轮　毂

轮毂是车架与叉车桥体连接的部分。叉车桥体分为前桥（驱动桥）和后桥（转向桥）。分别与前桥和后桥连接的前后轮毂的结构及连接方式是不同的。

前轮轮毂一端与半轴凸缘用螺栓刚性连接，如图 5-87 所示。半轴通过轮毂、轮辋带动前轮转动。前轮轮毂的另一端与轮辋和制动毂用螺栓连接，以实现制动器对前轮的制动作用。轮毂内轴承使前轮可以在驱动桥壳上转动。

后轮轮毂通过轴承安装在万向节上，如图 5-88 所示，其凸缘和轮辋连接，轮毂内有安装轴承的加正面，并留有空隙以储存润滑油。

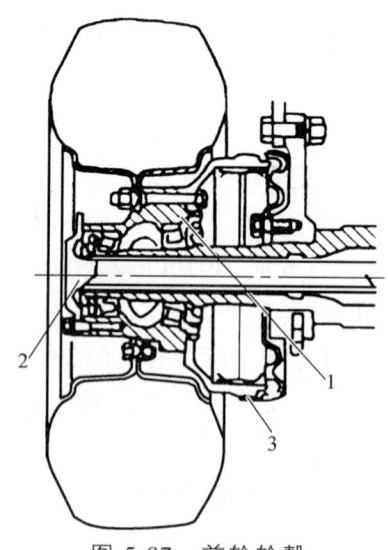

图 5-87　前轮轮毂

1—轮毂；2—半轴；3—制动毂

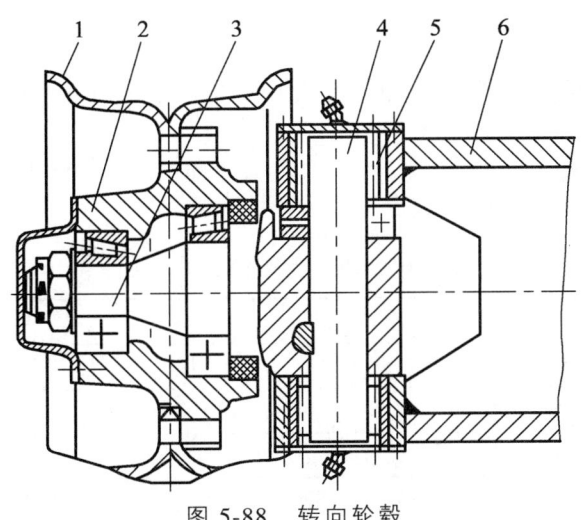

图 5-88 转向轮毂

1—轮辋；2—转向轮壳；3—万向节；4—万向节主销；5—轴承；6—转向桥体

三、车轮的安全技术要求

车轮与轮胎是支承叉车工作和行驶的重要部分，是叉车与路面直接接触的部件。车轮与轮胎能否保持良好状态，对叉车的行驶与装卸作业的实施及安全起着至关重要的作用。叉车的车轮与轮胎发生了问题，可能会带来车毁人亡的严重后果。因此，对于车轮与轮胎的安全技术要求，要给予高度的重视。

（1）轮辋螺栓与轮毂螺栓必须齐全，坚固牢靠，其拧紧力矩应符合出厂要求。没有正确的安装和牢固的连接以及没有必要的防松措施，都将发生车轮脱落、轮胎崩出等不良情况。这些不良情况的出现，都是导致叉车倾覆的重要原因。

（2）轮胎的气压应符合规定。轮胎充气时，应做好必要的安全措施，防止轮胎或其他零件飞出伤人。充气过程中，应随时用气压表检查气压，以防充气过多轮胎爆破。充气完毕，最后将气门芯旋紧，并检查是否漏气，装上气门嘴帽。

（3）同一桥上的车轮应装用同一型号的轮胎，轮胎的花纹应一致。

（4）轮胎胎面中心花纹深度不得小于 2 mm，轮胎胎面和胎壁不得有长度超过 3 mm、深度足以暴露轮胎帘布层的裂痕和割伤。

（5）转向轮不得装用翻新轮胎。

（6）车轮横向和径向摇动量不大于 8 mm。

（7）轮辋不得有裂纹、变形。

（8）轮毂不得有裂纹。

除上述之外，在拆装车轮及轮胎时，要防止砸伤、碰伤。拆卸轮胎前一定要先将胎内气体放净，再进行轮胎的拆卸，防止承压拆卸发生崩伤等意外。在给轮胎充气时，也要做好必要的安全措施，以防轮胎或其他零件突然飞出伤人。

第九节　叉车典型故障排除与保养

叉车常见故障的诊断及排除见表 5-4。

表 5-4　叉车常见故障的诊断及排除表

序号	部件	故障现象	产生原因	处理方法
1	发动机	无法启动	蓄电池无电	更换蓄电池或充电
			燃油滤网堵塞；燃油管路有气阻	清理燃油滤网
			起动机坏	更换起动机
			火花塞、预热塞坏	清除积碳或换火花塞、预热塞
		冒浓烟	喷油器积碳	清理或更换喷油器
			空滤器堵塞	清理滤芯
			气门间隙不合适；供油量偏大	调整气门间隙；调整供油量
		爬坡无力	燃油滤网堵塞	清洗滤网或更换滤芯
			调速器坏	更换调节器
			气门漏气	调整气门间隙或更换零件
		柴油机过热	水箱缺水	补水
			水箱散热片被异物堵塞	清除散热片异物
			风扇皮带松打滑	调整皮带涨紧度（500 kPa，10～15 mm）
			节温器失灵	更换节温器
			润滑油油面低	补充油液到上下刻线之间
			气缸垫破损	更换汽缸垫
2	变速箱	变速箱异响	支撑轴承损坏	更换轴承调整间隙
			齿轮有磕碰	修磨齿轮
		效率低无力	摩擦片磨损或翘曲	更换摩擦片
			离合器轴密封圈磨损	更换旋转密封圈
			调压阀失效	更换上盖总成
3	油缸	无起升或无倾斜	主安全阀卡死、常开	清洗或更换安全阀
			油箱油量不足	补充油液到上下刻线之间
			溢流阀阀簧损坏	更换相应的阀件
		举不起重物	油缸内漏过大	更换活塞环或油缸
			溢流阀调压低	松开背母拧调节螺钉使压力升高
			阀座密封圈损坏	更换起升阀件
			油泵内漏	更换油泵

续表

序号	部件	故障现象	产生原因	处理方法
3	油缸	门架自然下滑或前倾	多路阀滑阀内漏	更换起升阀件
			油缸活塞环损坏，产生内漏	更换活塞环或油缸
			缸筒滑动面有划伤，产生内漏	更换油缸
		起升速度慢	油箱滤网堵塞	清洗滤网
			安全阀压力偏低	松开背母拧调节螺钉使压力升高
			泵的流量不足	更换油泵
4	制动	刹车不灵或无刹车	制动毂进润滑油	换油封；清除制动毂的油渍
			制动蹄片与毂间隙大	拨棘轮调整间隙
			踏板过低	用调节螺钉调整踏板高度
			制动总泵坏	更换制动总泵
			制动分泵漏油	更换制动总泵
			刹车油管漏油	修理或更换油管
5	转向	转向沉	转向安全阀调压低	调整压力或更换安全阀
			分流阀卡死	清洗或更换分流阀
			轮胎气压低	充气至 700 kPa
			转向机问题	更换转向机
6	离合器	不好换挡	离合器切不开	调整踏板行程或更换离合器总成
			离合器摩擦片变形	更换摩擦片
		离合器打滑	踏板自由行程不对	调整踏板自由行程到合适的位置
			摩擦片上有油垢	拆下摩擦片进行清洗
			摩擦片和压盘磨损严重	更换摩擦片和压盘
		离合器抖动	分离轴承转动不灵活	加润滑油或更换分离轴承
			分离杆不在同一平面上	调整分离杆
			摩擦片和压盘磨损严重	更换摩擦片和压盘
7	电器系统	充电指示灯时灭时亮	发动机皮带松弛	调整皮带张紧度（500 kPa，10~15 mm）
			启动开关接触不良	更换启动开关
			调节器触点接触不良	更换调节器
			线路中的插接件松动	紧固或更换插接件
		燃油表不显示	油浮子坏	更换油浮子
8	发电机	不发电	发电机调节器坏	更换同型号调节器
			发电机皮带过松	调整皮带张紧度（500 kPa，10~15 mm）
			线路断或接触点虚接	接线或紧固
9	起动机	不转动	保险熔断	更换保险丝
			蓄电池无电或电压低	充电或更换蓄电池
			起动机内部短路	更换起动机

参考文献

[1] 曹根基. 通用机械设备[M]. 北京：机械工业出版社，2002.

[2] 窦金平，周广. 通用机械设备[M]. 北京：北京理工大学出版社，2011.

[3] 高敏. 天车工培训教程[M]. 2版. 北京：机械工业出版社，2006.

[4] 文豪. 起重机械[M]. 北京：机械工业出版社，2013.

[5] 赵明. 工厂电气控制设备[M]. 北京：机械工业出版社，2005.

[6] 王苏光，王凤喜. 叉车结构原理与维修[M]. 北京：机械工业出版社，2012.

[7] 赵莹. 叉车工岗位手册[M]. 北京：机械工业出版社，2015.

[8] 续魁昌，王洪强，盖京方. 风机手册[M]. 2版. 北京：机械工业出版社，2011.

[9] 张庭祥. 通用机械设备[M]. 2版. 北京：冶金工业出版社，2007.

[10] 徐永生. 液压与气动[M]. 北京：高等教育出版社，2001.